进入深度调整期的
中国经济升级研究

郭丽芳 著

吉林大学出版社

图书在版编目（CIP）数据

进入深度调整期的中国经济升级研究 / 郭丽芳著 .
—长春 : 吉林大学出版社 , 2019.4
ISBN 978-7-5692-4678-0

Ⅰ . ①进… Ⅱ . ①郭… Ⅲ . ①中国经济 – 研究 Ⅳ . ① F12

中国版本图书馆 CIP 数据核字 (2019) 第 080692 号

书　　名　进入深度调整期的中国经济升级研究
　　　　　JINRU SHENDU TIAOZHEGNQI DE ZHONGGUO JINGJI SHENGJI YANJIU

作　　者　郭丽芳　著
策划编辑　李承章
责任编辑　安斌
责任校对　赵莹
装帧设计　云思博雅
出版发行　吉林大学出版社
社　　址　长春市人民大街 4059 号
邮政编码　130021
发行电话　0431-89580028/29/21
网　　址　http://www.jlup.com.cn
电子邮箱　jdcbs@jlu.edu.cn
印　　刷　三河市三佳印刷装订有限公司
开　　本　880mm × 1230mm　1/32
印　　张　7.375
字　　数　210 千字
版　　次　2019 年 4 月　第 1 版
印　　次　2021 年 7 月　第 2 次
书　　号　ISBN 978-7-5692-4678-0
定　　价　48.00 元

前　言

二战后美国主导的全球化，实质上是美元的全球化。非美经济体依靠比较优势参与美元霸权下的国际分工和产业转移，获取以美元计价的贸易盈余还必须重新投资于美国国债以维持本币的价值，防止本国货币受到美元冲击而崩溃。美元主要以购买美国国债的形式回流美国，为美国的经济发展甚至军事支出提供了资金支持。

改革开放40年来，中国快速、有效地加入到全球化进程中。以美国为首的发达国家的一些劳动密集型，还有一些资源密集型，或者说附加值比较低的产业都在向中国转移，这是一次难得的技术扩散机遇，然后发达国家的高消费能力又给中国提供了一个持续旺盛的强大出口市场。出口型企业是中国经济最活跃、最有生命力的企业，它们大量分布在沿海的珠三角、长三角，吸纳了上亿从农村转移出来的劳动力。对外开放的中国没有成为拉美国家，反而加快了工业化和城镇化进程。同时，中国经济迅速发展，2010年的GDP总量超越日本，成为继美国之后的世界第二大经济体。

2014年10月29日，美联储宣布结束资产购买计划，量化宽松货币政策正式退出。随后，美联储开启了“加息”+“缩表”进程。之前流入的资本就会从包括中国在内的新兴市场国家流出。这将加大人民币对外贬值的压力以及引发中国外汇储备大量流失、楼市和股市暴跌的风险。加之现在，美国对华战略的目标意在限制乃至打断中国崛起的势头。特朗普政府的贸易霸凌行为更是带来了供给冲击。

在工业文明中，金融市场—实体经济—科学技术进步是一个链条关系。科技是实体经济提高劳动生产率、降低成本、扩大规模的保障。

如果这个过程是一个正反馈，反映到虚拟经济，金融市场就会膨胀起来。

从上述链条来看，如果出口市场下滑得太快，又拉不起内需，中国实体经济就会面临严重的产能过剩和需求不足。若不能让其通过技术升级、产品升级或发明新的产品创造新的需求，又没有充分的资源保障，环境也不允许实体经济向越来越大的方向去发展，那么中国房地产市场乃至整个经济都将进入深度调整期。

基于上述背景，中国经济升级的方向将是摆脱中美之间定位为供需两端的关系，向制造业的中高端布局，以应对和超越东南亚国家的低成本竞争。并且，中国经济增长更大的比例将由内需所推动。升级需要关注的是房地产市场、海洋经济、制造业和服务业以及人才等问题。

第一，在正常情况下，房地产业的发展确实能带动一些相关产业的发展，但副作用也是明显的，我们不能高估其对经济增长的拉动作用。如房价快速上升导致工业及服务业成本的大幅提高，工业利润微薄，企业进行生产制造的激情降低，转而将资源向房地产市场集中，结果必然是导致工业基础虚弱。另一方面，一旦房地产价格泡沫发生破灭的话，房地产业不仅什么都带动不了，反而会给整个经济（包括实体部门和金融部门）带来灾难。当前，对房地产行业的调控依然不能放松。

2015年年末，中央经济工作会议将化解房地产库存列为“三去一降一补”五大经济任务的第二位，把房地产去库存提高到了关系国家经济安全的高度。在去库存主基调下，一系列针对房地产去库存“组合拳”出台。房地产去库存尽管成效显著，但也推高了家庭债务水平。飙升的家庭债务已经成为中国经济“不容忽视”的风险点之一。

第二，中国已不再是一个纯粹的陆地经济，经济发展更加注重和依赖海洋经济。自“十二五”以来，中国海洋经济也进入新常态，在增速回落的同时，在产业结构上也面临转型升级。在这一过程中，沿海省市均有各自不同的薄弱环节，因此面临的严峻性将持续存在。对美、日、韩海洋经济国家的转型升级经验进行分析，可以为我国沿海省市海洋经济成功转型升级提供参考和借鉴。

更为重要的是，沿海省市亟须根据各自的情况，富有成效地从供给侧推动区域海洋经济升级。其中，福建应当积极抓住“一带一路”倡议和中国自由贸易试验区建设的机遇发展海洋经济。

第三，在制造业方面，中国大而不强。几乎每个行业都存在着高端产品不得不大量进口的现实。工信部部长苗圩认为，中国处于第三梯队的格局在短时间内难有根本性改变，要成为制造强国至少要再努力30年。

从造鞋、造衣服直接转型为造电脑或做金融，这样的成功经验在世界上绝无仅有。大部分企业面临的是升级问题。制造业若想生存，就需要不断地升级。将来，仍然会有大量企业制造衣帽玩具，还要有相当部分企业从事生物制药、新材料、化工等技术密集型的制造业。也就是说，形成一种立体化的制造业格局，才是中国制造升级未来努力的方向。

创新驱动是经济社会发展的核心动力，是引领制造业升级的根本保证。创新是试错的过程，可能会有90%以上的人是失败者，不可能让银行去为其研发投入提供融资。这就需要：加大财税支持力度；拓宽融资渠道；基于市场需求大力加强高等院校、科研院所和企业间研发的沟通互动，鼓励合作研发，提升科研成果的推广效率。更为重要的是，政府应着力改善有利于自主创新的总激励环境或方向。

目前，中国制造业升级所面临的挑战，不仅仅在于劳动力成本的快速攀升，更在于劳动生产率与工资的非协同增长。要实现二者的协同增长，并不能完全寄希望于制造业转型。做强做大制造业的关键还在于各个制造业如何有效地提高其劳动生产率。从需求的角度看，促使需求对各类技术制造业诱发出更高的增加值，进而实现劳动生产率的提升，是一种可供考虑的选择。中国的城乡差距、地区差距、发展阶段差异都比较大。各行各业无不表现出这样的规律，处于不同的发展阶段，而且处于不同的增速放缓。

因此，从需求的角度看，要使需求对各类技术制造业诱发出更高的增加值，就需要将部分制造业的生产和销售向四五六线城市转移。

第四，在服务业方面，它与制造业关系密切。如今随着制造业与服务业的深入互动与融合，二者的边界越来越模糊。制造业就业的增长，尤其是高工资、高附加值的岗位，更多地集中在如产品设计、分销、供应链管理等领域。

根据产业结构的演进规律，随着人均国民生产总值的提高，从农业转向制造业，以后再从制造业转向服务业。服务业发展到了高级阶段就产生了现代服务业。

中国服务业的发展由大变强，同样需要进行创新升级。为此，积极培育生产性服务业的市场需求空间。利用“互联网＋”和“人工智能＋”多层次、多样化扩大生活服务业的规模，满足人民群众多样化的需求。增强服务业吸纳劳动力就业的能力。

那么，以快递业为代表的生产性服务业该如何扩大市场需求空间呢？从供应链的角度看，制造业对快递业的需求，具有相对的稳定性和长久性，并且对价格的敏感度也低于电子商务卖家。因此，快递企业适当脱离电商平台，加强与制造企业的联合发展，是避免其拼打价格战，陷入“低成本竞争—低利润水平”恶性循环发展的有效路径。

在生活性服务方面，随着简政放权改革的进一步推进，第三方评估市场作为承接公共权力下放的重要一环，近年来发展势头迅猛。现在的问题在于，依赖第三方评估的消费者和被评估的企业，都参与到对第三方评估的“吐槽”上来。推进第三方评估行稳致远，规范化、独立性固然重要，但是评估工作是一项技术性很强的工作，关键还在于评估方法的优化。对此，具体以居民食品安全满意评估为例进行了探讨。

随着全球外需的低迷，中国货物贸易持续疲软，进出口回落。积极促进服务出口的发展，能有效促进就业增长，弥补严峻的货物贸易形势对就业造成的负面影响。要增强服务业出口吸纳就业的能力，可考虑优化服务出口结构，并适当抑制服务业就业人员年平均工资的过快上涨。

第五，人才根据其稀缺度不同分为可替代人才与不可替代人才。不可替代人才或者掌握着核心技术，或者具有独到的经营管理能力，或者具有筹集运作资金的本领……广大海外华人专业人士在全球各地学到了很多宝贵知识和技能，他们中有很多就是不可替代的人才，对中国经济升级意义巨大。党的十八大以来，中国正形成最大规模的海外人才“归国潮”。并且，人员回流的结构从“高精尖”向多层次扩展；从业领域从科研向创业、公共服务等多元化扩展。

这些海外人才主要是被“吸”回来的。对此，特朗普政府对华人高科技人才向中国的流动实施了更加严格的限制，尤其是在人工智能领域。我们要留住他们并积极发挥他们的潜能。

在企业层面，创建一个以人为本的企业文化对发挥人才的潜能、留住人才有着不可替代的作用。要留住不可替代人才必须建立相应的薪酬激励制度。同时，还要通过下放决策权、推行弹性工作制和为人才提供良好的人力资本增值机制等手段留住他们。其中，在薪酬激励方面，宽带薪酬是一个崭新的思路，正日益受到许多企业家的关注。

此外，薪酬的内部公平性和外部公平性问题在薪酬管理中也受到了普遍的关注，但二者往往很难兼顾。通过研究市场薪酬水平的曲线走势，建立关键职位市场薪酬政策线的数学模型，并根据数学模型，结合岗位评价结果推测非关键职位工资额，可较好地满足内部公平性和外部公平性的要求。

目　录

第一章　中国经济进入深度调整期

第一节　从供给冲击到缩小均衡

一、二战后美国主导的全球化进程

（一）美国主导的全球化实质上是美元的全球化

从18世纪60年代开始工业革命，欧洲成为世界的强势地区、欧洲文明成为强势文明。随后，欧洲强国就走上了殖民化的道路。先是欧洲，然后是美洲开始了殖民的全球化。殖民全球化带来的是战争，宗主国政府建立殖民地政权，然后形成一个殖民化的世界经济分工体系和秩序——廉价地使用殖民地的原料和劳动力，同时又对殖民地进行倾销，从中获取高额的利润。

然而，第一次世界大战直接导致了20世纪30年代的全球大危机。这次危机之后又是第二次世界大战。二战之后，很多殖民地独立。在这种情况下，殖民地时代形成的全球化分工和经济体系已经走不下去了。

两次世界大战的主战场都在欧洲，欧洲因此几乎成为废墟。而远离欧洲的美国几乎毫发无损，还通过出卖军火及其他军需品、日用品更加发展壮大。在二战结束时，美国工业制成品占世界的一半，对外贸易占世界的三分之一以上，黄金储备约占西方国家的四分之三，并成为世界上最大的债权国。美元取代英镑成为世界上使用最多的世界货币。[①] 美国强大的经济实力为美元霸权打下了坚实的基础。

---

① 孙健，宋美丽.人民币战略[M].北京：电子工业出版社，2010:30.

1944 年 7 月 22 日,《布雷顿森林协定》的建立则是为了确立美元霸权。在此协定中,美国政府承诺,保证“美元和黄金一样可靠”。各国货币与美元挂钩,各国政府可以按 1 盎司相当于 35 美元的价格,随时用美元向美国兑换黄金。这就等于规定了美元的黄金含量,如果每多印 35 美元,金库里就必须要多储备 1 盎司黄金。美元的币值稳定因此有了保证。这一协定在 1947 年 3 月开始运作,在 1960 年之前相对平稳地运行了十多年,为二战后西方世界经济的恢复和发展以及扩大它们之间的经济交往起到了明显的促进作用。美国成为西方“自由”国家的领袖。

与此同时,苏联在二战后确立了“共产主义”阵营,与美国为首的西方世界进行对抗。1946 年英国首相丘吉尔访问美国发表了著名的铁幕演说:“从波罗的海边的什切青到亚得里海的里雅斯特,一幅横贯欧洲大陆的铁幕已经拉下。”1947 年 3 月 12 日,美国总统杜鲁门在国会提出:“对苏联发动冷战以遏制共产主义。”美、苏冷战正式打响。

冷战与以往战争不同,美、苏都在他国挑起间接的战争或对抗,避免相互间的直接冲突。冷战导致美、苏两大军事集团的产生。1949 年 4 月 4 日,以美国为首的“北大西洋公约”组织成立;1955 年 5 月 4 日,以苏联为首的“华沙条约”组织成立。激烈的军备竞赛最终掏空了苏联的国力。1985 年,苏联最后一个领导人戈尔巴乔夫上台时,苏联的产值几乎停滞不前,有时还出现负增长。1991 年底前苏联解体了,东欧这个社会主义阵营也随之崩溃。

冷战结束以后,美国主导的全球化开始进入一个加速发展的时代。无论是俄罗斯、东欧等前社会主义国家,还是中国、印度等第三世界国家,都在 20 世纪末毫无保留地加入到这个全球体系。这为美国为首的西方发达国家提供了一个巨大的资源市场、消费市场和转移低附加值产业的市场。美国一方面转移低附加值的产业,另一方面不断发行货币,像洪水一样,滔滔不绝地流向世界。美国是怎么做到的?又是凭什么确保美元作为世界货币的地位不受动摇呢?

二战后初期,欧洲、日本等经济在重建中面临资金匮乏的危机。美国为了能输出美元,制定了援助欧洲的马歇尔计划、援助日本的道奇计划以及世界银行和国际货币基金等众多经济重建计划，更为重要的是推动美国跨国公司的海外直接投资。美国因此也成为重建后的欧洲和日本最大的出口市场。1956—1958年，欧洲对美国贸易逆差从23.2亿美元减至12.5亿美元，对其他国家则出现了顺差。日本经济在1955年之后的18年里，保持了年均10%以上的高速发展。日本对美国日益增大了贸易顺差。到了1985年，日本GDP超过1.3万亿美元，相当于美国GDP的1/3，出口总额42万亿日元左右，其中对美国出口额为568亿美元，贸易顺差高达312亿美元。

《布雷顿森林协定》使美元变成了国际货币。为了保证美元的全球流通，美国必须在国际收支平衡上保持赤字。否则，美国出口盈余，美元就又全部转回来了，其他地方就会出现美元匮乏。这就带来另外一个麻烦，当美国保持国际收支赤字的时候，越来越多的美元开始带来针对黄金的贬值压力。加之，美国由于要和苏联拼实力以及对外发动战争，国际收支在1958年第一次出现33.5亿美元的赤字，世人开始怀疑美元的价值。随后，美元爆发了八次危机，具体如表1-1所示。

表1-1　1960—1973年美元爆发八次危机

美元危机	后　果
1960年10月发生第一次美元危机	市场大规模抛售美元、抢购黄金，伦敦黄金市场价格猛涨到41.5美元一盎司，超过官价的18.57%
1968年3月发生第二次美元危机	市场大规模抢购黄金。为了打压黄金价格，约翰逊总统拿出国库的全部黄金抛售，原想在黄金价格低迷时再低价购回，但没有想到，市场吸收了美国抛出的9300吨黄金，美国黄金损失惨重，被迫宣布黄金市场与官方黄金交割脱钩。于是出现两个黄金市场和两种黄金价格
1969—1971年接连发生三次美元危机	1971年8月15日，美国总统尼克松宣布关闭美国的“黄金窗口”，停止美元兑换黄金。布雷顿森林体系已经失灵
1973年爆发第八次美元危机	西方各国纷纷取消本国货币与美元的固定汇率制，布雷顿森林体系终于瓦解。全球进入美元本位时代，改行浮动汇率制

1973年的美元危机也引起美国国内急剧的通货膨胀，1974年产生了“两位数的通货膨胀”，达到11%。1973—1975年，全球经济危机爆发了，石油价格犹如脱缰的野马般狂飙。1974年1月，石油价格比1970年上涨400%。

中东石油占世界石油储量的2/3，其中沙特阿拉伯石油储量世界排名第一，但军事实力薄弱，地缘上四面受敌。在基辛格诱惑与威逼下，沙特阿拉伯与美国达成合作，同意用石油美元购买美国债券，实现“石油美元回流”。1975年，欧佩克（石油输出国）的部长们同意只用美元进行石油结算。这样，美元与黄金脱离了干系之后又与石油挂上钩。任何国家发展都要消耗能源，都需要石油。在这种情况下，任何国家就都需要直接或间接地向美国出口来换取美元。美国用印着数字符号的纸片换走了别国实实在在的商品和资源。

此外，为了进一步强化美元流通的全球化，国际货币基金组织（IMF）和世界银行（WB）把所有成员国对发展中国家的贷款全部实现美元化。

非美经济体依靠比较优势参与美元霸权下的国际分工和产业转移，获取以美元计价的贸易盈余还必须重新投资于美国国债以维持本币的价值，防止本国货币受到美元冲击而崩溃。美元主要以购买美国国债的形式回流美国，为美国的经济发展甚至军事支出提供了资金支持。

简而言之，二战后美国主导的全球化，实质上是美元的全球化。在当今世界的每个角落，美元都畅通无阻。根据美联储的统计，在所有流通的美元中大约2/3为美国境外持有。在全世界流通的美国货币总额已经将近7 000亿美元。[①] 美国凭借美元霸权，从经济全球化中得到的经济利益难以估量。比如美元铸币税每年就高达数千亿美元，从全球吸引的人才资源，收益更加可观。美国人口占世界总人口

① 齐杰.窥破美元[M].北京：中国人民大学出版社，2017：7.

的6%,对能源和其他物质资料的消耗就占到了全球的35%。

(二)美国主导全球化的主要特征

美国主导的全球化具有以下三个方面的主要特征:

1. 形成规模庞大的美元国债市场。美国国债是由美国政府在全世界发行,大家自由认购的欠条。由于自从发行以来,美国政府忠实地严格地执行了按月付息和到期还本的承诺,这个债券在全世界有极高的信用。美国国债通常被用作衡量其他债务价格和风险的基础,因为美债没有违约的信用风险,这使得它们成为所有以美元计价的债务的基准。

在美国纽约曼哈顿第六大道和西44街角,有一个巨大的电子屏被称为“国债钟”,上面分秒跳动的数字显示着美国不断增长的国债总额。截至2018年8月27日下午,美国国债总额已突破21.4万亿美元。这意味着美国公共债务总额已经超过美国2017年全年GDP总量(美国2017年GDP总量为19.4万亿美元);约占全球债务总量的1/3。

2. 形成消费占主体的国家。进入美元本位时代的短短几十年间,美国就从崇尚节俭的社会转变为追求生活品质的消费主义社会。美联储前任主席格林斯潘在2004年有一个说法,他说美国经济从1973年以来是一种债务经济模式。所谓债务经济模式,就是说美国除了食品等一般消费品和一般性工业设备还自己生产外,其他商品都从国际市场进口。

美国的债务经济模式之所以可以持续存在,就在于非美经济体将赚到的美元通过购买美国国债的形式又回到美国借给美国百姓花销。其背后是美国发达的信贷消费。也就是说,美国的消费需求是通过金融杠杆被“吹”出来的。20世纪30年代至今,美国居民消费率水平快速提高,1950年就已经达到60%,并在此后的七十多年间维持在60%~70%,且消费率水平在趋势上逐渐走高,2008年次贷危机后的2010年还曾达到70.85%水平。

3. 大规模地对外直接投资、证券投资和发行衍生产品。巨大的贸易赤字和负债经常被认为是美国一个巨大的软肋以及未来巨大的风险点。流行的美国衰退论或者美元崩溃论的根据便在于此。但实际上，美国通过对外直接投资、证券投资和发行衍生产品，获取超额收益，并以此减少绝大部分本应承担的对外负债。

张庭宾认为，尽管这三大途径各有不同，但其均具有一个共同的特征，那就是：美国资产在全球范围内寻找高收益资产投资，而海外资产在美国却拥有低收益率资产，一高一低之间，美国从中获得巨额资产收益，也将从他国进口实物资产的负债化解。[①] 为了能获取高额收益，美国资产还利用了美元的贬值和美国货币政策的扩张—收缩创造盈利空间。美元贬值是常态。在这种情况下，国际市场充斥着大量美元，数万亿热钱涌向任何一国的股市和地产，资产泡沫都会飙升。随后美国再通过改变利率等方式，使美元走强，制造“美元荒”，促使大量资金回流。美元退出哪里，哪里就易泡沫破灭，出现经济危机。

20 世纪 80 年代以来，拉美债务危机（墨西哥、巴西、阿根廷、委内瑞拉等）、日本泡沫经济破灭、亚洲金融危机等一系列重大经济危机均与美国的政策取向密切相关，具体见表 1-2。

表 1-2　美联储货币政策的扩张—收缩周期下历次危机

时间	危机	美联储货币周期	危机逻辑
1982	拉美债务危机	美联储加息、美元走强时期	经济发展期拉美国家过度外债—后期经济增长下降，难以支撑外债—美国利率上升、美元走强下拉美国家偿债能力下降导致的债务危机
1987	美国股灾	美联储第一降息中后期，短暂加息时期	美国长期流行性富余下美股估值偏高，短暂加息刺破泡沫
1990	日本经济危机	美联储降息、美元长期走弱，短期走强时期	广场协议和卢浮协议下日元走强和日本流动性泛滥并存，推高房价和股价，日本加息后刺破泡沫

① 张庭宾.美元复兴十年？or 中国痛苦十年？[M].北京：机械工业出版社，2013：141.

续表

时间	危机	美联储货币周期	危机逻辑
1990	中国台湾地区股市泡沫	美联储降息、美元长期走弱，短期走强时期	台币顶住美元，贸易顺差下存在升值压力，当局抛售台币购买美元，流动性充足，股市持续上涨，加息后刺破泡沫
1994	墨西哥货币危机	美联储加息中后期，美元波动走弱时期	美国加息下短期资本流出，墨西哥难以维持固定汇率导致货币危机
1997	亚洲金融危机	美联储降息、美元走强时期	亚洲国家经济快速增长，美国宽松货币政策下资本流入—固定汇率下，美元对日元升值导致贸易高度依赖日本的亚洲国家经常账户大幅恶化—贬值压力加大，短期资本流出，外汇储备减少—放弃固定汇率，货币危机发生
1998	俄罗斯债务危机	美联储降息、美元走强时期	俄罗斯经济衰退、外债增加—1997 至 1998 年油价下跌和亚洲金融危机双重打击下外汇储备下降—借新还旧、利率上升导致债台高筑，债务危机发生
2000	美国互联网泡沫破灭	美联储加息中后期，美元波动走弱时期	互联网相关股票非理性上涨，美联储持续加息下估值承压，泡沫破裂
2007	美国次贷危机	美联储加息后期后，刚开始降息周期	宽松货币政策下，美国政府鼓励购房导致次级贷款激增、推高房价—美联储加息，存量次级贷款违约率上升、流量新增房贷下降，房价下降—MBS 导致房产泡沫破裂带来的冲击在金融市场迅速扩散，次贷危机发生
2018	阿根廷、土耳其货币贬值	美联储加息加速期	高通胀导致货币贬值压力；货币贬值降低高外债国家偿债能力，投资者信心动摇。美联储加息下资本流出，货币大幅贬值

资料来源：兴业证券研究报告：《美联储货币周期中的危机专题系列之二：以史为鉴，厨房里的那群“不速之客”在哪里？》2018 年 9 月 5 日。

二、中国的对外开放

(一) 对外开放的中国没有成为拉美国家

工业化是经济建设的核心。改革开放之初，中国是个相对封闭的社会，对如何实现工业化、现代化一无所知。改革开放 40 年来，中国快速、有效地加入到美国主导的全球化进程中。以美国为首的发达国家的一些劳动密集型，还有一些资源密集型，或者说附加值比较低的产业，都在向中国转移，这是一次难得的技术扩散机遇，然后发达国家的高消费能力又给中国提供了一个持续旺盛的强大出口市场。

20 世纪七八十年代，拉美国家在现代化过程中，由于大批的外资涌入，国际垄断资本高度控制受资国产业，并把大量利润带回母国，结果造成民族产业空心化，经济剩余所剩无几(此即所谓的“拉美现象”)。拉美经济在 2016 年极惨，经济增长率仅为－1.5％，2017 年回升至 1.3％，但是 2018 年又从年初预计的 2.2％降到年底预计的 0.6％。①

中国也在大规模吸引外商投资进来，并且在国家经济中占有较大的比重。人民网 2017 年 7 月 27 日报道，据国际商业策略领域资深专家、香港大学商学院教授米高·恩莱特撰写的《助力中国发展：外商直接投资对中国的影响》研究结果：2013 年，在计算机、通信和其他电子设备制造业中，外资企业占到我国总资产的 59％，在汽车制造业中达到 40％，该年度外资工业企业整体占中国工业总资产的比例为 22％。又据《劳动报》2017 年 11 月 8 日报道，记者从上海制造业外商投资大会上获悉，上海运营中的外资企业以约占全市 2％的企业数量，占上海市规模以上企业 60％的工业总产值、65％的进出口额和 33％的税收总额。②

---

① 孙岩峰.拉美是否会面临又一个“失去的十年”？[J].世界知识，2018(1739).

② 贾根良.不要让新自由主义为改革开放出谋划策[EB/OL].(2018-10-20).http://www.sohu.com/a/260502716_425345.

尽管如此，中国并没有成为经济殖民地，反而加快了工业化和城镇化进程。同时，中国经济迅速发展，2010年的GDP总量超越日本，成为继美国之后的世界第二大经济体。2017年，中国经济总量超过82万亿元，占世界经济总量的15%左右，稳居世界第二位；GDP增速6.9%；万元GDP能耗同比下降3.7%；规模以上企业营业利润增速超过20%……

目前，中国拥有39个工业大类、191个中类和525个小类，是全世界唯一拥有联合国产业分类中全部工业门类的国家，从而形成了一个举世无双、行业齐全的工业体系，能够生产从服装鞋袜到航空航天、从原料矿产到工业母机的一切工业产品，成为世界唯一的全产业链国家。2011年，中国人口城镇化率达到51.27%，城市人口历史性地超过农村人口，流动人口规模为2.3亿；到2017年，中国城镇化率达到了58.52%，稍高于54.8%的世界平均水平。

中国没有成为拉美国家，究其原因，第一，是在政治上，我们延续了改革开放之前的中央集权体系。新古典经济增长理论（又称索洛增长模型）认为，经济增长的根本动力来自要素投入和技术进步。各级政府垄断性地掌握了经济增长所需的几乎全部要素和资源。这就保障了社会的整合力度、动员力度和资源调度力度；第二，在经济上，政府对重要产业部门（包括资源、基础设施和金融、教育、医疗等行业）进行垄断，把一些不需要垄断的产业和全民脱贫致富的冲动与欲望结合起来，与外资追逐更高利润、追逐更大市场的冲动结合起来。同时，对以公有制为主体的市场经济进行卓有成效的宏观调控（具体如表1-3所示）；第三，对资本项目自由化坚持渐进的方针，较为谨慎。第四，延续思想文化领域的管控。但管控的深度和广度有了很大的变化。

表 1-3　中国经济的宏观调控(1978—2011 年)

时间	背景	宏观调控措施	成效
1978—1983 年	基本建设投资增长速度过快,战线过长、项目过多。1978 年 GDP 增长 11.7%,成为 1978—1981 年经济波动的波峰	1979 年,中央提出"调整、改革、整顿、提高"八字方针。从 1979 年到 1981 年相继停建、缓建一批大中型项目	1982—1983 年在保持物价水平基本稳定的同时,国民经济实现了稳定增长
1984—1986 年	1984 年经济增长率达到 15.2%,投资率为 34.5%,外贸赤字高达 149 亿美元。信贷过度扩张引发通货膨胀。1985 年物价迅速上升,商品零售价格上涨率达 8.8%	1984 年 11 月,国务院要求各地各政府部门严格控制财政支出和信贷投放。1985 年实施了紧缩货币政策和紧缩财政政策	1986 年经济增长率下降到 8.8%,通货膨胀率下降到 6.2%
1987—1991 年	1987 年,固定资产投资比上一年增长 16.5%,GDP 增长仍高达 11.6%,构成新一轮经济波动的波峰。物价水平重新开始上涨	从 1988 年第四季度起,开始对经济实行强有力的"治理整顿",价格增速迅速下降。1989—1991 年,实行紧缩财政的政策,调整支出结构,控制财政赤字。1991 年清理"三角债",松动货币政策	政府已经有意识地运用财政、货币政策手段进行间接调控,使得物价水平回落较快,同时经济增长也相应减速
1992—1997 年	新一轮经济过热再次出现。1992 年经济增长 14.2%,创改革开放以来次高纪录。1993 年,投资急剧膨胀,全国掀起了一股房地产热和开发区热。1994 年,消费物价指数同比上涨 21.7%,出现改革开放以来最严重的通货膨胀。外贸赤字为 679.4 亿美元,也创历史新高	1993 年下半年,采取适度从紧的财政政策,控制支出规模,压缩财政赤字。1994 年实施分税制改革。1995 年完善和深化财税体制改革。1996—1997 年继续实施适度从紧的财政政策。 从 1993 年 6 月起,央行采取了信贷控制措施。于 1993 年 5 月和 7 月两次提高存贷款利率,并采取了诸如整顿信托业、限制地区间贷款等点刹车措施	实现了经济的"软着陆"。1996 年经济增长水平回落到了 10%之内,零售物价指数上涨回落到 6%以内的调控目标。1997 年,消费物价指数涨幅从 21.7%下降到了 2.8%

续表

时间	背景	宏观调控措施	成效
1998—2003 年	受亚洲金融危机的影响,第一次遇到通货紧缩。从 1997 年 10 月开始,中国物价总水平开始下滑,1998 年全社会商品零售物价指数上涨率出现负增长,为−2.1%,1999 年为−3%。1998 年上半年,中国供不应求的商品为零,供过于求的商品达 25.8%,供求平衡的商品达 74.2%。到 1999 年,社会供需总量已经明显不平衡	"积极的财政政策与稳健的货币政策":在财政政策上,增发长期建设国债。从 1998 年到 2003 年,中国政府一共增发了 8000 亿元长期建设国债,用于加快基础设施建设、重点项目建设和企业技改;调节税率、减轻税负、鼓励投资。从 1998 年起,三次提高了出口退税率,降低关税税率,清理整顿收费。在货币政策上,降低存贷款利率;取消对四大国有商业银行贷款限额的控制,逐步实行自求平衡的资产负债比例管理,扩大商业银行的信贷规模;下调再贷款、再贴现利率和存款准备金率;调整对个人信贷的政策	成功应对了亚洲金融危机,1998 年经济增长仍达到 7.8%,外贸顺差 436 亿美元
2007—2009 年	受 2007 年美国次贷危机影响,中国出口急剧下降	从 2008 年 9 月起,央行实施适度宽松的货币政策,连续 4 次下调基准利率存款和准备金率,大幅增加市场货币供应;政府还实施了首套住房贷款利率 7 折优惠;鼓励金融机构增加对灾区重建、"三农"和中小企业等的贷款。2009 年财政政策由"稳健"转为"积极",推出了 4 万亿元的投资计划,确定了扩大内需、促进经济增长的十项措施。适时调整外贸政策	整个经济在较短时间内实现了反转,并成为将世界经济拉出衰退的主力
2011 年	通货膨胀	采取措施解决农业领域的瓶颈——猪肉、食用油、新鲜蔬菜和化肥;2011 年 12 次上调银行存款准备金率,以减缓信贷增长。央行在 2011 年 5 次上调政策利率	全国居民消费价格总水平同比涨幅在 2011 年 7 月触及 6.5%的峰值后,于 2012 年年初回至 4.5%

资料来源:吴季松.中国经济发展模式:摸着科学与知识的石头过河[M].北京:北京航空航天大学出版社,2012:52-62.

(二)“中美国”的共生模式既不牢靠,也不可持续

在经济全球化的漩涡中,中美两国实际上形成了利益共同体。2009年,英国著名金融史学家尼尔·弗格森在《货币崛起》一书中首创了“中美国”一词,来形容中国与美国在经济上的“婚姻”。“中美国”东部地区(中国)的人们在储蓄,而西部地区的人们去消费。从中国的进口,压低了美国的通货膨胀率,中国的储蓄率压低了美国的利率,中国的劳动力遏制了美国的工资成本,结果就是“中美国”的经济一片繁荣。[①] 2013年7月10日,在华盛顿召开的第五轮中美战略与经济对话框架下的中美经济对话上,中国国务院副总理汪洋就以夫妻比喻中美经济关系。他当时说:“中美经济关系有点像夫妻,我们生活在同一个地球上,你中有我,我中有你,虽然也有吵架,有分歧,但是都必须增进了解,增强互信,培育共同的生活基础。”

然而,“中美国”的共生模式既不牢靠,也不可持续。为了维持全球市场体系的运转,美国作为需求方,其经济整体的负债水平必然不断攀升,以债务驱动经济增长的瓶颈在于消费者的收入与负债压力之间越来越尖锐的矛盾,终将无法维持,导致崩溃。中国作为供给方,原先的一些优势禀赋资源逐渐衰竭,劳动力的转移面临“刘易斯拐点”,土地供给面临“18亿亩”红线,维持这些产能所需要消耗的原材料、资源(除人力资源之外的几乎一切要素)仅靠国内已经无法满足,还需要以昂贵的价格在国际市场上购买。

据英国石油公司(BP)发布的世界能源统计年鉴(2018版)的数据显示,2017年,中国占据了全球能源消费增量的1/3,当年的能源消费量增长3.1%,连续17年成为全球能源消费增量最大的国家。石油方面,在过去的10年里,中国的石油需求增加了500万桶/日。中国是迄今为止石油需求增长最多的国家,也是世界上最大的石油进口国。国际油价的每一次上涨,对中国既形成了巨大的生产成本压力,也构

---

① 宋鸿兵.货币战争4:战国时代[M].武汉:长江文艺出版社,2015:289.

成了巨大的财富损失。①

长期而言，中国国内的劳动力价格、资源价格、环保及劳动保障标准都要提高，否则将无以为继。这意味着，中国终将无法以低廉的产能去供养美国的繁荣。

三、作为需求端的美国给中国带来的两次供给冲击

供给冲击是造成宏观经济的短期（或长期）均衡偏离的一个重要因素，用图 1-1 中的 A 点，表示均衡价格水平和均衡产量分别为 P_0 和 Y_0。作为需求端的美国带来的供给冲击将导致潜在产出水平由 LAS_0 移动到 LAS_1，均衡点从 A 点移动到 B 点，相应的均衡价格水平和均衡总产量分别变为 P_1 和 Y_1。B 点和 A 点相比，价格水平上升，实际产出下降，失业率要大于 A 点时的自然率，整个社会处于失业均衡状态。

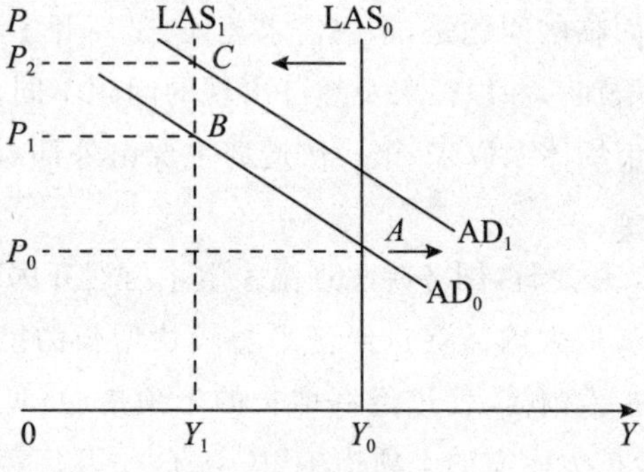

图 1-1　总供给冲击

池尾和人曾以汽车业为例解释了这种状态，说明如下：

比如说，日本的汽车产业，国内 1 100 万辆，海外 1 100 万辆，合计有 2 200 万辆的生产能力。日本国内需求量最多是 600 万辆。那么，国内市场之外如果找不到可以卖出 1 600 万辆的海外市场，日本引以为豪的汽车产业的生产供给能力将无用武之地。也就是说，以前潜在

---

①　颜成明.大变局时代我们怎么办[M].北京：中国发展出版社，2012：279.

产出量为 2 200 万辆，可是现在降到了 1 600 万辆，这中间 600 万辆的差不是需求缺口，而是潜在产出量本身下降。所以就算政府增加财政支出，也无法令潜在产出量恢复原有水平，无法避免缩小均衡的发生。①

在这种情况下，决策者如果采取扩展性宏观经济政策将总需求曲线从 AD_0 移动到 AD_1，均衡点将会从 B 点移动到 C 点。在 C 点，价格水平进一步上升，但是均衡产出却还是 Y_1。因此，问题的关键在于使产量回到原来的潜在水平 LAS_0。

(一) 美国 2008 年的次贷危机

美国 2008 年的次贷危机，瞬间把全球卷入金融危机与经济衰退的波涛中。欧美陷入危机、消费和进口大幅减少。中国经济也受到了影响。统计数值表明，2008 年第三季度 GDP 的增长率已经下降了 9.9%，当年第四季度和 2009 年的增速进一步降至 8% 的增长底线。中国经济当时面临的问题是：市场需求萎缩、工厂开工不足或倒闭、收入下降和失业增加。和以往宏观经济出现的问题不同，这次是中国大规模参与全球市场体系以来，第一次遭遇主要由外部需求萎缩引发的经济下滑。

2008 年 11 月 5 日，国务院总理温家宝主持召开国务院常务会议，研究部署进一步扩大内需促进经济平稳较快增长的措施。会议确定了当前进一步扩大内需、促进经济增长的十项措施（见表 1-4）。国务院根据“进一步扩大内需的十项措施”匡算了“4 万亿经济刺激计划”，各地政府也先后公布了各自的投资计划。根据对 24 个省市上报的投资项目金额合算，计划投资总额接近 18 万亿元，远超过 4 万亿元。从各地公布的投资蓝图和数据看，各地投资重点是机场、铁路、公路、电厂等基础设施工程，民生工程所占比例普遍低于 30%。

---

① 池田信夫.失去的二十年：日本经济长期停滞的真正原因[M].胡文静，译.北京：机械工业出版社，2012：3.

表 1-4 进一步扩大内需、促进经济增长的十项措施

十项措施	具体内容
加快建设保障性安居工程	加大对廉租房建设支持力度，加快棚户区改造，实施游牧民定居工程，扩大农村危房改造试点
加快农村基础设施建设	加大农村沼气、饮水安全工程和农村公路建设力度，完善农村电网，加快南水北调等重大水利工程建设和病险水库除险加固，加强大型灌区节水改造。加大扶贫开发力度
加快铁路、公路和机场等重大基础设施建设	重点建设一批客运专线、煤运通道项目和西部干线铁路，完善高速公路网，安排中西部干线机场和支线机场建设，加快城市电网改造
加快医疗卫生、文化教育事业发展	加强基层医疗卫生服务体系建设，加快中西部农村初中校舍改造，推进中西部地区特殊教育学校和乡镇综合文化站建设
加强生态环境建设	加快城镇污水、垃圾处理设施建设和重点流域水污染防治，加强重点防护林和天然林资源保护工程建设，支持重点节能减排工程建设
加快自主创新和结构调整	支持高技术产业化建设和产业技术进步，支持服务业发展
加快地震灾区灾后重建各项工作	
提高城乡居民收入	提高 2009 年粮食最低收购价格，提高农资综合直补、良种补贴、农机具补贴等标准，增加农民收入。提高低收入群体等社保对象待遇水平，增加城市和农村低保补助，继续提高企业退休人员基本养老金水平和优抚对象生活补助标准
在全国所有地区、所有行业全面实施增值税转型改革	鼓励企业技术改造，减轻企业负担 1 200 亿元
加大金融对经济增长的支持力度	取消对商业银行的信贷规模限制，合理扩大信贷规模，加大对重点工程、“三农”、中小企业和技术改造、兼并重组的信贷支持，有针对性地培育和巩固消费信贷增长点

资料来源：连玉明，武建忠. 中国救市[M]. 北京：中国时代经济出版社，2009：14.

最近十年以来，中国固定资产投资率持续超过 50%。在这些固定资产投资中，房地产投资和基建投资向来是政府扩大投资、拉动经济增长的两大法宝。基础设施建设既可以在短期内拉动 GDP，也可以吸引外资和国内大企业投资。这也是很多地方政府竞相投资基础设施的原因；加大房地产投资对拉动基建投资和刺激消费则有双重促进作用。据统计，每增加 1 亿元房地产投资，可创造 1.7 亿元至 2.2 亿元的需求；每销售 1 亿元资金的商品房，可带动 1.3 亿元至 1.5 亿元其他商品的销售。①

客观上，各地方经济都对房地产业形成了不同程度上的依赖。

"房地产开发投资占固定资产投资比重"及"房地产开发投资占 GDP 比重"可以看作衡量一个地方经济增长对地产投资依赖度的指标。比重越高，说明当地经济增长对房地产投资依赖程度越严重（如表 1-5 所示）。从表格中可以看出，2017 年房地产投资依赖严重的城市包括三亚、海口、郑州、西安、贵阳等城市，其中三亚最高达 103.9%。

表 1-5 2017 年全国 30 城 GDP/固定资产投资对房地产投资依赖度排名

城市	地产投资/固定资产投资	排名	地产投资/GDP	排名
三亚	63.33%	1	103.88%	1
上海	53.22%	2	12.80%	25
北京	52.12%	3	16.66%	18
海口	46.68%	4	47.52%	2
杭州	46.68%	5	21.77%	9
广州	45.66%	6	12.57%	26
郑州	44.35%	7	36.79%	3
深圳	41.49%	8	9.52%	29
苏州	40.96%	9	13.31%	24
珠海	40.07%	10	25.97%	6

① 孙芳.三四线城市房地产高库存背后的体制机制原因探析[J].西部金融，2016(11).

续表

城市	地产投资/固定资产投资	排名	地产投资/GDP	排名
惠州	39.56%	11	23.08%	8
厦门	36.95%	12	20.22%	13
武汉	36.08%	13	21.18%	11
南京	34.92%	14	18.52%	15
佛山	34.08%	15	15.23%	21
西安	31.26%	16	31.24%	4
济南	29.1%	17	16%	19
福州	29.09%	18	23.85%	7
宁波	27.44%	19	13.96%	23
贵阳	26.66%	20	29.01%	5
成都	26.46%	21	17.91%	17
青岛	25.51%	22	17.98%	16
合肥	24.52%	23	21.58%	10
无锡	24.2%	24	11.43%	28
重庆	22.82%	25	20.41%	12
天津	19.81%	26	12.01%	27
长沙	19.68%	27	14.14%	22
石家庄	19.21%	28	18.76%	14
南昌	15.46%	29	15.80%	20
长春	11.05%	30	8.79%	30

数据来源：中房智库。

事实上，包括出口在内的消费是一切经济活动（包括投资和生产）的终极目标。投资形成的生产能力只有被消费消化了，新的投资需求才会产生，投资活动才能继续。否则就会形成新的产能过剩。

中国近年来的出口在不断下滑。由此导致的过剩产能使得固定资产投资也不断出现下滑。在出口方面，2010 年中国出口贸易总额同比增长 31.3%，2011 年出口增长 20.3%，随后出口在逐年下降，到 2016 年出口下降 2%。虽然 2017 年略有回升。但是，在全球货币收紧，贸易保护主义盛行的今天，出口贸易情况并不乐观。在固定资产投资方面，2013 年全国固定资产投资同比增长 19.6%，2014 年是 15.7%，2015 年同比增长 10%，2016 年同比增长 8.1%，到 2017 年只剩下 7.2%。

面对过剩产能等问题，早在 2015 年 11 月 10 日召开的中央财经领导小组第十一次会议上，习近平就强调，在适度扩大总需求的同时，着力加强供给侧结构性改革。至此，推进供给侧结构性改革成为当前和今后一个时期中国经济工作的主线。其核心工作就是“三去一降一补”（即去产能、去库存、去杠杆、降成本和补短板）五大重点任务。

具体来说，各地去产能举措大致相同，主要从处置僵尸企业、推动产业转移等入手。以各地钢铁去产能目标为例，各地披露的额度之和已经远远超过 1 亿～1.5 亿吨的全国目标；去库存因各地情况差异较大，在放开落户限制、土地供应等方面出现分化，一些省市还结合当地情况，提出了农产品、工业品去库存措施；去杠杆方面，主要是从控企业债和政府债风险双管齐下；降成本方面，各地普遍从减少审批事项、降低物流成本、降低社保缴费比例等方面多管齐下；补短板方面，各地情况各有不同，诸如“三农”问题、贫困问题、企业技术装备落后、创新能力不足等。

产能过剩的问题更多的是政府长期干预、市场扭曲的结果。相比之下，医疗、教育、文化等民生领域至今并没有得到明显改善。提高城乡居民收入、促进消费的措施更显得比较虚。迄今为止，中国未能有效启动居民消费。

（二）特朗普政府的贸易霸凌行为

进入 2018 年，美国贸易霸凌主义行为主要从三个方面给中国带来了供给冲击。

第一，美国总统特朗普对美国进口的钢铁和铝产品加征关税。

2017 年 4 月 20 日及 4 月 27 日，特朗普政府就签署备忘录要求商务部根据 1962 年《贸易扩展法案》第 232(b)条款的规定，分别对海外钢铁及铝材进口是否影响美国国家安全进行调查与认定。2018 年 3 月 8 日，特朗普政府根据相关调查签署公告，对美国进口的钢铁和铝产品分别征收 25%和 10%的关税。特朗普政府针对大多数经济体钢铝产品的关税措施于 3 月 23 日正式生效，对欧盟、加拿大和墨西哥钢铝产品的关税措施于 6 月 1 日开始生效。这可以被视为 2018 年美国对全球市场体系供给端带来冲击的起点。

特朗普在这方面的行为几乎没有得到国际社会成员的赞同。在 2018 年 10 月 29 日举行的世贸组织争端解决机构会议上，中国、欧盟、加拿大、墨西哥、挪威、俄罗斯和土耳其七个世贸组织成员提出，美国钢铝关税措施实质上是保障措施，目的是为了保护美国钢铝产业免受进口产品所带来的影响，并要求设立专家组就此措施是否违反世贸组织相关规定进行审查。

第二，特朗普政府于 2018 年 3 月发布 301 调查报告，指责中国强制技术转让等技术创新政策损害美国企业利益，并提出对中国一系列产品采取加征关税等单边措施挑起争端。这种做法更多地让人联想到“丛林法则”，由此引发中方反击。7 月初，中美双方相互实施了一轮加征关税措施。进入夏秋季，中美双方贸易争端进一步发酵加剧，美方不断地加码，中方也予以了反击，具体如表 1-6 所示。

第三，特朗普政府还试图从多边转为双边，设计新的“规则”，具体就是以实力为后盾、高压为手段，利用美国自身的优势力量去获取最大的利益，如美国、墨西哥和加拿大订立的美墨加新自贸协定(USMCA)中包含了一个条款：若三国中有一国与某个“非市场经济国家”签署自贸协定，则其他协议伙伴有权在 6 个月内退出 USMCA 协议。美国商务部长罗斯用“毒丸”形容这一条款，并称该条款旨在阻止其他国家与中国达成贸易协议，而且日后还可能在美国与日本和欧盟达成的贸易协定中复制。①

特朗普政府在以上三个方面的行为，其背后的目的是很明确的，就是要使美国“重新伟大起来”。但是，它却处处“美国优先”，只顾自己不顾世界，将二战后建立的多边和全球机制搞得四分五裂，面目全非。权威人士预测，如果关税回到GATT/WTO（关贸总协定/世贸组织）之前的水平，世界经济将立即收缩2.5%，全球贸易量将削减60%以上，负面影响超过2008年国际金融危机。②

2018年9月24日，国务院新闻办公室发表的《关于中美经贸摩擦的事实与中方立场》白皮书指出：“现任美国政府强调的所谓‘公平贸易’不是基于国际规则，而是以‘美国优先’为前提，以维护美国自身利益为目标。其核心是所谓‘对等’开放，即各国在每个具体产品的关税水平和每个具体行业的市场准入上都与美国完全一致，寻求绝对对等。”这种对等概念违背了世界贸易组织最惠国待遇和非歧视性原则。

表1-6　2018年美国对华采取激进的贸易措施与中国的反击

美国激进的对华贸易措施	中国的反击
美国当地时间3月8日，特朗普正式签署关税法令，对从中国进口的钢材产品和铝产品分别征收25%和10%关税。关税已于2018年3月23日正式生效	4月1日，国务院关税税则委员会发布了《对原产于美国的部分进口商品中止关税减让义务的通知》，对原产于美国的水果及制品等120项进口商品中止关税减让义务，在现行适用关税税率基础上加征15%关税。对原产于美国的猪肉及制品等8项进口商品中止关税减让义务，在现行适用关税税率基础上加征25%关税。新税率自2018年4月2日起实施

① 青木，等.美欲推广“毒丸条款”孤立中国[N].环球时报，2018-10-08(3).

② 人民日报评论员.美国不应将世界经济拖入“衰退陷阱”[N].人民日报，2018-07-13(4).

续表

美国激进的对华贸易措施	中国的反击
6月15日，美国宣布将对500亿美元从中国进口的商品加征25%的关税，分两个阶段，7月6日起先对涵盖约340亿美元的商品征收关税，之后还会再对涵盖约160亿美元的商品采取关税行动	6月16日，中国决定对原产于美国的大豆等农产品、汽车、水产品等约340亿美元的进口商品加征关税，税率为25%，从7月6日起生效。下一阶段拟对自美进口的化工品、医疗设备、能源产品等约160亿美元的商品加征25%的进口关税，最终措施及生效时间将另行公告
美国决定自8月23日起对第二批涉及价值约160亿美元，279个税目的中国产品加征25%的关税	中国决定对约160亿美元，333个税目的美国进口产品加征25%的关税，自8月23日起与美国同步实施
美方宣布自9月24日起对2000亿美元中国输美产品（涵盖机电、轻工、纺织服装、资源化工、农产品、药品在内的6大类产业）加征10%的关税，2019年1月1日起关税增至25%	中国宣布从9月24日起，对600亿美元的美国进口货品加征10%或5%不等的关税

注：根据媒体公开报道综合整理。

2018年12月1日，美国总统特朗普与中国国家主席习近平在阿根廷布宜诺斯艾利斯会晤，商讨两国贸易摩擦。根据白宫发表的声明，在贸易问题上，特朗普总统同意，在2019年1月1日对价值2 000亿美元的中国商品的关税保持在10%，而不是在那一天提高到25%；中方同意购买大量的美国产品，包括立即购买农产品，其他还包括仍未商定但数量非常大的能源、工业和其他产品；双方立即开始有关中方进行结构性改变的谈判，这些结构性改变涉及强制知识产权转让、知识产权保护、非关税壁垒、网络入侵和网络盗窃、服务业和农业；如果双方未能在90天内达成协议，美国将把10%的关税提高至25%。

中美双方要在90天达成广泛的贸易协议，非常紧迫，困难极大。

受中美贸易争端拖累，国际组织预计，全球货物贸易量增速2018

年可能下滑 0.3%。国际货币基金组织将 2018 年和 2019 年两年全球经济增长预期均由 3.9%下调至 3.7%。经济合作与发展组织在法国巴黎发布的《世界经济展望报告》指出，受贸易紧张局势加剧，金融环境收紧以及新兴经济体增长放缓影响，全球经济的强劲增长已于近期触定，下行风险增加(见表 1-7)。显然，特朗普政府的贸易霸凌行为对包括中国在内的全球经济造成了严重的供给冲击，它将影响中国的总产出，造成潜在产出量的下降，均衡缩小。

此外，特朗普政府的贸易霸凌行为也将影响到中国的就业。根据 2017 年 6 月中国全球价值链课题组发布的《2010—2016 年中美贸易增加值核算报告》，2013—2016 年，中国向美国每百万美元出口带来的国内就业人次分别为 45.6、36.8、37.8、37.7，呈下降趋势。同时，2017 年全年，中国对美出口为 5 056 亿美元，若按 2016 年每百万美元出口增加 37.7 人次的工作岗位来计算，已经实施的 2 500 亿美元加征关税就将影响中国 942.5 万人的就业。

目前，中美两国贸易往来密切，两国进出口企业为了规避成本上升，出现抢出口现象。受此影响，中国就业还暂未出现下滑。2018 年 1—8 月，中国城镇新增就业人数为 990 万人，同比去年还增长了 1.64%，但是不排除滞后性因素。

表 1-7　经济合作与发展组织下调 2019 年世界经济增长预期

	2018	2019	2020
世界经济预计	3.7%	3.5% *	3.5%
中国经济	6.6%	6.3%	6%
二十国集团经济	3.8%	3.7%	3.7%
美国经济	2.9%	2.7%	2.1%
欧元区经济	1.9%	1.8%	1.6%

资料来源：转引自新华社。* 2019 年的增长预期较 2018 年 9 月预测值下调了 0.2 个百分点。

第二节　以升级推动经济增长

一、美国政府推动经济走向复苏

无论是奥巴马总统上任，代表民主党掌控美国，还是随后的特朗普总统上任，代表共和党掌控美国，他们都对美国的金融危机进行了强有力的修复。2009年2月，奥巴马政府推出总额为7 870亿美元的经济刺激计划，这已是二战后美国政府推出的最大规模的经济刺激计划。

美国先是着力修复金融系统，随着次贷及其衍生品泡沫的崩溃，数十万亿美元财富幻灭，不仅雷曼、贝尔斯登、美国国际集团等金融巨头破产倒闭，整个美国金融业深深陷入资金流黑洞中。为了降低市场利率，刺激停步不前的经济增长，美联储采取了前所未有的量化宽松措施（共三轮，见表1-8），即美联储通过大量印钞、购买美国国债或企业债券等，向市场注入超额资金。

美国三轮量化宽松共向市场支付了4万亿美元的资本，对恢复美国家庭财富作用巨大。2014年10月29日，美联储宣布结束资产购买计划，量化宽松货币政策正式退出。随后，美联储开启了“加息”+“缩表”进程。①

---

①　缩表即缩小资产负债表。资产负债表是会计上的概念，资产永远等于负债，资产与负债同增同减，因而只需要说明是扩表还是缩表即可。美联储的资产就是黄金、持有的国债和抵押贷款支持证券（MBS）等，负债就是美元。美联储扩表也就是量化宽松政策。美联储买进市场上的国债和抵押贷款支持证券，向市场支付美元，投放了货币。美联储的缩表就是一个反向的过程。一种反向是美联储直接向市场卖掉国债和抵押贷款支持证券，收回美元，减少货币供应量。另一种反向是美联储等这批国债和抵押贷款支持证券自动到期了，交还这批借条，收回美元，并停止继续拿这些美元再去投资，最终也是减少了货币供应量。目前，美联储的缩表主要是通过停止将到期债券再投资来实现，也就是第二种反向。

表 1-8　美国三轮量化宽松措施

三轮量化宽松	具体内容	成　效
QE1：2008 年 11 月至 2010 年 3 月	美联储购买了 1.25 万亿美元的抵押贷款支持证券、3 000 亿美元的美国国债和 1 750 亿美元的机构证券，累计 1.725 万亿美元左右	纳斯达克工业指数从 2008 年 12 月底的 8 675 点升值到 2010 年 2 月底的 10 400 点左右，涨幅超过 19%
QE2：2010 年 8 月延续到 2011 年第二季度	美联储增发货币，直接买入美国国债 6 000 亿美元	道琼斯指数被推到了 12 800 点左右，再涨 23%
QE3：从 2012 年 12 月开始，直至 2014 年 10 月 29 日	美联储决定每月购买 450 亿美元国债，以替代市场扭曲操作，加上每月 400 亿美元的宽松额度，美联储每月的资产采购额将达到 850 亿美元。此外，美联储还保持了零利率的政策，把利率保持在 0%到 0.25%的极低水平	修复了美国金融体系，稳定了财政体系，更在 2013 年 5 月将道琼斯股票指数推至历史新高

资料来源：陈功.颠覆世界的城市化.北京：中信出版集团，2016：3.

在初步稳定了美国货币金融体系后，美国立刻开始了更加深刻的变革：

（一）全面摆脱对中东石油的依赖，大力推动能源独立革命。美国页岩油资源丰富，技术可采资源量约 580 亿桶，占全球的 16.8%。2018 年 11 月，CNN 报道称，美国自 1975 年以来首次成为全球最大原油生产国，美国 1160 万桶/天的石油产量已经超过了俄罗斯和沙特阿拉伯，后两者的石油产量分别为 1 140 万桶/天、1 120 万桶/天。①

（二）出台一系列的优惠政策推动美国再工业化及制造业回流。从 2009 年到 2016 年，奥巴马政府先后推出的一系列法案和多项政策

① 智谷趋势.这场“油戏”不简单，中国登顶最大石油进口国之际，美国拿下全球油价主导权？[EB/OL].（2018-12-09）.凤凰网财经 http://finance.ifeng.com/a/20181209/16611353_0.shtml.

(见表1-9)可分为三大部分,一为吸引美国厂商将制造基地自海外移回美国或投资新事业;二为改善商业环境;三为投入未来制造业发展所需的先进技术,以确保美国制造业的竞争力。

表1-9　美国制造业回流及先进制造业相关法案与计划

政策目标	法案/计划名称	重点内容
投入创新制造技术的研发	2009年2月,《美国复苏与再投资法案(ARRA)》	联邦政府提供减税、提高失业给付等社会福利措施,此外政府也针对教育、医保、基础建设等项目增加支出。法案另外还包括基础科技研发与人才培训、医疗制度效率检讨等计划
	2011年6月,《先进制造伙伴计划(AMP)》	产、学、政的紧密合作,强化关系国家安全的关键产业本土制造能力;缩短先进材料从开发到推广应用的时间;投资发展新一代机器人;研究开发创新型的节能制造工艺;其他配套措施
	2011年6月,《材料基因组计划(MGI)》	通过新材料研制周期内各个阶段的团队相互协作,加强"官产学研用"相结合,注重实验技术、计算技术和数据库之间的协作和共享(利益通过学习标识以解决知识产权问题),目标是把新材料研发周期减半,成本降低到现有的几分之一,以期加速美国在清洁能源、国家安全、人类健康与福祉以及下一代劳动力培养等方面的进步,加强美国的国际竞争力
	2012年2月,《国家制造创新网络(NNMI)》	作为复苏制造业努力一部分,美国政府在2013财年预算为创立国家制造业创新网络一次性提供10亿美元投资,支持15家制造业创新研究所为区域制造业集群服务
	2014年5月,《制造业社区伙伴投资计划(IMCP)》	IMCP将向制造业社区提供财政支持,同时利用非联邦资金投资促进长期经济增长的基础设备项目和研发设备

续表

政策目标	法案/计划名称	重点内容
投入创新制造技术的研发	2014 年 10 月,《加速美国先进制造业报告(AMP 2.0)》	该报告从多个工业、学术及劳工团体专家中汲取相关元素来确认如何更进一步加强美国的先进制造业
	2014 年 12 月,《复兴美国制造业创新法案(RAMI)》	赋予商务部部长建立和协调制造创新网络权利
改善商业环境	2009 年 4 月,《金钥匙计划》	推动美国上千家中小企业将产品与服务打进中国市场
	2009 年 12 月,《重振美国制造业框架》	提供美国重振制造业的背景、优势和挑战以及政策措施
	2010 年 3 月《出口倍增计划(NEI)》	要在五年内将出口提高一倍,创造 200 万个就业机会。这是美国经济危机之后“再工业化”经济战略的一部分
	2010 年 8 月,《制造业促进法案》	赋予制造业振兴法律框架,并提供美国制造业降低原材料进口关税,与投资法国本土租税优惠等措施
	2012 年 1 月,《委外工作转回美国计划》	提供减税优惠给回流美国的厂商,同时取消外包厂商的优惠,并扩大提供劳工培训计划等
	2012 年 2 月,《国家先进制造业战略计划》	延续 AMP 的概念,由政府结合企业、劳工、学术机构等,加强公、私部门对于先进制造技术投资,特别是中小型制造业者。其次,通过政府部门的适度参与,降低投资风险及增进企业投资意愿,并通过政府采购,提升企业的生产规模与效率
	2012 年 5 月,《退伍军人再培训计划(VRAP)》	扩大就业人才库,由劳动部和退伍军人事务部合作,为 35 岁至 60 岁之间失业的退伍军人提供一年职业培训机会,参与者报名计划核准的技术学校或社区学校课程,参与者获得证书后,将协助至有需求的企业工作
	2015 年 4 月,《高级教育计划(ATE)》	通过学术机构和工商企业的协助,改善先进制造、农业及生物技术、能源和环境技术、工程、资讯等高科技领域的教育资源

续表

政策目标	法案/计划名称	重点内容
发展新兴产业	2009 年 4 月,《清洁能源与安全法案》	规划美国清洁能源产业发展目标、路径和政策措施
	2016 年 4 月,《能源政策现代化法案》	法案修订更新美国能源基础设施规范,并展开提高能源效率活动

特朗普政府则处处坚持“美国优先”,除了通过公平贸易政策来迫使美国厂商将部分生产移回美国外,还提出降低税费、减少法规管制、推动基础建设等奖励工具,吸引美国制造业回流,并且持续和产业界沟通,希望达成“购买美国货,雇佣美国人”的目标。

汽车和通信电子产业均为特朗普点名希望回流的产业。致力于将工作机会带回美国的 Reshoring Initiative 公司汇编数据显示,汽车行业占回流美国工作的大部分,其次为电子元件和电器制造业。

(三)在东南亚地区不断打压中国的影响力,实质性地调整中美和东盟三者的产业链和供应链问题上原有的基本结构。东南亚及周边海域是中国推进“21 世纪海上丝绸之路”的枢纽地区。从 2017 年中国与东南亚国家的货物贸易数据来看,马来西亚对华贸易额为 960.3 亿美元,新加坡、越南对华贸易额也都将近 1 000 亿美元,泰国在 700 亿~800 亿美元,印尼接近 600 亿美元。实际上,中国与不同的东南亚国家之间愈发多样的产业合作和经贸往来,都发生在中国与以东盟为基础的亚洲区域经济一体化机制之间。①

美国担心中国与东盟多层次、多领域、多渠道合作的势头与日俱增,不断加大打压中国在东南亚地区的影响力。2010 年,时任国务卿希拉里宣布美国在南海也有“国家利益”。随后,奥巴马抛出了“亚太再平衡战略”。特朗普上台后,强调要加强美国和东盟的关系,并称美国要向东盟提供更加具有可靠性的支持和承担安全责任。五角大楼

① 何子维.东南亚:一张整合的自由贸易网络[J].南风窗,2018(22).

更是不断在中国的南海岛礁建设上大做文章。

例如，美国国防部长马蒂斯在2017年和2018年的两次香格里拉亚洲防务对话会上都指责中国岛礁建设是“想要欺凌和钳制”弱小邻国。2017年11月，特朗普在菲律宾举行的东亚峰会上宣布美国将追求“自由、开放的印太”地区战略。2018年8月，美国国务卿蓬佩奥访问东南亚三国时提出“亚洲基础设施合作建设倡议”，并宣布提供3.9亿美元的资金支持；美国还宣布延长2014年提出的“亚洲海上安全倡议”，为东南亚国家继续提供海洋探测、跟踪和监视的信息技术支持。

此外，美国还积极扶持越南、印尼等国家或地区，给其零关税的优惠，在中低端制造业上实现对中国的“进口替代”。

美国政府推动经济逐步走向了复苏，在经济增速、就业和失业率等指标上的表现在发达国家中均较为抢眼，制造业也进入了缓慢的周期性复苏阶段。

1. 在经济增速方面，根据国际货币基金组织(IMF)数据，2017年四个季度的美国国内生产总值(GDP)按年率计算分别增长1.2%、3.1%、3.2%和2.9%。自2014年以来首次出现连续两个季度增速超过3%。2018年持续增长势头不减，前三个季度GDP增速分别为2.3%、4.2%、3.5%。

2. 在就业和失业率方面，根据美国劳工部数据，2017年3月至今，经季节调整的非农部门新增就业岗位月均增加20万个左右，2017年全年新增就业岗位210万个。2018年就业岗位不断增加，10月新增非农就业岗位突破25万个，员工时薪达到27.3美元，刷新2018年1月以来高位。2016年美国失业率为4.8%，2017年失业率降低至4.1%，近期美国失业率下降到3.7%，为49年来最低水平。①

3. 在制造业方面，美国的Reshoring Initiative公司汇编数据显示，2016年是数十年来制造业工作回流美国数量首次超过离开数量。

---

① 熊艺，冯文波.美国经济真的“取得了巨大成功”？[J].世界知识，2018，1739.

2016 年，美国制造业工作岗位净增 2.5 万个。在此期间，共有约 5 万多个工作岗位离开美国，同时有 7.7 万个岗位回流，或者是非美国公司在美国投资建厂。从 2010 年到 2016 年，大部分回流美国的制造业工作都源自中国。

根据过去 30 年美国制造业生产指数的变化(如图 1-2 所示)，罗思义研究员①认为，从长期来看，美国制造业生产指数还没有恢复至 2007 年 12 月的峰值水平。但是，从 2007 年 12 月峰值以来美国制造业生产指数的变化看，美国目前的制造业处于缓慢的周期性复苏阶段。

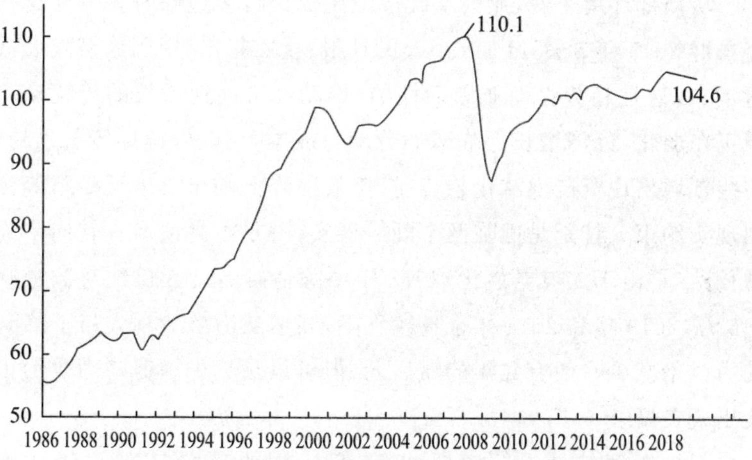

图 1-2　美国制造业生产指数的变化(以 2012 年为 100)

(资料来源：根据美联储数据计算。)

与以往不同的是，美国这一轮经济复苏带来的需求，拉动更大的比例将来自本土制造业和东南亚(以及墨西哥等周边国家)而非中国。

二、中国经济升级的方向

从外部环境来看，发展到今天，美国人认为他们建立的这个全球

① 罗思义.与中德相比 美国制造业扩张政策并未获得成功[EB/OL].(2018-09-04).人大重阳网 http://rdcy－sf.ruc.edu.cn/index.php? s＝/Home/Index/news_cont/id/49950.html.

体系让中国占尽了便宜，自己却吃了很大的亏，在定位上把中国视为“首要战略挑战”，且严重程度超过了俄罗斯，认为中美矛盾无法调和。全球化进程已经出现了大分裂。现在，美国对华战略的目标意在限制乃至打断中国崛起的势头。

2018 年 10 月 4 日，美国副总统彭斯在哈德逊研究所做了一场涉华政策的演说，从南海谈到台湾，自中美贸易到中国海外投资，彭斯从多角度批评中国内政外交，充满火药味。这是自克林顿政府以来，美国政治领导人第一次如此赤裸裸地用冷战思维抨击中国，被一些美国学者解读为新时代的“铁幕演说”。

从内部环境来看，亚洲基础设施投资银行多边临时秘书处秘书长金立群 2015 年 8 月 11 日在《人民日报》撰文指出，中国经济发展进入新常态，这是趋势性而非周期性的，推动经济高速增长的传统动力机制正在弱化，经济增长面临诸如劳动力成本上升、资源环境瓶颈趋紧、一些领域出现资产泡沫化趋势、投资效率降低和出口增长受阻等一系列现实约束。特别是面临两个既成事实：一是由高速增长转向中高速增长；二是由于人口老龄化，2012 年中国适龄劳动人口绝对数量减少 345 万，2013 年和 2014 年也连续下降，当然从适龄劳动人口下降到劳动力供给减少一般有几年的滞后期，但可以预见中国劳动力供给很快会出现负增长。

根据国家统计局的数据，2015 年中国的人均 GDP 已经达到了 8 000 美元左右，已处在中高等收入发展阶段，既面临前所未有的向高收入国家行列跃升的机遇，也面临落入“中等收入陷阱”①的危险。2016 年 3 月 5 日，国务院总理李克强在《政府工作报告》中指出，今后五年是跨越“中等收入陷阱”的重要阶段。按照国家“十三五”规划纲

---

① 2006 年世界银行的报告《东亚经济发展报告》首次提出中等收入陷阱，基本含义指的是进一步的经济增长被原有的增长机制锁定，人均国民收入难以突破 10 000 美元的上限，一国很容易进入经济增长阶段的停滞徘徊期。世界银行研究显示，1960 年全球 101 个中等收入经济体中，仅有 13 个迈过“中等收入陷阱”，最终进入高收入行列。

要拟定的目标，到2020年中国人均GDP要达到1.1万美元左右，接近世界银行的高收入国家标准。

基于上述背景，中国经济升级的方向将是摆脱中美之间定位为供需两端的关系，向制造业的中高端布局，以应对和超越东南亚国家的低成本竞争。并且，中国经济增长更大的比例将由内需所推动。那么，中国经济有无可能实现这种升级呢？对此，有以下几点需要认真对待和思考。

（一）防范金融风险，尤其是来自房地产市场的风险

当前，美联储在退出量化宽松货币政策后开启了“加息”+“缩表”进程，之前流入的资本就会从包括中国在内新兴市场国家流出。这将加大人民币对外贬值的压力，以及引发中国外汇储备大量流失、楼市和股市暴跌的风险。加之，特朗普政府的贸易霸凌行为带来了供给冲击，中国实体经济面临严重的产能过剩和需求不足，并由此进入深度调整。

金融市场—实体经济—科学技术进步，是一个链条关系。科技是实体经济提高劳动生产率、降低成本、扩大规模的保障。如果这个过程是一个正反馈，反映到虚拟经济，金融市场就会膨胀起来。这意味着，如果科技创新不能让实体经济通过技术升级、产品升级或发明新的产品创造新的需求，又没有充分的资源保障，环境又不允许实体经济向越来越大的方向去发展，那么实体经济本身就在缩水，而金融市场上，和房地产行业这个相关的资产也在缩水，拖累银行的呆坏账水平上升，并引起连锁反应。防范金融风险，就是避免让金融市场—实体经济—科学技术进步的链条陷入恶性循环的状态。

2017年，国务院金融稳定发展委员会成立并召开会议，强化了人民银行宏观审慎管理和系统性风险防范职责。

（二）防止净出口显著下滑

按照标准核算方法，GDP＝消费＋投资＋政府支出＋净出口。若投资和政府支出不变，就会自然得到净出口占GDP份额下降，消费占GDP份额提高的结论。这实际上就是出口下滑，用扩大消费需求来抵消的理论观点的来源。实际上，出口和消费并不完全是此消彼长的关系。

唐杰、赵登峰区分了三种不同的内需与外需的关系：一是国际分工引起了外需增长，这对本国内需并无负面作用，简单地说，国际分工与产业转移造成的净顺差增加了本国的生产能力和就业，有利于扩大内需；二是由于对象国消费水平提高引起了本国内需被动减少，与本国外需扩大没有直接关系；三是本国国民厉行节约减少本国产品消费，以便更多地换取外汇。在这三种情况里，只有第三种情况才会出现内需与外需之间的矛盾关系。①

事实上，中国自改革开放以来主要以来料加工的方式发展经济，至2007年加工贸易占中国进出口贸易的比例还达到五成左右。尤其是沿海的那些出口加工型企业，那么多的工人和管理人员每个月领到的工资、发到的奖金，基本上都用在国内消费。所以，依靠加工贸易形式的净出口扩大并没有造成内需的不足，反而创造了更多的就业机会，使中国的经济总量和消费水平都得到了提高。

实际上，若想发展内需，净出口显著下滑也是不行，是会出问题的。据统计，2017年，中国货物贸易顺差的57%来自外资企业，59%来自加工贸易。一方面，若外资撤离，加工贸易萎缩，原先用于出口的产能被迫压缩之后就会导致裁员，所谓内需的消费能力也会下降；另一方面是靠投资、公共建设来拉动内需将面临困难。这是因为我们很多原材料、设备和技术还要进口。然而，中国并没有美国的世界央行的地位，不可能通过发行货币就买到这些材料、设备和技术，还要靠出口赚取外汇才能买得来。

---

① 唐杰，赵登峰.图表中的宏观经济[M].北京：中信出版社，2010：31.

（三）发展服务业，以适应制造业转型升级的环境要求

一直以来，政府和市场关注经济增长，说到底是关注就业，认为中国经济的风险在增长方面，增长一旦出现问题，就业危机就会爆发，所以长期强调稳增长、保就业。李克强总理引用人社部测算数据，实现新增就业1 000万人的目标大概只需要7.2%的GDP增速，是经济增长的底线。

在整个“十二五”时期，中国经济的增长速度不断下移。尽管如此，劳动就业在“十二五”期间依然解决得比较好，城镇登记失业率不断地下降。劳动就业率没有遇到特别大的困难，一个重要的原因，是劳动就业的结构发生了变化，过去依托农业和工业为主，现在依托服务业为主。服务业已经是第一大劳动就业的部门。比如在2011年的时候，服务业的劳动就业占比还是略高于第一产业，一个是35.7%，一个是34.8%，但这之后，服务业的劳动就业占比不断提升。到了2017年，服务业的劳动就业占比就上升到了44.9%，远远超过了第一、二产业的劳动就业占比（2017年分别为27%和28.1%）。从吸纳劳动就业的能力来讲，服务业的就业弹性系数高，服务业每增长一个百分点，解决的劳动结业人数要比工业多100万。①

总之，科技进步使得质量相同或更高的钢材、汽车和电子产品等，只需要少得多的工人就可以生产出来。那些“过剩”的工人们需要分流到教育、医疗、金融、娱乐和公共管理等服务业。因此，需要将服务业发展成为中国稳定就业市场的重要渠道。服务业大致分为四类：第一类，消费服务业，餐饮与商贸、养老与健康；第二类，商务服务。包括商事服务、家庭财产管理服务、园区管理服务等等；第三类，生产服务、技术服务、设计/外包服务等等；第四类，精神服务业。满足人们精神需要的，影视、音乐、戏剧、旅游、休闲、娱乐、文化、出版、体育等等。

---

①　夏杰长.面向“十三五”的中国服务业：前景展望与战略思路[EB/OL].(2016-09-01).http://theory.people.com.cn/n1/2016/0901/c40537-28684107.html.

需要说明的是，无论是哪一类服务业都只能建立在第一、二产业的基础之上，尤其是现代制造业基础之上。欧盟2013年产业结构报告就指出，制造业和服务业之间联系正在日益增强。没有强大的制造业也就不可能有发达的服务业。强大的制造业有助于其他经济领域的竞争力，也就是说制造业越来越高的生产率增长会蔓延到服务业，这一点特别重要。[①] 制造业如果走向没落，也就意味着为之提供配套的服务也将随之衰亡。

(四) 重视消费者的内需

内需分为消费者的内需和投资发动的内需。依靠投资发动的内需，在美国主导的全球市场体系的大循环当中还可行，目前则是作用有限，所以不能对此抱有太高的希望。消费者的内需，包括了政府消费支出与居民消费支出。在2017年，二者合计占GDP的比重高达58.8%，为国民经济增长的首要动力。

但是，其中居民消费支出占GDP的比重不到40%，这一数字不仅远低于美国(69.5%)的水平，也低于老龄化严重、消费增长低迷的日本(56.3%)和韩国(47.8%)的水平，还低于印度的居民消费支出水平(59.1%)。这说明国民本身的消费能力存在不足。

与之对应的是，中国居民储蓄率降低。2017年底，中国境内居民在金融机构存款余额同比上年增加4.6万亿元，占居民可支配收入总额的12.74%。2010—2017年，中国居民储蓄率[②]下滑趋势非常明显，不到十年，居民储蓄率已经下滑了一半多(见图1-3)。

---

① 王绯慈.关于产业结构之谜的思考[EB/OL].(2014-04-25).http://blog.sina.com.cn/s/blog_905b3b1 c0101tnaw.html.

② 国民储蓄分三个部分：居民储蓄、企业储蓄和政府储蓄。一般国家都以居民储蓄为主，然后是企业储蓄、政府储蓄。本书中，居民储蓄率采用的统计口径为：(居民储蓄增加额/居民可支配收入总额)×100%。

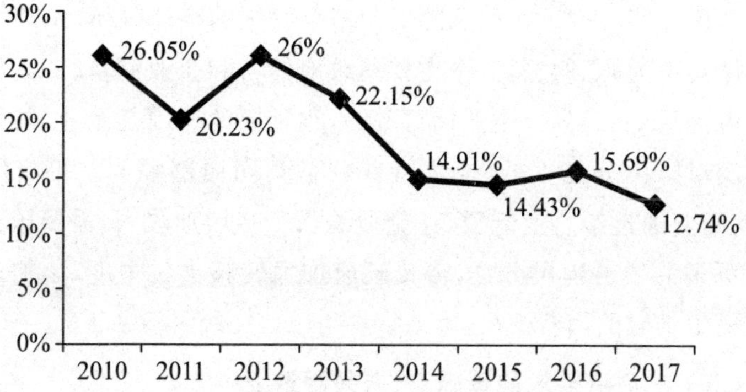

图 1-3　2010—2017 年中国居民储蓄率

（资料来源：前瞻产业研究院。）

在居民储蓄中，绝大部分储蓄属于占人口比例很小的富裕阶层。在富裕阶层，奢侈品消费流行。《2017 年中国奢侈品网络消费白皮书》显示，2016 年全球奢侈品市场整体规模增长 3.32%，中国奢侈品销售额占全球总额的 21%，仅次于美国位居世界第二。

要提高消费者的内需，就是要想方设法提振占中国总人口 70%左右的中低收入阶层的需求，包括大量的农民、农民工。要让他们产生旺盛的，至少是产生正常的消费需求。为此，一是多为他们提供就业机会，提高他们的收入水平；二是提高他们的劳动技能和个人文化素质；三是国民财富的合理分配，避免收入差距过大。

基尼系数国际通常标准是，在 0.3 以下为最佳的平均状态，在 0.3～0.4 之间为正常状态，超过 0.4 为警戒状态。国家统计局的数据显示，中国 2017 年的基尼系数为 0.467，连续 2 年出现小幅上涨，贫富差距加大。富裕阶层收入大幅增加，中间阶层增长缓慢。

在这方面，中国可借鉴韩国的经验。韩国的基尼系数在 1980 年达到了 0.39。韩国政府随后通过税收政策调整初次分配格局以及社会保障措施调整再分配格局，使基尼系数在 1991 年降至 0.26，社会高收入与低收入阶层的收入差距明显缩小。

此外，中国还可考虑适当降低政府和企业的储蓄率，将其转化为普通居民的“收入”。按照国际货币基金组织的统计口径，2017年中国国民储蓄率为45.84％，其中主要是政府储蓄和企业储蓄，二者储蓄率合计占比达40.28％。企业储蓄率高，很重要的原因是企业，特别是国企利润对国民分红太低，成为特殊利益集团内部福利。提高居民收入，就需要通过给企业减税，让企业给员工多增加收入，需要国有企业拿出更多的钱给国民分红，需要政府加大转移支付力度，增加公共服务和民生领域的消费支出。

（五）在创造需求的基础上，振兴制造业

制造业说到底是一个产业链，振兴产业的需求，最终必须要振兴的是人们的消费需求。以钢铁业为例，钢铁是材料性的产品，它最大的市场需求可以说是来自基础建设，还有汽车、造船等。在这个产业投入了大量的资金，它生产出来的产品是要卖给房地产业、汽车制造业和造船业。

但是，房地产市场在2018年进行了史上最严调控，“坚决遏制房价上涨”让房地产市场预期转向，市场进入了调整通道。中国房地产指数系统对100个城市的全样本调查数据显示，2018年11月，有31个城市新建住宅价格环比下跌，下跌城市数量较10月增加12个。其中三四线城市价格调整范围最广，下跌城市数量较10月增加9个至21个；汽车市场产销高速增长时期已经过去，按照中汽协会发布的数据，2018年前9个月，汽车累计产销数据分别同比增长0.87％和1.49％，到了10月，则双双成为负数。低增长将是汽车制造业未来发展的一个常态；至于造船业，过去十年来，全球航运产业持续低迷，造船订单不断减少，现在虽然形势有所好转，但受中美贸易摩擦影响，世界贸易格局不稳定，航运作业陷入困境。

生产的目的是满足人们的需求。没有重新增长的消费需求，振兴这些生产过剩的制造业，加大对它们的投资，不仅得不偿失，还会消耗掉宝贵的社会转型资源。因此，制造业振兴的前提是要有重新增长的消费需求。

如果振兴创造了一个新兴的朝阳产业、可持续发展产业，那么就会引起一系列的联动，不仅可以保住岗位、增加就业、提升了人的劳动技能，还可让企业更有竞争力，一个新的消费市场被开拓出来了。

以高铁为例，中国通过成功实施“引进先进技术、联合设计生产、打造中国品牌”的策略，迅速成长为全世界公认的头号高铁大国。几年前，法国阿尔斯通、德国西门子、加拿大庞巴迪（其铁路装备业务总部位于德国柏林）在全球铁路车辆制造市场上呈现三足鼎立之势。随着中国厂商的赶超，老牌三强感受到了巨大竞争压力。西门子总裁乔·克泽尔在面对正在挺进发达国家市场的中车集团就曾表示，必须要组建一个强有力的中车集团挑战者。

梅新育认为，高铁不仅仅是一种运输方式的变革创新，其影响绝不仅仅局限于交通运输领域。通过高铁这种交通运输方式的改进，带动沿海产业向内地转移，让内地广大地区能够更深入地分享东部工业化的成果，承接产业转移的机遇（包括增加就业和地方政府的财政收入等）。并且，高铁系统制造具有漫长的产业链，有能力带动中国制造业和工程建筑业水平上一大台阶。仅每公里高铁耗用钢材就达 3 000 吨（不包括车辆等），是普通铁路同一指标的 10 倍，一列列车的维修成本（即维护企业的预期收入）是其整车成本的 1.5 倍。因此，高铁可能给中国经济可持续发展带来革命性的变化。[1]

---

① 梅新育.中国制造业向何处去[M].昆明：云南教育出版社，2012：210-212.

第二章　城镇化背景下房地产业的市场空间及风险防范

第一节　中国城镇化背景下房地产的市场空间

在工业革命之前，大多数城市是由于宗教、军政力量以及商贸中心等因素的推动才成为人口聚集地。在工业革命之后，情况就有所不同了。由于工业体系的演进推动，城市开始集中大多数的经济资源，并逐渐成为社会的生产中心和经济中心。随之，城市化的进程迅速席卷了全球。到 20 世纪末，世界城市化水平已达到 47.2%。①

城镇化的概念，具有中国特色。与城市化的概念一样，它也是对英文单词“Urbanization”的翻译，因此在内涵上大致与前者相同。区别在于，在世界通用的概念中，“镇”属于农村地区，而中国的城市规划法将“镇”划入了城市的范畴，并规定了镇与市的设置所应达到的非农人口标准和非农经济标准。

城镇化是一个系统的工程，是中国现代化进程中最大规模的迁移和社会结构的改变。它对于房地产业的影响是显而易见的，本节将在考察中国城镇化的背景和现状的基础上，从时间、空间和数量上展望中国城镇化对房地产业整体及门类的影响，在此基础上展望房地产业未来各类业别的发展空间。

---

①　王习农，姬肃林.国外城市化发展对我国的三点启示[N].中国经济时报，2015-08-06(5).

一、中国城镇化进程的背景与现状

(一) 城镇化进程的背景

1. 转变经济发展方式

1995 年党的十四届五中全会提出了转变经济增长方式,强调要改变粗放型增长模式,走集约化发展道路。此后,中国经济增长由 20 世纪 80 年代到 90 年代中期主要靠轻纺工业等劳动密集型产业拉动逐步转变到主要靠资本、技术密集型产业拉动,重工业在工业增加值中的比重在 2006 年达到 70%。伴随着重工业的高速发展,能源、原材料消耗大幅度上升,资源、环境压力日益加大。① 此外,投资和消费关系失衡,收入分配差距较大,产业结构不合理,创新能力不强等问题也较为突出。

对此,2007 年 10 月党的十七大提出转变经济发展方式的基本思路,就是要做到“两个坚持”和“三个转变”。“两个坚持”是坚持走中国特色新型工业化道路,坚持扩大国内需求特别是消费需求的方针。“三个转变”是促进经济增长由主要依靠投资、出口拉动向依靠消费、投资、出口协调拉动转变;促进经济增长由主要依靠第二产业带动向依靠第一、第二、第三产业协同带动转变;促进经济增长由主要依靠增加物质资源消耗向主要依靠科技进步、劳动者素质提高、管理创新转变。

尽管实行经济发展方式转变的努力进行了多年,但现状依然是:取得明显进步,水平依然很低,矛盾依然尖锐。实际上,目前中国经济增速的下降,不仅有外部环境的影响,同时也是中国自身问题的显现。尤其是中国已经处于可能进入“中等收入陷阱”的发展阶段。能否成功实现经济发展方式转变将直接影响到中国经济今后一段时期的发展状况,进而影响中国的城镇化进程。

---

① 郑新立.推动我国经济社会发展必须坚持的正确方向——论“三个转变”[J].求是,2008(1).

经济发展方式转变对城镇化有重要影响，但这种影响更多的是在城镇化的规模和质量方面，而不是城镇化的长期趋势。从长期来看，城镇化水平总是上升的。实际上，一些拉美和非洲国家曾经历过“无经济增长的城市化”，即经济是负增长或低速增长，但城镇化率仍然是提高的。从本质上，农村人口向城镇的迁移主要是由于城镇具有更高的收入和生活水平、更多的受教育机会、更好的文化设施和公共福利等。鉴于中国农村和城镇居民在收入水平、教育机会、公共福利等方面存在的巨大差异，尽管中国经济能否成功转变发展方式仍存在不确定性，但这并不影响中国城镇化水平将继续上升的长期趋势。

2. 产业结构的调整升级

产业的发展对于城镇化具有重要影响，工业化是城镇化的核心动力。随着中国劳动力成本的提高，中国在中低端制造业方面的国际竞争力有所下降，部分外资企业已经将其在中国的工厂迁往其他成本更低的国家。然而中国在高端制造业方面尚未形成明显的竞争优势，这将对中国今后的经济发展及城镇化造成负面影响。

第三产业（服务业）的发展可以为城镇化提供后续动力。“十二五”期间，中国服务业发展取得一系列新进展和新突破，服务业成为国民经济第一大产业，新兴服务行业和业态层出不穷，服务贸易规模跃居世界第二。国民经济和社会发展“十三五”规划纲要提出，“开展加快发展现代服务业行动，扩大服务业对外开放，优化服务业发展环境，推动生产性服务业向专业化和价值链高端延伸、生活性服务业向精细和高品质转变”。

总之，随着技术的不断进步，工业吸收就业的能力会下降，第三产业（服务业）的发展状况将对城镇化进程具有重要影响。

3. 制度因素

这里主要是指政府职能转变和户籍制度。制度变迁理论认为，在决定一个国家经济增长和社会发展方面，制度具有决定性的作用。技术的革新固然为经济增长注入了活力，但人们如果没有通过一系列制度构建把技术创新的成果巩固下来，那么人类社会长期经济增长和社会发展是不可设想的。新制度经济学认为，制度对经济增长具有重要影响，即使在技术水平不变的情况下，仅仅是制度上的革新，也可以促进经济增长。

政府职能的转变实际上是制度革新的重要内容之一。当前，中国政府对经济运行的干预依然过多，这些手段中不仅有宏观的，也有微观的；不仅有经济的，也有行政的。这些均降低了经济运行的效率，也不利于资源的有效配置。中国政府职能转变的方向应是：从微观层面的干预转变为宏观层面的调控；从主导经济社会发展转变为向社会提供公共服务和产品。在整个大制度框架不变的情况下，仅仅是政府职能的转变，也足以在一定程度上支撑今后一段时间内中国经济的增长。

户籍制度是对中国城镇化进程具有最直接影响的一项制度安排。1978—2000年中国城镇化率提高18.3个百分点，城镇居民消费率提升12.9个百分点。然而，2001—2014年，中国城镇化率提高17.1个百分点，但城镇居民消费率反而降低了1.7个百分点。① 城镇居民消费率没有随着城市人口增长而同比例上升，原因在于城镇非户籍常住人口的基本消费需求远低于户籍居民的平均水平。

中华人民共和国成立初期，中国并没有严格的户籍制度，1954年，中国颁布的第一部宪法明确规定公民有迁徙和居住的自由。然而在随后的国家发展战略和国内外形势约束下，1958年1月，中国颁布了《中华人民共和国户口登记条例》，开始对人口自由流动实行严格管制。该条例明确将城乡居民区分为农业户口和非农业户口两种不同户籍。户籍制度还与教育、就业、医疗和各种福利待遇等互相绑定，人为地造成了城市居民和农村居民的不平等，导致城乡二元经济模式的生成，拉大了城乡贫富差距，阻碍了劳动力的自由流动，不利于全国统一的劳动力市场的形成，从而也阻碍了经济发展。

---

①　张军扩，吴振宇.对我国经济转型期增长潜力的再认识[N].中国经济时报，2018-04-18(19).

改革开放后，客观形势促使中国开始逐步放松户籍制度。近年来要求进一步放松户籍制度的呼声更是越来越高。户籍制度改革的目标，是由传统的城乡分割的二元户籍制度，转变为城乡统一的一元户籍制度，取消农业户口和非农业户口的区分，使公民获得统一的身份以及有居住和迁移的自由，剥离、剔除黏附在户籍关系上的种种社会经济差别功能，真正做到城乡居民在发展机会面前的平等。

2014年3月16日，中共中央、国务院印发的《国家新型城镇化规划(2014－2020年)》提出，到2020年努力实现1亿左右农业转移人口和其他常住人口在城镇落户。为此，举国上下都在做不遗余力的努力。国务院已经相继出台了户籍制度改革意见、居住证暂行条例以及调整城市规模划分标准等政策意见。各地区正在积极推进户籍制度改革和居住证制度的双落地，目前已经有27个省区市和新疆生产建设兵团出台了户改实施意见，居住证制度各地也在抓紧制定具体实施办法。

现在也已经基本实现了城乡的养老保险、医疗保险的并轨，义务教育已经实现了“两免一补”和生均公用经费定额资金可携带，国家财政性经费保障义务教育阶段随迁子女就学比例已经达到90%，连续多年实施“农民工职业技能提升计划”，每年培训农民工达到2千万人次。

显然，这必将对中国的城镇化进程起到促进作用。

(二) 中国城镇化的现状

改革开放以来，中国城镇化经历了一个起点低、速度快的发展过程。1978—2013年，城镇化率年均提高1.02个百分点；2000年以来，城镇化率年均提高1.35个百分点。2017年城镇化率达到了58.52%，稍高于54.8%的世界平均水平。

中国城镇数量、人口和建成区面积均有大幅增加。至2015年，已有36个城市的中心城区人口超过200万大关，有85个城市超过了100万大关。有4个城市城区人口超过了1 000万，即北上广深，它们的城区人口合计达到了 6 377 万。《2016 年城乡建设统计公报》显示，2016 年年末，全国设市城市 657 个，比上年增加 1 个。其中，直辖市 4 个，地级市 293 个，县级市 360 个。据对 656 个城市和 2 个特殊区域统计汇总，城市城区户籍人口 4.03 亿人，暂住人口 0.74 亿人，两者合计达 4.77 亿；建成区面积达 5.43 万平方公里，比上一年度增长约 4.2%(见图 2-1)。①

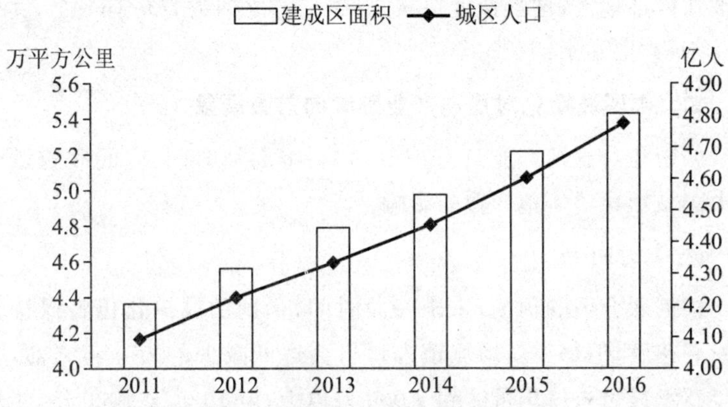

图 2-1　2011—2016 年城市建成区面积和城区人口

到了 2017 年，中国的城市数量更是明显增加。当年 4 月县改市开闸，经国务院批准，民政部密集批复四川省隆昌县、贵州省盘县、陕西省神木县、湖南省宁乡县、浙江省玉环县和河北省平泉县六个地方撤县设市。同时，随着地级市尤其是大城市的扩张，城区周围的许多县级市纷纷被改成区。②

从中国城镇化率的地区分布来看，各地区之间存在较大差距。2014 年东部地区城镇化率为 63.6%，东北地区为 60.8%，中部地区为 49.8%，西部地区为 47.4%。东部地区分别比中部、西部地区高 13.8 个百分点和 16.2 个百分点，中部地区相当于东部地区 2004 年的水平，

① 大众网讯.2016 年城乡建设公报发布 山东城市建成区面积全国第二[EB/OL].(2017-08-25).http://news.gog.cn/system/2017/08/25/016036014.shtml.

② 同上.

西部地区相当于东部地区 2003 年的水平。分省区市来看，2015 年，在 4 个直辖市中，上海市城镇化率最高为 87.6%，在 27 个省区中，广东最高为 68.7%，西藏和贵州仅为 27.74%和 42.01%。《国家新型城镇化报告 2015》认为，东部地区和东北地区城镇化正向成熟阶段迈进，中西部地区城镇化还处于快速发展阶段。并且，中西部地区城镇化的快速发展与经济增长互为支撑。2015 年，中国经济增速达到两位数的省份全部在西部地区，增长速度在 8.5%～10%之间的省份有 8 个，其中中部 4 个，东部 3 个。①

二、中国城镇化对房地产业影响的前景展望

城镇化对房地产业具有重要影响，下面从时间、空间和数量上展望中国城镇化对房地产业的影响。

(一) 时间上

根据联合国的预测，未来一段时间，中国的城镇化仍将保持较快的发展速度，但每年新增城镇人口将会逐渐减少。2015 年之前，中国每年新增城镇人口仍可达到 2 000 万以上，但 2025 至 2030 年，年均新增城镇人口可能不足 1 000 万，见表 2-1。

表 2-1 中国每年新增城市人口(2010—2030 年)

时间	每年新增城市人口(万人)
2010—2015	2 026
2015—2020	1 696
2020—2025	1 309
2025—2030	917

资料来源：Population Division of the Department of Economic and Social Affairs of the United Nations Secretariat, World Population Prospects: The 2010 Revision and World Urbanization Prospects: The 2011 Revision.

① 徐绍史.国家新型城镇化报告 2015[M].北京：中国计划出版社，2016：6-7.

我们将城镇中25～44周岁的人口定义为城镇适龄购房人口，进一步考察城镇适龄购房人口随时间的变化情况。本书采用的预测方法是全国的适龄购房人口乘以城市化率，这里未考虑死亡因素，城市化率采用的是联合国的预测值。预测的结果见图2-2。可以看出，中国城镇适龄购房人口在2025年左右达到最高峰，之后便会缓慢下降。

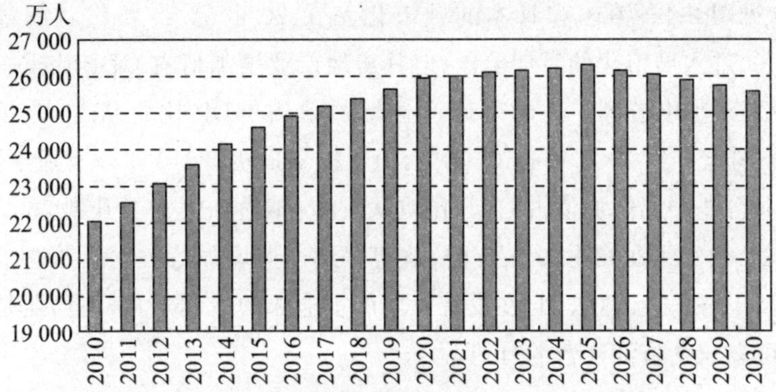

图2-2 中国城镇适龄购房人口预测

（资料来源：CEIC，联合国数据库。经作者计算。）

值得注意的是，在中国计划生育政策的影响下，1982—2010年中国家庭户平均规模一直呈下降趋势（见图2-3）。国家卫健委发布的《中国家庭发展报告（2015年）》也显示，家庭户平均规模为3.02人，其

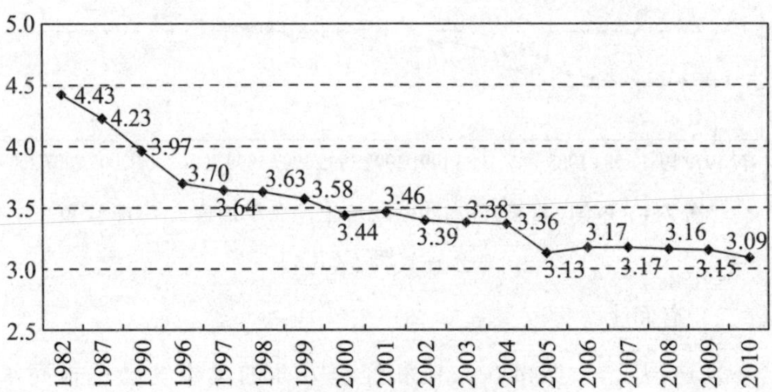

图2-3 中国家庭户平均规模

（资料来源：CEIC。）

中，农村家庭户平均规模为3.14人，城镇家庭户平均规模为2.84人。家庭规模的下降能在一定程度上抵消人口下降对房地产业带来的不利影响，但抵消的程度有限。

那么，到城市化后期，房地产业的发展会怎样呢？发达国家的经验表明，在城市化后期，房地产业仍可以保持一个快于GDP增速的增长，见图2-4。美国和日本的城市化率在20世纪60年代就超过了70%，进入城市化的后期阶段，但其房地产业增加值占GDP比重一直呈缓慢上升趋势。美国房地产业增加值占GDP比重从1977年的9.46%上升到2009年的12.05%，由于次贷危机，2010年才有所下降。日本房地产业增加值占GDP比重从1980年的8.96%上升到2009年的13.23%。2000—2011年间，欧盟房地产业增加值占比从9.70%上升到10.65%。这表明，在没有发生严重泡沫的情况下，房地产业是一个可以长期持续经营的行业。

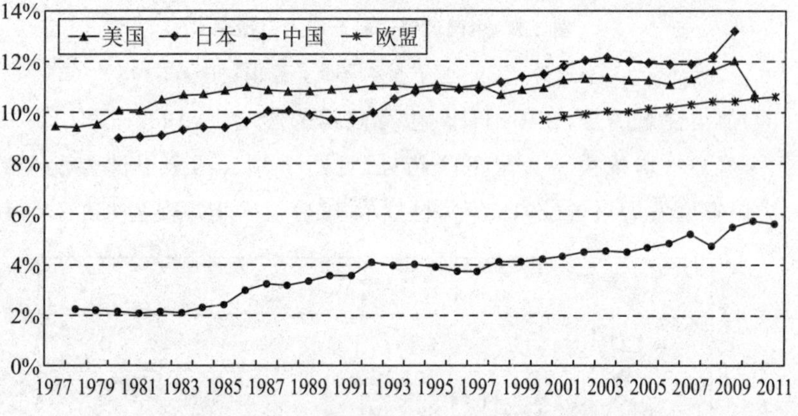

图2-4　中国、美国、日本和欧盟房地产业增加值占GDP比重

（资料来源：CEIC。）

（二）空间上

在发达国家，大城市在人口和经济方面的集中度已达很高水平。2010年，美国前10大都市统计区（Metropolitan Statistical Area，MSA）的人口占总人口比重为26.1%，其GDP占比更是达到33.9%；

日本前10大城市的人口占总人口比重为21.7%。同期,中国前10大城市的人口(即使包括所辖的农村人口)占中国总人口比重也只有11.4%,人口集中度远远低于发达国家。

根据发达国家的经验,城市化过程中,人口具有向大城市聚集的明显趋势,即使进入城市化后期,这一趋势也将持续。根据联合国的相关预测数据进行的计算表明,中国不仅同样具有人口向大城市聚集的趋势,而且速度更快。到2025年,中国100万以上大城市人口占总人口比重将达到35.5%,超过发达国家同期34.7%的水平。见图2-5。

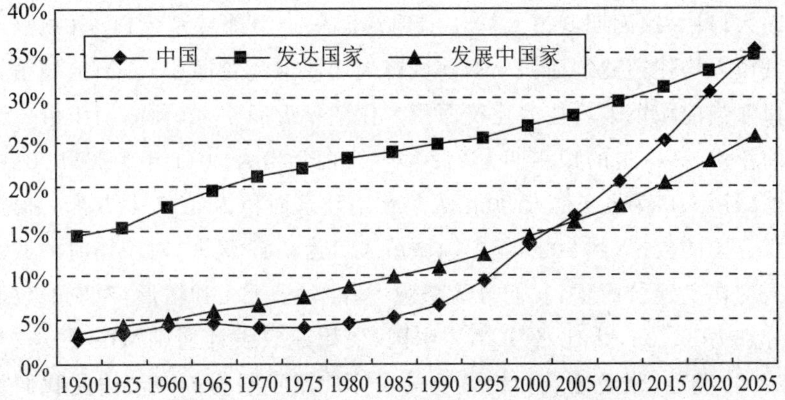

图2-5　100万以上大城市人口占总人口比重

(资料来源:Population Division of the Department of Economic and Social Affairs of the United Nations Secretariat, World Population Prospects: The 2010 Revision and World Urbanization Prospects: The 2011 Revision. 经作者计算。)

此外,目前中国已进入城市群发展阶段,部分城市群将有很大发展。中国《国民经济和社会发展第十二个五年规划纲要》指出,要"以大城市为依托,以中小城市为重点,逐步形成辐射作用大的城市群,促进大中小城市和小城镇协调发展",要"在东部地区逐步打造更具国际竞争力的城市群,在中西部有条件的地区培育壮大若干城市群"。在具体的地区方面,根据国务院颁布的《全国主体功能区规划》,中国将构建"两横三纵"为主体的城市化战略格局,即构建以陆桥通道、沿长江通道为两条横轴,以沿海、京哈京广、包昆通道为三条纵轴,以国家优化开发和重点开发的城市化地区为主要支撑，以轴线上其他城市化地区为重要组成的城市化战略格局。

因此，在未来较长一段时间，环渤海、长三角、珠三角仍将是中国经济最发达的三个区域，同时海峡西岸、长江中游、关中至天水、成渝等地区的城市群也将会有很大发展。

（三）数量上

下面我们从数量上考察城镇化进程对中国住宅需求的影响，本书使用的计算公式为：城镇新增住宅需求＝（预测期城镇人口－当前城镇人口）×预测期城镇人均住宅建筑面积＋当前城镇人口×（预测期城镇人均住宅建筑面积－当前城镇人均住宅建筑面积）＋当前城镇人口×当前城镇人均住宅建筑面积×住宅年折旧率×（预测期年份－当前年份）。这里的预测期为2020年，当前年份为2011年。2011年，中国城镇人口为6.9亿人，城镇人均住宅建筑面积为32.7平方米。根据联合国的数据，到2020年中国城镇人口为8.46亿人，对于届时的城镇人均住宅建筑面积，我们分为悲观、基准和乐观三种情形，对应的数值分别为36、38和40平方米。中国《民用建筑设计通则》（GB50352－2005）规定，普通建筑和构筑物的设计使用年限为50年，因此我们将住宅年折旧率设为2%。同时，考虑到中国住宅用地的使用年限是70年，我们也计算了住宅年折旧率为1.43%的情形，作为我们分析的参考。计算结果见下面表2-2和表2-3。

表 2-2　对中国新增住宅面积的预测 I

指　标	假设2020年中国城镇人均住宅建筑面积（平方米）		
	36	38	40
2020年前中国需新增的住宅（亿平方米）	119.46	136.39	153.32
2012—2020年中国平均每年需新增住宅（亿平方米）	13.27	15.15	17.04

注：本表假设住宅使用年限为50年，相应的住宅年折旧率设为2%。

从表 2-3 可以看出，基准情形下，2020 年前中国需新增住宅 136.39 亿平方米，2012 至 2020 年平均每年需新增 15.15 亿平方米。而在悲观情形下，2020 年前，中国平均每年也需要新增住宅 13.27 亿平方米。即便是住宅年折旧率为 1.43%时，悲观情形下，2020 年前，中国平均每年也需要新增住宅 11.98 亿平方米（见表 2 3）。而中国 2011 年商品住宅竣工面积为 7.17 亿平方米。因此，总的来看，中国商品住宅市场仍有潜力。

表 2-3　对中国新增住宅面积的预测 II

指　标	假设 2020 年中国城镇人均住宅建筑面积（平方米）		
	36	38	40
2020 年前需新增的住宅（亿平方米）	107.85	124.77	141.70
2012—2020 年中国平均每年需新增住宅（亿平方米）	11.98	13.86	15.74

注：本表假设住宅使用年限为 70 年，相应的住宅年折旧率设为 1.43%。

三、中国房地产业还有发展空间

在未来较长一段时间，环渤海、长三角、珠三角仍将是中国经济最发达的三个区域。根据世界城市化发展的一般规律，人口将持续向大中城市聚集，因此三大区域的城市人口仍将继续增加，房地产业还有发展空间。此外，中西部一些城市，由于国家的重视和扶持，也将有很大发展。而一些小城市由于经济规模小，发展空间有限，这就使得这些城市房地产企业经营的可持续性差。

此外，发达国家的经验表明，随着经济社会的发展，房地产企业的商业模式需要不断调整。在城市化的初期和中期，房地产开发的收益率呈上升趋势，因此进行房地产开发是一种较好的商业模式；在城市化中后期，房地产开发的收益率将下降，持有模式的收益率会上升，这一阶段开发与持有并重的模式较好；而到城市化后期，需要持有与房地产服务业并重的模式。

目前,中国城市化水平已超过 50%,而且中国房地产企业的营业收入中房地产开发销售占绝大部分。因此,本书认为养老、养生、旅游地产等产品类型以及经纪业务、物业管理、房地产金融等地产服务业均有较好的发展前景。

第二节　中国房地产、股票价格变动对经济增长的差异性影响——基于 1998—2012 年数据的经验分析

2008 年金融风暴至今,世界经济一直处于深度调整中,中国经济的发展面临的内外环境日益严峻。如何实现宏观政策要稳、微观政策要活、社会政策要托底的三者有机统一;如何不让经济大起大落,使经济运行处于合理区间;如何科学挖掘新型城镇化的内需潜力,多举措推动内需成为中国经济的新增长点呢?世界上发生的数次金融危机表明,资产价格,尤其是房地产和股票等金融资产价格的大幅波动,对经济稳定影响重大。随着虚拟经济的不断发展,特别是包括房地产在内的资产价格泡沫在破灭之后往往会危及金融和宏观经济的稳定,甚至造成经济衰退。因此,近年来,有关资产价格变动与经济增长之间关系的研究逐步深入。

资产价格主要包括股票、债券、汇率和房地产价格等,对目前中国经济影响作用较大的非房地产和股票价格莫属,其价格的变化已成为资产价格监测的重要范畴。因此,本书的资产价格研究仅以房地产和股票价格为例。

有关中国资产价格变动与经济增长之间关系的研究由来已久,但是多数文献都关注的是股票价格与经济增长的关系,研究房地产价格与经济增长关系的很少,同时考虑股票和房地产两种资产价格的研究几乎没有。而且,以往的文献或者研究资产价格变化率与经济增长率的关系,或者考察资产价格波动与经济增长波动的关系,研究资产价格波动对经济增长影响的非常少。这主要是因为,2003 年前,中国房地产市场尚未发展,房地产价格变化较小;而股票价格波动性较强,对

宏观经济的影响较大，人们对其的关注较多。2003年以来，随着中国的房地产业发展迅速，其在国民经济中具有了举足轻重的作用。而且，房价的快速上涨对宏观经济以及社会稳定等均造成严重的影响，引起社会各方的广泛关注。在此背景下，仅研究股票一种资产显然是不够的。因此，本书同时研究房地产与股票价格的变动对经济增长的影响，并对二者对经济增长的不同影响进行比较，发现其差异性。

本节安排如下：首先使用VAR模型分析房地产、股票价格增速与经济增长率之间的关系，通过脉冲响应分析和格兰杰因果关系检验分别研究二者相互之间的影响和预测能力；然后通过BEKK模型研究房地产、股票价格波动与经济增长波动之间是否存在波动溢出关系；最后提取BEKK模型中二者价格收益率的条件标准差，通过构建多元回归模型来考察房地产、股票价格波动对经济增长率的不同影响状况，并提出相应的对策与建议。

一、房地产与股票价格增速与经济增长率的关系

（一）数据来源和处理

本文使用的数据为上证综指、房屋销售价格指数和GDP的季度数据，数据来源于中国经济数据库（CEIC），数据样本区间为1998年第1季度—2012年第3季度（见表2-4）。由于从2011年1月开始，国家统计局只公布70个大中城市住宅价格指数，不再公布全国的房屋销售价格指数，因此本书将70个城市住宅价格指数的平均值作为全国的房屋销售价格指数，并且将每季度内3个月份指数的平均值作为该季度的房屋销售价格指数。

表2-4　1998—2012年中国上证综指、房屋销售价格指数和GDP的变化

时间	上证综指	房屋销售价格指数	GDP（10亿元）	时间	上证综指	房屋销售价格指数	GDP（10亿元）
1998年3月	1 243.0	101.3	1 750.1	2005年9月	1 155.6	133.2	12 666.0
1998年6月	1 339.2	102.1	3 722.3	2005年12月	1 161.1	134.5	18 494.0

续表

时间	上证综指	房屋销售价格指数	GDP（10亿元）	时间	上证综指	房屋销售价格指数	GDP（10亿元）
1998年9月	1 242.9	101.3	5 759.5	2006年3月	1 298.3	141.3	4 531.6
1998年12月	1 146.7	101.0	8 440.2	2006年6月	1 672.2	143.4	9 542.8
1999年3月	1 158.1	101.0	1 879.0	2006年9月	1 752.4	140.5	14 734.0
1999年6月	1 689.4	101.7	3 955.5	2006年12月	2 675.5	141.6	21 631.0
1999年9月	1 570.7	101.2	6 141.4	2007年3月	3 184.0	149.2	5 475.6
1999年12月	1 366.6	101.7	8 967.7	2007年6月	3 820.7	152.4	11 600.0
2000年3月	1 800.2	101.7	2 064.7	2007年9月	5 552.3	152.0	18 010.0
2000年6月	1 928.1	102.8	4 374.8	2007年12月	5 261.6	156.1	26 581.0
2000年9月	1 910.2	102.7	6 808.8	2008年3月	3 472.7	165.7	6 628.4
2000年12月	2 073.5	102.9	9 921.5	2008年6月	2 736.1	166.4	14 048.0
2001年3月	2 112.8	103.6	2 330.0	2008年9月	2 293.8	160.1	21 703.0
2001年6月	2 218.0	105.4	4 895.1	2008年12月	1 820.8	156.9	31 405.0
2001年9月	1 764.9	105.5	7 581.8	2009年3月	2 373.2	163.8	6 981.7
2001年12月	1 646.0	104.8	10 966.0	2009年6月	2 959.4	165.6	14 820.0
2002年3月	1 603.9	108.1	2 537.6	2009年9月	2 779.4	163.1	23 130.0
2002年6月	1 732.8	108.3	5 334.1	2009年12月	3 277.1	165.9	34 090.0
2002年9月	1 581.6	109.7	8 305.7	2010年3月	3 109.1	181.3	8 261.3
2002年12月	1 357.6	108.4	12 033.0	2010年6月	2 398.4	185.8	17 488.0
2003年3月	1 510.6	113.3	2 886.2	2010年9月	2 655.7	178.7	27 263.0
2003年6月	1 486.0	113.7	5 986.9	2010年12月	2 808.1	178.5	40 151.0
2003年9月	1 367.2	114.2	9 332.9	2011年3月	2 928.1	192.5	9 741.8
2003年12月	1 497.0	114.0	13 582.0	2011年6月	2 762.1	194.2	20 637.0
2004年3月	1 741.6	122.0	3 342.1	2011年9月	2 359.2	186.3	32 212.0
2004年6月	1 399.2	125.6	7 040.6	2011年12月	2 199.4	182.7	47 288.0
2004年9月	1 396.7	125.5	10 997.0	2012年3月	2 262.8	192.7	10 842.0
2004年12月	1 266.5	126.3	15 988.0	2012年6月	2 225.4	191.7	22 790.0
2005年3月	1 181.2	134.0	3 911.7	2012年9月	2 086.2	183.9	35 348.0
2005年6月	1 080.9	135.6	8 191.3				

表 2-4 原始数据的描述性统计量见表 2-5。

表 2-5　原始数据的描述性统计量

指标	上证综指	房屋销售价格指数	GDP
最大值	5 552.3	194.2	47 288.0
最小值	1 080.9	101.0	1 750.1
平均值	2 092.4	137.3	13 002.1
标准差	920.6	31.8	10 432.8

上证综指取对数差分得到股票收益率，记为 DLSH。将同比房屋销售价格指数转换为定基指数，用乘 12 方法进行季节调整后取对数差分得到房价增长率，记为 DLHP。对于 GDP，我们使用居民消费价格指数剔除其中价格因素的影响，将其转换为实际值，再用乘 12 方法进行季节调整，最后对经季节调整后的季度 GDP 取对数差分，将最终得到的序列记为 DLGDP。

对时间序列首先进行单位根检验，以确定变量是否平稳。这里我们使用了 ADF 和 PP 两种检验方法。在进行单位根检验时，选择适当的模型形式非常重要，我们通过观察时间序列的曲线图初步判断模型中是否应包含常数项和时间趋势项，然后再结合常数项、时间趋势项和单位根项前面系数的显著性进行反复试验，以最终确定模型形式。模型的滞后阶数根据 AIC 准则来确定。检验结果见表 2-6。可见，三个序列均是平稳的。

表 2-6　单位根检验

变量	检验形式 (C,T,L)	ADF 统计量	P 值	检验形式 (C,T,L)	PP 统计量	P 值
DLGDP	$(C,0,0)$	−7.592 3	0.000 0	$(C,0,0)$	−7.589 9	0.000 0
DLSH	$(C,0,3)$	−4.118 4	0.001 9	$(C,0,3)$	−5.999 2	0.000 0
DLHP	$(C,0,2)$	−3.522 5	0.010 9	$(C,0,2)$	−3.463 7	0.012 6

注：检验形式 (C,T,L) 中，C、T、L 分别代表常数项、时间趋势和滞后阶数。

(二) 用 VAR 模型进行的分析

在序列平稳的基础上,我们将对经济增长与上证综指和房屋销售价格指数两两建立 VAR 模型进行研究,原因有两点:一是建三元模型存在样本量不足的问题,二是二元模型的系数在经济含义的解释上更加明确。在模型滞后阶数的确定上,我们同时参考了 LR 检验以及 FPE、AIC、SC、HQ 等准则,按“多数原则”来确定具体的滞后阶数。我们还对两个模型滞后结构进行了检验,发现自回归多项式特征根的逆均在单位圆内,这表明我们的 VAR 模型估计结果是稳定的。

在一般情况下,VAR 模型中各个方程中的系数并不是研究者关注的对象,因为我们关注的往往是 VAR 系统中各变量之间的互动关系,VAR 方程中的每个单个系数只是反映了一个局部的动态关系,并不能捕捉整个互动过程。而我们往往又希望获得一个变量对另一个变量的全部影响。这时脉冲响应函数就是一种很好的分析工具,它也是进行 VAR 建模时的一个常用分析方法。简单来说,脉冲响应函数就是一个序列在受到一个单位随机扰动因素冲击后的动态变化路径,它能帮助我们很好地把握一个变量对另一个变量的全部影响。

从图 2-6 可以看出,对于股票收益率一个标准差的冲击,经济增长率对其的响应在第二季度达到最大,之后便逐渐减小。对于经济增长率一个标准差的冲击,股票收益率在开始时存在一个负向响应,之后响应由负转正,并快速减小。从图中我们还能看出,经济增长率对股票收益率的影响,要大于股票收益率对经济增长率的影响。

(a) 经济增长对股票收益率的脉冲响应　(b) 股票收益率对经济增长的脉冲响应

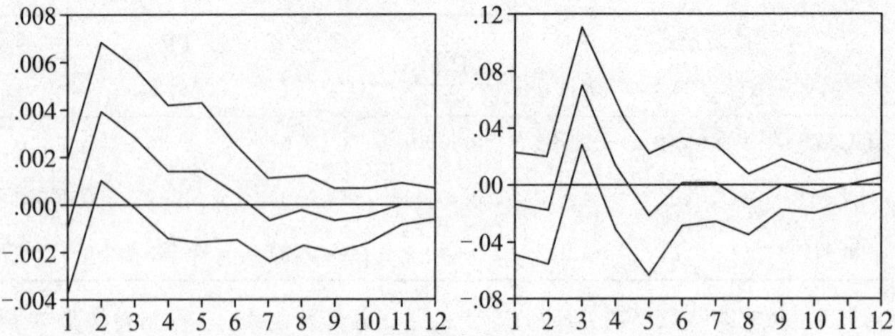

图 2-6　经济增长与股票收益率之间的脉冲响应

从图 2-7 可以看出，对于房地产价格增长率一个标准差的冲击，经济增长率有一个正向响应，这种响应在冲击当期达到最大，之后缓慢衰减，到冲击发生后 2 年左右时这种影响基本消失。类似地，对于经济增长率一个标准差的冲击，房价增长率在当期也有一个正向响应，同样是在冲击当期就达到最大，之后缓慢衰减。

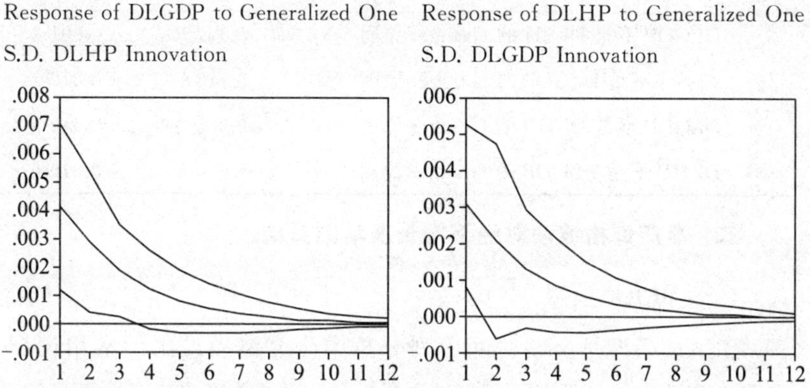

(a) 经济增长对房地产价格的脉冲响应　(b) 房地产价格对经济增长的脉冲响应

图 2-7　经济增长与房地产价格增速之间的脉冲响应

下面我们对上述两对变量进行格兰杰因果关系检验。需要说明的是，格兰杰因果关系的真实含义是时间上的“先于”关系，反映的实际上是变量间的一种预测关系，而不是逻辑上真正的因果关系。

从下表 2-7 可看出，对于零假设“DLGDP 不是 DLSH 的 Granger 原因”，我们拒绝，因此认为经济增长率对股票收益率有预测作用，这表明经济增长对股市存在显著影响。对于零假设“DLSH 不是 DLGDP 的 Granger 原因”，我们也可以拒绝，因此股票收益率也是经济增长率的格兰杰原因，即股票收益率对经济增长率有一定的预测作用，这表明中国股票市场在一定程度上已经成为中国宏观经济的晴雨表。

对于零假设“DLGDP 不是 DLHP 的 Granger 原因”我们不能拒绝，因此我们认为经济增长率对房地产价格增长率没有预测作用。这在一定程度上表明，近几年来中国房地产价格的上涨已经脱离了经济基本面。对于零假设"DLHP 不是 DLGDP 的 Granger 原因",我们可以拒绝,因此认为房地产价格增长率是经济增长率的格兰杰原因,即房地产价格增长率对经济增长率有一定的预测作用。

表 2-7 DLSH 与 DLGDP 的格兰杰因果关系检验

零假设	F 统计量	P 值
DLGDP 不是 DLSH 的 Granger 原因	5.357 5	0.001 2
DLSH 不是 DLGDP 的 Granger 原因	3.719 7	0.010 1
DLGDP 不是 DLHP 的 Granger 原因	0.005 0	0.943 9
DLHP 不是 DLGDP 的 Granger 原因	7.010 5	0.010 6

二、资产价格波动对经济增长波动的影响

(一) BEKK 模型

BEKK 模型是金融时间序列分析中研究波动溢出的常用模型。所谓波动溢出是指不同金融市场的波动之间可能存在相互影响,波动会从一个市场传递到另一个市场。我们使用 BEKK 模型考察资产收益率的波动与经济增长波动之间的关系。

BEKK 模型由 Engle 和 Kroner 提出。该模型为

$$y_t = u_t + \varepsilon_t \tag{2-1}$$

$$H_t = CC' + \sum_{k=1}^{K}\sum_{i=1}^{q} A_{ki}(\varepsilon_{t-i}\varepsilon'_{t-i})A'_{ki} + \sum_{k=1}^{K}\sum_{j=1}^{p} B_{kj}H_{t-j}B'_{kj} \tag{2-2}$$

第一个等式称为均值方程,u_t 为 y_t 的均值向量,ε_t 为序列在 t 时刻的新息或扰动,且 $\varepsilon_t = H_t\zeta_t$,$\zeta_t \sim i.i.dN(0,I)$,$I$ 为 N 阶单位阵。当然均值方程也可以采取其他更一般的形式。第二个等式为方差方程,在多元波动率建模中,主要关心的就是方差协方差矩阵 H_t。尽管 BEKK 模型在一定程度上解决了之前多元 GARCH 模型参数过多的问题,但当 $q>1$,$K>1$ 时仍然存在参数过多导致的估计困难,而且也会产生模型识别问题。因此,在实际的应用中,最常用的是 BEKK(1,1,1)模型,即

$$H_t = CC' + A(\varepsilon_{t-1}\varepsilon'_{t-1})A' + BH_{t-1}B' \tag{2-3}$$

其中,C 为 $N\times N$ 下三角矩阵,A 和 B 为 $N\times N$ 参数矩阵,分别代表 ARCH 项和 GARCH 项的系数矩阵。常数项分解为两个下三角矩阵的乘积是为了确保 H_t 的正定性。该模型的优点主要是:① 显著减少了模型中待估计参数的个数,便于估计;② 容易保证 H_t 的正定性;③ 允许多个变量的条件方差过程之间可以相互影响,在通常情况下更加符合现实。本书使用的是二元 BEKK(1,1,1)模型,可以写为

$$\begin{aligned}\begin{bmatrix} h_{11,t} & h_{12,t} \\ h_{21,t} & h_{22,t} \end{bmatrix} = & \begin{bmatrix} c_{11} & 0 \\ c_{21} & c_{22} \end{bmatrix}\begin{bmatrix} c_{11} & 0 \\ c_{21} & c_{22} \end{bmatrix}' + \\ & \begin{bmatrix} a_{11} & a_{12} \\ a_{21} & a_{22} \end{bmatrix}\begin{bmatrix} \varepsilon_{1,t-1}^2 & \varepsilon_{1,t-1}\varepsilon_{2,t-1} \\ \varepsilon_{2,t-1}\varepsilon_{1,t-1} & \varepsilon_{2,t-1}^2 \end{bmatrix}\begin{bmatrix} a_{11} & a_{12} \\ a_{21} & a_{22} \end{bmatrix}' + \\ & \begin{bmatrix} b_{11} & b_{12} \\ b_{21} & b_{22} \end{bmatrix}\begin{bmatrix} h_{11,t-1} & h_{12,t-1} \\ h_{21,t-1} & h_{22,t-1} \end{bmatrix}\begin{bmatrix} b_{11} & b_{12} \\ b_{21} & b_{22} \end{bmatrix}' \end{aligned} \tag{2-4}$$

更具体地有

$$\begin{aligned} h_{11,t} = & c_{11}^2 + a_{11}^2\varepsilon_{1,t-1}^2 + 2a_{11}a_{12}\varepsilon_{1,t-1}\varepsilon_{2,t-1} + a_{12}^2\varepsilon_{2,t-1}^2 + b_{11}^2 h_{11,t-1} + \\ & 2b_{11}b_{12}h_{12,t-1} + b_{12}^2 h_{22,t-1} \end{aligned} \tag{2-5}$$

$$\begin{aligned} h_{12,t} = & c_{11}c_{21} + a_{11}a_{21}\varepsilon_{1,t-1}^2 + (a_{12}a_{21} + a_{11}a_{22})\varepsilon_{1,t-1}\varepsilon_{2,t-1} + a_{12}a_{22}\varepsilon_{2,t-1}^2 + \\ & b_{11}b_{21}h_{11,t-1} + (b_{12}b_{21} + b_{11}b_{22})h_{12,t-1} + b_{12}b_{22}h_{22,t-1} \end{aligned} \tag{2-6}$$

$$\begin{aligned} h_{22,t} = & c_{21}^2 + c_{22}^2 + a_{21}^2\varepsilon_{1,t-1}^2 + 2a_{21}a_{22}\varepsilon_{1,t-1}\varepsilon_{2,t-1} + a_{22}^2\varepsilon_{2,t-1}^2 + \\ & b_{21}^2 h_{11,t-1} + 2b_{21}b_{22}h_{12,t-1} + b_{22}^2 h_{22,t-1} \end{aligned} \tag{2-7}$$

其中,$h_{11,t}$ 表示经济增长率的条件方差,$h_{12,t}$ 表示经济增长率与资产收益率之间的条件协方差,$h_{22,t}$ 表示资产收益率的条件方差。

当 $a_{12}=0$,$b_{12}=0$ 时,式(5)变为 $h_{11,t}=c_{11}^2+a_{11}^2\varepsilon_{1,t-1}^2+b_{11}^2 h_{11,t-1}$,此时经济增长率的波动仅取决于自身前一期的波动和误差的平方,与资产价格的波动无关,因此要判断资产价格波动对经济增长波动是否存在影响,只要检验系数 a_{12} 和 b_{12} 是否显著不等于 0 即可。实际上,容易看出即便 $a_{12}=0$,只要 b_{12} 显著不为 0,就表明资产价格波动对经济增长的波动存在影响。同理,要判断经济增长波动对资产价格波动

是否存在影响，检验系数 a_{21} 和 b_{21} 是否显著不等于 0 即可。

在正态性假定下，*BEKK* 模型的参数可以通过最大化下面的对数似然函数进行估计：

$$l(\theta)=-\frac{TN}{2}\ln 2\pi-\frac{1}{2}\sum_{t=1}^{T}(\ln|H_t|+\varepsilon'_t H_t^{-1}\varepsilon_t) \tag{2-8}$$

其中，θ 表示所有待估计的未知参数，N 为变量个数，T 是观测值的数量。

我们将前面 BEKK 模型中股票收益率与房地产价格增长率的条件标准差提取出来，通过与经济增长率建立一个多元回归模型，来考察资产价格的波动对经济增长的影响。模型如下：

$$y_t=\alpha+\sum_{i=1}^{L}\beta_i y_{t-i}+\sum_{j=0}^{M1}\gamma_{1j}h_{t-j}^{S}+\sum_{k=0}^{M2}\gamma_{2k}h_{t-k}^{H}+v_t \tag{2-9}$$

其中，y_t 表示经济增长率，h_t^S 为股票收益率的条件标准差，h_t^H 为房地产价格增长率的条件标准差，v_t 为误差项，L、M_1 和 M_2 为滞后阶数。如果系数 γ_{1j} 显著，就表明股票价格的波动对经济增长存在影响；如果系数 γ_{2k} 显著，则表明房地产价格波动对经济增长存在影响。

（二）结果分析

利用 BEKK 模型和上述的数据来源，我们对经济增长与上证综指和房屋销售价格指数两两建立 BEKK 模型。表 2-8 为 DLSH 与 DLGDP 的二元 BEKK 模型估计结果。从中可以看出，a_{12} 和 b_{12} 显著不等于 0，表明股票价格波动对经济增长波动存在显著影响；a_{21} 不太显著，但 b_{21} 显著不等于 0，这表明经济增长波动对股票价格波动也存在显著影响。由此可见，在波动性方面，经济增长与股票价格二者之间存在显著的相互影响。

表 2-8　DLSH 与 DLGDP 的二元 BEKK 模型估计结果

参数	参数估计值	T 统计量	P 值
a_{11}	−0.286 7	−14.043 3	0.000 0
a_{21}	2.554 5	0.956 3	0.343 6
a_{12}	−0.019 9	−1.749 4	0.086 5
a_{22}	0.110 1	0.530 5	0.598 2
b_{11}	0.947 1	9.934 2	0.000 0
b_{21}	−3.414 8	−1.758 1	0.085 0
b_{12}	0.020 8	4.164 5	0.000 1
b_{22}	0.900 8	13.974 4	0.000 0

表 2-9 为 DLHP 与 DLGDP 的二元 BEKK 模型估计结果。从中可以看出，a_{12}不显著，但 b_{12}非常显著，表明房地产价格波动对经济增长波动存在显著影响；a_{21}不显著，但 b_{21}非常显著，从而表明经济增长波动对房地产价格波动存在显著影响。由此可见，在波动性方面，经济增长与房地产价格二者之间也存在相互影响。

表 2-9　DLHP 与 DLGDP 的二元 BEKK 模型估计结果

参数	参数估计值	T 统计量	P 值
a_{11}	−0.500 5	−28.160 0	0.000 0
a_{21}	−0.047 7	−0.279 4	0.781 1
a_{12}	0.020 3	0.063 1	0.949 9
a_{22}	0.174 2	0.744 6	0.460 0
b_{11}	0.490 1	3.850 0	0.000 3
b_{21}	−0.401 7	−4.933 0	0.000 0
b_{12}	0.792 4	4.716 0	0.000 0
b_{22}	1.083 0	8.242 0	0.000 0

三、房地产和股票价格波动对经济增长率的影响

下面我们将经济增长率作为被解释变量，其自身的滞后项、房地

产和股票两种资产的条件标准差作为解释变量，建立一个多元回归模型来考察二者价格的波动对经济增长率的影响。通过反复尝试和比较，以下模型拟合较好：

$$y_t = \alpha + \beta y_{t-4} + \gamma_1 h_{t-2}^s + \gamma_2 h_{t-3}^H + v_t \tag{2-10}$$

从表 2-10 我们可以看出，模型总体拟合较好。系数 β 是显著的，这表明滞后四期的经济增长率对当期的经济增长率存在较明显的正影响，也就是上年某季度的经济增长率对本年相应季度的经济增长率存在影响，这与实际情况是相符的。系数 γ_1 不显著，表明股票价格的波动对经济增长率的影响不显著，但系数的符号是负的。γ_2 显著为负，且绝对值很大，表明房地产价格的波动对经济增长有显著的负面影响，即会显著降低经济增速。

表 2-10 多元回归模型估计结果

参数	估计值	T 统计量	P 值
α	0.035 1	3.322 4	0.001 7
β	0.234 2	1.812 4	0.075 8
γ_1	−0.012 8	−0.182 0	0.856 3
γ_2	−1.384 6	−1.798 5	0.078 0
调整后的 R^2		0.11	
F 统计量		2.66	
DW 值		1.80	

四、总结及政策启示

上述研究发现：在增速方面，股票收益率与经济增速之间存在双向预测关系，而房地产价格增速与经济增速之间仅有单向关系，即房地产价格增速对经济增速有预测作用，而经济增速对房地产价格增速没有预测作用。在波动性方面，股票、房地产价格与经济增长之间存在显著的双向影响关系，即二者价格波动会影响到经济增长的波动，同时经济增长的波动也会影响到二者的波动。基于以上研究结论，本书得到以下两点启示：

第一，房地产价格波动会降低经济增长率。比较而言，股票市场波动对经济增长负面影响不显著，重要原因之一股票市场本身的波动性较大，股票价格的涨跌可能更多地体现为账面财富的变化，对实体经济影响有限。因此，为保持宏观经济的平稳增长，政策当局应该采取必要措施防止房价的大幅波动。近年来，中国处于快速的工业化和城市化过程中，经济增速较快，房价也必然随之水涨船高。

尹中立指出了其背后的逻辑：出口顺差推动本国信用扩张，进而刺激了投资扩张。而投资扩张提高了居民收入，推动房价上涨。但是，投资的扩张也会导致产能过剩，产品价格下跌，企业利润以及工资收入的下降，就业随之恶化，结果是房地产价格必然下跌；房地产下跌又导致房地产投资减少，钢铁、水泥等工业产品需求减少，产能进一步过剩。日本和东南亚很多国家的经验也表明，房价涨得越多下跌也会越深。房价大幅度波动，往往会成为破坏经济增长的一个重要因素。

控制房价是中央政策调控的坚定目标。2010 年以来，中国陆续出台了史上最严厉的房地产调控政策，从 2011 年第四季度开始，房价已经开始出现下降，调控的效果开始逐渐显现；但进入 2012 年二、三季度以来，房价又出现上涨苗头。据中国指数研究院发布 2013 年 7 月份百城价格指数显示，全国 100 个城市（新建）住宅平均价格为 10 347 元每平方米，环比上涨 0.87%，百城价格自 2012 年 6 月以来连续第 14 个月环比上涨。

实践表明，这种政策目标只有短期效应，究其原因在于地方政府的财政严重依赖土地价格，地方政府不愿意看到因为房价下跌导致财政收入的紧张。因此，应鼓励地方财政收入去房地产化，然后在这一基础上建立房地产稳定发展的长效机制，避免房价大幅波动的风险。

第二，要科学评估房地产价格泡沫破灭对国民经济的巨大危害。在正常情况下，房地产业的发展确实能带动一些相关产业的发展，但副作用也比较明显，我们不能高估其对经济增长的拉动作用。如房价快速上升导致工业及服务业成本的大幅提高，工业利润微薄，企业进行生产制造的激情降低,转而将资源向房地产市场集中,结果必然是导致工业基础虚弱。数据显示,2013年一季度社会融资规模为6.2万亿元,创下天量水平,但是经济增长率回落至7.7%,二者形成矛盾。其背后的原因很可能是资金在金融体系内部空转,并未完全进入实体经济。在这种情况下,融资难、融资贵的问题愈发突出。尤其是众多的中小企业面临资金链紧绷的生存困境,经营难以为继。

另一方面,一旦房地产价格泡沫发生破灭的话,房地产业不仅什么都带动不了,反而会给整个经济(包括实体部门和金融部门)带来灾难。当前,对房地产行业的调控依然不能放松。实际上,合理的房价不仅有利于宏观经济的长期平稳增长,从长远来看也有利于房地产业自身的健康发展。

第三节　中国房地产去库存防风险

一、房地产高库存带来的风险

(一) 对房地产库存的理解

对房地产库存的理解,并不能仅局限于国家统计局公布的“商品房待售面积”。崔裴等认为,房地产库存包括了三类:①用待售面积反映的现房库存。待售面积是专指已经竣工的现成房屋。②商品房期房库存。它是指可预售但尚未完成预售的新建商品房,也是实际存在的一种商品库存房。商品房现房库存和期房库存共同构成了商品房实际库存。③用当年的商品房新开工面积来估算的商品房潜在库存。它是指已开工但未竣工且未达到预售条件的在建商品房,在不久的将来就会变成期房,是商品期房库存的主要来源。[①]

陈杰认为,房地产库存规模在短期可以看待售面积。在中长期内的计算比较复杂,用房地产在建施工面积可以粗略代表房地产在中长

---

① 崔裴,王梦雯,赖勤.“两会”话去库存[J].中国房地产,2018(4).

期的潜在供给,用以判断即将形成的库存。①

根据国家统计局的数据,2015 年末,全国商品房待售面积 7.18 亿平方米。2015 年,全国新建商品房销售面积 12.85 亿平方米,其中 3.17 亿平方米为现房销售,剩下的 9.68 亿平方米为期房销售;全国商品房在建施工面积 73.57 亿平方米,同比增长 1.3%。但施工面积的绝对值是 2015 年度销售面积的 5.7 倍之多。

由于房屋的施工面积会大于房屋的可售建筑面积,且二者不存在一个清晰的换算公式。陈杰提出的一个思路是,用 1997—2015 年累计的新开工面积 181 亿平方米,减去同期累计的销售面积 124 亿平方米,得到 57 亿平方米,即可以认为是施工面积还没有被销售掉的潜在库存面积。

房地产中长期内的总库存应该是待售面积加上未被预售的施工面积,即 7 亿平方米加 57 亿平方米,合计 64 亿平方米。这个库存规模直观含义是,即使"十三五"期间不再新开工一平方米的商品房,现有的商品房总库存,按 2015 年的销售量,也需要 5 年才能消化干净。

2015 年年末,中央经济工作会议指出,2016 年结构性改革抓好"三降一去一补"五大重点任务,"化解房地产库存"就是其中之一。作为"国家任务"来解决一个产业的库存问题,是改革开放以来没有过的现象。当时的房地产高库存主要集中在三四线城市,因流入人口和潜在增值空间有限而难以消化库存。数据显示,2015 年,35 个一二线核心城市待售面积在总库存中仅占 19.33%,而 80.67%的库存都集中在三四线城市。而在三四线城市中,库存也存在分化。2015 年 12 月,41 个城市中,14 个城市去化周期低于 12 个月,19 个城市去化周期在 12 个月和 24 个月之间,41 个城市中仅有 8 个(占比 19.5%)城市去化周期超过 24 个月(见表 2-11)。②

---

① 陈杰.房地产高库存的对策及建议[J].中国房地产业,2016(6).

② 盛松成,宋红卫.房地产整体库存不高 结构性问题待解[EB/OL].(2018-09-10).http://finance.china.com.cn/industry/20180910/4756026.shtml.

表 2-11　2015 年部分城市库存去化周期情况

城市	去化周期(月)	城市	去化周期(月)	城市	去化周期(月)	城市	去化周期(月)
威海	251.6	青岛	18.8	龙岩	13.4	上海	8.7
锦州	93.1	天津	16.2	滁州	13.2	惠州	7.8
呼和浩特	72.1	湛江	16.1	成都	13.1	南昌	7.4
南平	42.6	长春	15.9	宁波	12.4	深圳	7.4
江阴	30	西安	15.8	蚌埠	12.3	南京	6
宁德	27.2	长沙	15.7	杭州	11.1	香河	5.9
淮北	25.9	徐州	15	北京	10.6	苏州	5.2
湖州	24.8	温州	14.9	重庆	10.6		
舟山	21.8	芜湖	14.8	厦门	10.2		
东营	20.6	武汉	14.7	广州	10.2		
莆田	19.5	福州	13.8	三明	8.4		

数据来源：中指数据，同策研究院整理。

注：1. 去化周期＝2015 年 12 月份库存面积/2015 年销售面积×12。

2. 本表库存指已经取得预售许可证但还未销售出去的新建商品住宅面积。

(二) 房地产高库存风险

通过对已有研究文献的梳理，房地产高库存带来的风险大致有以下几个方面：

1. 拖累宏观经济增长。房地产开发投资历来占固定资产投资的20％左右，而且通过产业链关联效应会影响到上下游如钢铁、水泥产业的投资，因此房地产高库存、开发投资的低迷无疑会严重挫伤固定资产的投资需求。在固定资产投资仍是拉动经济增长“三驾马车”中重要力量的情况下，影响固定资产投资的增速，就是影响经济稳定增长。

2. 影响地方政府的财政能力。1994 年分税制改革以后，中央与地方之间逐步形成了“财权上收、事权下放”的不对称格局，省级以下地方政府普遍面临巨大的财政压力，且政府级次越低压力越大。2000 年以前，为了缓解财政困境，各地市、县（乡）政府和部门通过“三乱”（乱收费、乱集资、乱摊派）来“创收”。2000 年以后，土地财政成为地方政府预算外收入的重要组成部分，房地产业及其关联的建筑业税收成为地方财政收入的重要来源，部分省份房地产业和建筑业上缴税收总额占全省实收总额的 50% 以上，在地方财政收入中占有举足轻重的地位。①

如果房地产倒下了，那么地方政府的卖地收入及各种税费也就无法保证。

3. “多米诺骨牌”效应，形成银行坏账产生。央行的数据显示，截至 2015 年年末，人民币房地产贷款余额达到 21.01 万亿元，房产开发贷款余额为 5.04 万亿元，地产开发贷款余额为 1.52 万亿元，个人购房贷款余额为 14.18 万亿元。2015 年，中国房地产贷款占银行信贷的比重为 22.4%，个人购房贷款占比为 15.1%。可见，无论是开发商还是购房者，均与银行信贷密切相关。

住房既具有消费属性（基本居住功能），又具有投资属性。投资品市场的特点是不存在一般均衡，市场没有均衡点，也不存在均衡价格。当价格上涨，会刺激需求，需求增加；价格下跌，需求下跌，供给也下跌。② 住房的投资属性，决定了房地产泡沫刺激容易治理难。

一旦市场预期发生变化，房价快速下降，库存的恶化会进一步促使房价连续下跌，那么就会产生“多米诺骨牌”效应，导致银行坏账增加。保持房价的平稳，再通过政策促进房屋库存消化、降低杠杆率，才

---

① 孙芳.三四线城市房地产高库存背后的体制机制原因探析[J].西部金融，2016(11).

② 尹中立.尽快退出房地产去库存政策[N].经济观察报，2018-03-05(12).

可避免行业风险向金融体系传导而爆发经济危机。①

4. 增加社会的不稳定因素。大多数居民一辈子的财富可能就集中在一套房产上，而且，通过按揭贷款，还产生了杠杆，如果房价下跌，房价不能补偿自己的按揭贷款，个人很有可能破产，造成社会不稳定。②

二、房地产去库存的成效

(一) 针对房地产去库存的政策“组合拳”

在去库存主基调下，一系列针对房地产去库存“组合拳”出台。2016 年 2 月，国家出台降低首付比例、加快住房租赁市场发展、调整房地产交易税费的政策；3 月提出提高棚改货币化安置比例，并建立租购并举的住房制度；4 月提出从源头控制住房用地来调节库存情况，并注重区域性、结构性问题，实行差别化调控政策；5 月确定进一步发展住房租赁市场。③

地方政府也密集出台政策以支持去库存行动，采用信贷杠杆、税费减免、优化落户、房价补贴、政府回购等多种形式进行“去库存”(见表 2-12)。很多地方还设立了具体的任务目标，在江西省出台的政策中，则将“去库存”上升为政治任务，明确提出：“要加强检查考核，对履行去库存、稳市场主体责任不力，效果不明显的市、县，将进行约谈和追责。”

① 张晓兰.警惕房地产去库存中的风险及政策建议[EB/OL].(2017-05-24).http://www.sic.gov.cn/News/458/8036.htm.

② 李杰.谨防房地产去库存可能引发的道德风险[N].中国经济导报，2016-01-15(B02).

③ 徐伟，杨新宇.去库存背景下我国房地产市场稳定发展对策——以 35 代表城市为例[J].科技促进发展，2018(7).

表 2-12　各地房地产去库存政策及实施情况

政策	各地区实施情况
宽松财税政策	重庆、辽宁、江西等地降低房企预售收入的计税毛利率和土地增值税预征税；甘肃、新疆等地有部分费用可有政府补贴
鼓励农民进城购房	超过 20 省通过加快农民工市民化以鼓励农民工进城安家。江西、河南等省将农民工纳入住房公积金覆盖范围；山东等省通过提供住房补贴等方式吸引农民工购房；广东、湖南等省与银行合作推出针对农民工的贷款优惠；四川等省划拨公租房解决农民工住房问题
推进棚户区改造	甘肃、福建等省回购部分现有商品房作为保障房；湖南、湖北等省通过提高棚改货币化安置比例以消化现有库存房
更改存量房用途	鼓励房地产企业将已有库存房转变为旅游地产、养老地产等，优化供给端，满足消费者需求。例如山东、海南等省将空置海景房改造为度假酒店或养老、养生地产；也有省份将库存房进行整合改造为商业营用用房或新兴产业用房
拓展购房群体	沈阳、海南等省鼓励高校在校生或毕业生购房，并提供一定的政府补贴

转引自徐伟、杨新宇:《去库存背景下我国房地产市场稳定发展对策——以35代表城市为例》,《科技促进发展》2018 年第 7 期。

在此背景下，购房者预期受到了影响，北、上、深等一线城市的房价飙涨，南京、杭州等部分特殊二线城市紧随其后，但三四线城市整体仍现下跌趋势。面对市场分化现实，7 月、11 月的两次中央政治局会议均表态“抑制资产泡沫”，热点城市成为抑制资产泡沫重点区域。

9 月 30 日以来，22 个热点城市相继启动不同程度的收紧调控政策，在收紧的力度上，部分城市甚至一个月内两度出拳，手段涉及供应、需求、市场监管等多个维度，旨在防范和抑制资产泡沫，确保楼市平稳健康发展。

2017 年，政府又采取了堪称“史上最严”的房地产调控措施，各地方政府推出“520 大调控”,楼市有所降温。

在房地产去库存政策工具中,棚改货币化补偿对三四线城市房地产去库存、房价上涨的作用最直接。从某种意义上说,棚改是变相放水。2016—2017 年,三四线城市通过棚改货币化去库存分别为 1.4 亿平方米和 1.8 亿平方米,占销售面积的 14.8%和 18%。在该政策下,三四线城市库存持续降低,房价上涨压力增加。

总之,地方政府实施的房地产去库存政策推动了房价上涨,居民加杠杆买房的热情也前所未有地高涨起来,信贷资源几乎全线涌向楼市。

(二) 一二线城市库存紧张,三四线城市去库存成效明显

图 2-8 显示了全国住宅新开工面积与销售面积情况。从 2010—2014 年的数据可以看出,新开工面积明显大于销售面积。这意味着,房子盖得多而买得却很少,房地产库存高、严重滞销。从 2015—2017 年的数据来看,新开工面积已明显小于销售面积,换句话说,房子盖得少买得多。在 2017 年,住宅新开工面积为 12.8 亿平方米,而住宅的销售面积为 14.4 亿平方米。2018 年 1—5 月的情况是供略大于需。

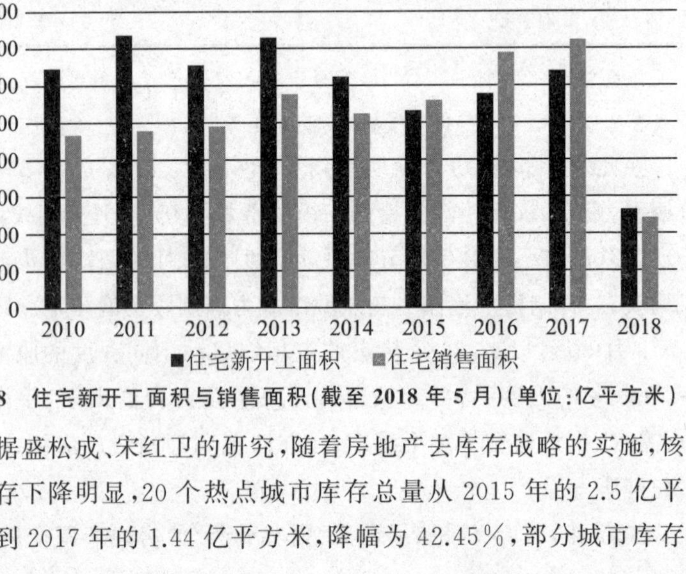

图 2-8 住宅新开工面积与销售面积(截至 2018 年 5 月)(单位:亿平方米)

根据盛松成、宋红卫的研究,随着房地产去库存战略的实施,核心城市库存下降明显,20 个热点城市库存总量从 2015 年的 2.5 亿平方米下降到 2017 年的 1.44 亿平方米,降幅为 42.45%,部分城市库存下降的幅度更大，比如杭州、西安、武汉等城市降幅超过60%（见表2-13）。①

表2-13 2015—2017年20城市库存及变动情况

城市	2015年（万平方米）	2016年（万平方米）	2017年（万平方米）	三年变动（%）
北京	1 000.84	716.68	646.59	−35.4%
上海	1 075.35	661.04	541.15	−49.68%
天津	1 837.7	1 033.96	1 167.79	−36.45%
重庆	1 445.83	1 297.67	827.94	−42.74%
深圳	410.46	380.65	338.59	−17.51%
广州	919.97	739.03	744.36	−19.09%
杭州	1 090.83	603.24	364.26	−66.61%
南京	601.61	299.42	297.64	−50.53%
武汉	2 773.39	998	1 085.58	−60.86%
成都	2 305.79	1 865.03	1 294.60	−43.85%
苏州	512.39	450.34	454.45	−11.31%
厦门	301.11	186.77	200.94	−33.27%
西安	1 885.42	1 071.92	588.39	−68.79%
长沙	1 808.58	952.52	976.94	−45.98%
宁波	584.20	345.15	308.13	−47.26%
福州	292.50	217.90	184.50	−36.92%
沈阳	2 839.04	2 650.59	2 152.53	−24.18%
青岛	1 893.08	1 414.57	1 126.33	−40.50%
南昌	364.57	291.57	316.50	−13.19%
长春	1 061.70	855.58	772.38	−27.25%

数据来源：中指数据，同策研究院整理。

注：本表库存指已经取得预售许可证但还未销售出去的新建商品住宅面积。

此外，统计局数据显示，三线城市住宅销售面积在2016年进入快速增长时期，当年增幅达到19.75%，2017年涨幅开始明显超过一二线

① 盛松成，宋红卫.房地产整体库存不高 结构性问题待解[EB/OL].（2018-09-10）.http://finance.china.com.cn/industry/20180910/4756026.shtml.

城市。同策研究院监测的111个城市中,71个三四线城市在2016年1月至2018年7月住宅面积成交了4.68亿平方米,而同期新增住宅规划建筑面积达到4.76亿平方米,土地供应超出住宅销售量,“去库存”变成了“补库存”。同期,一线和二线城市的规划面积库存负增长,增速分别为−28.07%和−12.26%,原本库存不高的一二线城市更加剧了库存紧张的局面(见表2-14)。[①]

表2-14 2016年1月—2018年7月期间住宅销售和住宅规划建筑面积情况

城市	商品住宅成交面积(万平方米)	住宅规划建筑面积(万平方米)	土地与住宅比较(%)
一线(4个)	7 571.37	5 445.79	−28.07%
二线(36个)	88 703.13	77 824.70	−12.26%
三四线(71个)	46 831.39	47 631.11	1.71%

数据来源:中指数据,同策研究院整理。

三、房地产去库存推高了家庭债务水平

(一) 家庭负债的两个统计口径

房地产去库存尽管成效显著,但也推高了家庭债务水平。飙升的家庭债务水平已经成为中国经济“不容忽视”的风险点之一。

说起家庭负债,之前人们常用“美国老太太贷款买房提前享受、中国老太太存了一辈子钱也买不起房”的段子来进行金融“启蒙”。自2008年以来,经历了全国各地房价的轮番上涨,中国家庭负债水平已屡创新高。衡量家庭负债情况的统计口径有两个,一是居民部门负债占GDP的比重,而是居民部门负债占可支配收入的比重。

按照第一个统计口径,2017年中国居民部门的杠杆率(居民部门负债/GDP)为49%,较之2008年的18%激增了31个百分点,低于发

① 盛松成,宋红卫.房地产整体库存不高 结构性问题待解[EB/OL].(2018-09-10).http://finance.china.com.cn/industry/20180910/4756026.shtml.

达经济体的水平，但高于新兴经济体的水平。①

如表 2-15 所示，截至 2017 年年底，中国各部门总体杠杆率为 242.1%，比上一年提高了 2.4 个百分点。其中，非金融企业部门和政府部门的杠杆率都有所下降，而居民部门的杠杆率则是不降反升，较 2016 年上升了 4.2 个百分点。这表明，房地产去库存推动了非金融企业和政府部门的杠杆率向居民部门转移。

张江涛认为，这一统计口径可能存在一定的低估。这是因为，目前中国居民部门负债的统计口径仅包括居民部门的金融机构贷款，而这种统计口径并不全面，漏掉了一定的金融负债。如住房公积金中心、小额贷款公司等类金融机构的信贷就未被纳入统计口径。除此以外，P2P 等互联网金融机构贷款也未纳入该统计口径。因此，中国家庭负债占 GDP 的实际比重还要更高一些。

表 2-15　中国各部门杠杆率结构

部门	2015 年	2016 年	2017 年
政府部门	37%	36.6%	36.2%
居民部门	39.1%	44.8%	49%
非金融企业部门	151.2%	158.2%	156.90%
各部门合计	227.30%	239.70%	242.10%

转引自张江涛：《中国居民部门加杠杆的逻辑和潜在风险》，《国际金融》2018 年第 7 期。

按照第二个统计口径，Wind 数据显示，中国居民部门债务占居民可支配收入的比重，从 2008 年时的 31.1%暴涨至 2017 年 8 月的 77.1%。上财高等研究院发布的研究报告《警惕家庭债务危机及其可能引发的系统性金融风险》中提出，截至 2017 年，中国家庭债务与可支配收入之比高达 107.2%，已超过美国当前水平，更是逼近美国金融

① 国际货币基金组织（IMF）在 2017 年 10 月《全球金融稳定报告》中说，金融危机以来，发达经济体和新兴市场经济体家庭债务仍继续提高。数据显示，2008 年至 2016 年，新兴经济体家庭债务占 GDP 比重的中位数从 15%上升至 21%；在发达经济体，这一数据则从 52%上升至 63%。

危机前峰值。

严格意义上来说，家庭负债是一个存量概念，而GDP或是可支配收入均为流量概念，因此上述两个统计口径在逻辑上并不是很严谨。尽管如此，这两个统计口径还是能说明家庭负债的不少问题。

(二) 家庭负债水平上升有潜在风险

根据中国人民银行最新公布的《中国金融稳定报告2018》显示，2017年末，中国住户部门债务余额(即表2-16中的住户贷款余额)为40.5万亿元，同比增长21.4%，较2008年增长7.1倍。个人住房贷款一直在住户部门债务中占据主体地位。如表2-16所示，2015—2017年，个人房贷占住户部门贷款余额的比例均超过50%。显然，房贷大幅抬升了中国家庭债务水平。

表2-16也显示，2012年末时，家庭房贷杠杆率大约只有19.75%，而到了2017年末上升到33.59%；同期，住户贷款占住户存款比从2012年末的不到40%，上升到2017年末的62.14%。

表2-16　2012—2017年家庭房贷杠杆率及住户贷款占住户存款比

年份	个人住房贷款余额(万亿元)	住户贷款(亿元)	住户存款(亿元)	个人住房贷款余额占住户贷款余额的比重	房贷杠杆率	住户贷款占住户存款比
2012	8.1	161 382.22	410 201.33	50.19%	19.75%	39.34%
2013	9.8	198 602.02	465 436.45	49.34%	21.06%	42.67%
2014	11.52	231 510.73	506 890.23	49.76%	22.73%	45.67%
2015	14.18	270 312.98	551 928.92	52.46%	25.69%	48.98%
2016	19.14	333 729.46	606 522.23	57.35%	31.56%	55.02%
2017	21.9	405 150.18	651 983.38	54.05%	33.59%	62.14%

资料来源：央行发布的金融机构贷款投向统计报告。房贷杠杆率＝个人住房贷款余额/住户存款。

张江涛认为，支撑居民部门一直以来不断加杠杆的隐含假设包括房价可以持续上涨趋势，经济可以保持较高水平的稳定增速以及家庭和个人的可支配收入能够持续增长。但实际上，当宏观环境发生一定变化时,这些隐含的假设或许并不成立。①

中国的房贷利率是以浮动利率为主。在浮动利率下,每期的利息支付随着市场利率浮动,如果在升息周期之中,按揭利率也会相应上涨,每期支付金额会自动增加。杠杆越高,那么每期按揭增加也就越多。也就是说,在浮动利率之下,利率上升会带来最大的利率风险。

然而,家庭债务是否最终出现违约风险,除了取决于每期的利息费用,还取决于家庭的收入。后者又取决于家庭的工薪、投资收益等现金流入,而这又和社会整体的经济状况有关。如果大幅度降薪或者失业潮到来,导致家庭收入大幅下降,不能负担得起债务,那么家庭债务就可能出现违约的情况。

中国新购房低收入家庭负债过重,则会进一步加大这种违约风险。根据甘犁对家庭债务收入比指标(即以可支配收入衡量住户部门的债务水平)的分析,2015 年至 2017 年,新购房有负债家庭中,收入最低 20%的家庭其债务收入比为 13.7,有民间借贷债务收入比更高达 14.8(表 2-17)。这意味着这些家庭即使将全部收入用于偿还债务,也需要花费 15 年时间。低收入购房家庭面对房价下跌的抗风险能力较低,甚至会卖房还债,进而加剧市场风险。

表 2-17　2015—2017 年新购房家庭债务收入比

	有负债家庭	有民间借贷家庭
收入最低 20%	13.7	14.80
收入最低 20%～40%	4.99	4.91
收入最低 40%～60%	3.24	3.19
收入最高 40%～20%	3.18	2.97
收入最高 20%	1.82	2.08

转引自甘犁:《中国家庭债务风险有多大》,http://opinion.caixin.com/2018-10-09/101332952.html,208-10-9。

① 张江涛.中国居民部门加杠杆的逻辑和潜在风险[J].国际金融,2018(1).

总之，家庭债务水平上升会带来潜在风险，具体表现在金融安全、消费支出和经济增长等方面。如果未来房价出现大幅下跌，家庭债务产生大规模违约，那么商业银行的房贷资产不良率就可能显著上升，进而成为商业银行系统性风险的主要来源。牛播坤、甄茂生则认为，如果进一步引导居民部门在房地产部门加杠杆，资产泡沫进一步积累的风险不可避免。因此，对居民部门加杠杆宜"稳"，且不宜一味向房地产倾斜。①

目前，中国人的家庭资产中房屋资产占到六成，有些家庭甚至高达八九成，城市高房价挤压消费支出，房租暴涨让一二线城市的无房者承受更高租金成本。2018 年 11 月 24 日中国人民大学国家发展与战略研究院、经济学院与中国诚信信用管理公司发布《中国宏观经济分析与预测(2018—2019)》报告就认为，消费者在房地产去库存中债务率大幅度上升，消费基础受到严重削弱；目前居民财富基本上被房地产掏空，中产和中下收入阶层被房地产套牢。实际上，低端消费市场就主要由这类人群构成。而大众消费，或者说是"中端消费"则严重匮乏。

在经济增长方面，IMF(国际货币基金组织)在《全球金融稳定报告》中指出，当家庭债务占 GDP 的比重低于 10%时，家庭信贷继续增加可能会对 GDP 增长起到积极作用；当家庭债务占 GDP 的比重超过 30%时，家庭债务的增加会损害一个国家的宏观经济增长。② 显然，按照第一个统计口径测算的中国家庭负债水平当前已经超过了 IMF 给出的 30%的警戒线。

---

① 牛播坤，甄茂生.居民部门加杠杆的悖论与政策取向[J].银行家，2016(9).

② 桑彤，姚玉洁.从"怕负债"到"高负债"：中国家庭债务风险浮出水面[J].半月谈内部版，2018(3).

第三章　中国沿海省市海洋经济的转型升级与推进

第一节　美、日、韩海洋经济转型升级的经验借鉴

一直以来，中国都是以陆上经济为主的大国。在历史上，海洋经济只是在明朝时期有了一定发展，到了清朝以后，除了打鱼之外，其他的海洋经济基本上都是空白。

随着经济全球化和区域经济一体化的发展，以海洋为载体和纽带的市场也在快速发展。国家海洋局发布的《2017年中国海洋经济统计公报》[①]显示，2017年全国海洋生产总值77611亿元，比上年增长6.9%，海洋生产总值占国内生产总值的9.4%。据测算，2017年全国涉海就业人员3657万人。这表明，中国已不再是一个纯粹的陆地经济，经济发展更加注重和依赖海洋经济。

本节通过对美、日、韩海洋经济国家的转型升级经验分析，可以为中国沿海省市海洋经济成功转型升级提供参考和借鉴。

一、美国海洋经济转型升级的经验分析

美国东西两面临海，美国经济转型升级代表了海洋经济的转型升级。美国海洋经济转型升级以二战为界。二战结束前美国的经济增长方式基本是粗放型的，而二战结束后其经济增长方式基本是集约型的。二战结束前，美国实现了工业化，并从相对落后的农业国跃升为

① 《公报》中海洋生产总值按现价计算，增长速度按可比价格计算。统计数据均未包括中国香港特别行政区、澳门特别行政区和台湾地区。

世界头号工业强国。在工业化前期，美国的经济增长主要依靠生产要素的大量投入，其中，资本来源于政府向外商提供利润保护而引进的巨额外资以及逐渐成熟的金融体系向国外发行债券和贷款而取得的大量资金；劳动力来源于欧洲、亚洲、拉丁美洲的移民，政府提供丰厚的条件吸引数量巨大的农民和失业工人纷纷移民至美国，满足了工业化发展对劳动力的需求。在工业化的后半期，高效资本投入要素在经济增长中的作用不断提高，是因为很多新发明和新技术相继产生并得到推广，加上前期引进的大量先进技术和人才，共同推动生产效率提高、生产规模扩大、规模经济产生，直到工业化过程完成。因此，二战结束前美国已经出现了经济增长方式转变的趋势，但由于要素投入对GDP增长的贡献还居于主导地位，这一时期的经济增长方式依然是粗放型的。

二战结束后，美国经济增长方式成功转变，其过程可以划分为三个时期：

1947—1960年，以增加投入为主的高速增长期。这一时期，美国积累了大量资本增加投资，促进了资源型行业的迅速发展和企业设备的更新，同时也注重资本投入效率的提高。与资本投入相比，劳动投入相对弱化，但随着科学技术的发展，劳动生产率逐渐提高。1950年至1960年美国GDP年均增长3.3%，其中，要素投入的贡献度为47%，要素生产率的贡献度为53%，资本利用率和劳动生产率的双向提高结束了美国经济增长方式的转变过程。

1970—1991年，以调整产业结构与提高效率为主的经济增长期。此期间，两次全球性的石油危机迫使美国减少对石油的依赖，进行技术创新，提高资源使用效率，变大规模注入为高效率投入。因此，从20世纪80年代开始，美国进行了二战后最为深刻的结构性调整，使得美国低耗能的高新技术产业和第三产业蓬勃兴起，集约型的高技术新兴产业劳动力需求旺盛，劳动生产率显著提高，推动美国进入经济集约化增长的“黄金时代”。

1992年至今，以技术进步的持续加速为主的“新经济”增长期。由于新经济带动了传统经济新的发展,使此前经济结构调整所产生的结构性失业现象得以减轻。在"新经济"增长期,美国全面实现了经济增长方式转变,主要标志有:经济与科技结合日益紧密,以微电子技术、信息技术为核心的高新技术产业高速发展;人才和知识的价值日益突出,劳动生产率增幅加大;获得新的可持续经济增长动力等等。

美国的转型升级经验可以总结为以下四个方面。

(一) 科技创新是推动美国海洋经济转型升级的强大动力

美国对科技创新非常重视,成立了国家科学技术委员会,由总统和副总统任正副主任,由一些部长担任委员,以加强对技术创新的国家领导。美国非常重视科技创新的人才队伍建设,一方面大量培养本国科技人员,一方面采取多种措施吸引国外优秀人才来美国发展,所以研究与开发投入增长很快。

20 世纪 50 年代初,R&D 经费为 50 亿美元左右,60 年代初达到 136 亿美元,1990 年达到 1 480 亿美元,1992 年美国的 R&D 投资已经超过日、德、法三国的总和。美国还非常重视科技成果在经济上的应用,支持国家实验室、大学、科研院所与企业合作,促进科技成果商业化。科技创新对美国总体经济运行和经济增长方式转变产生了广泛而深刻的影响。

(二) 优秀的人力资本是美国海洋经济转型的牢固基础

美国科技创新获得的巨大成就是以高质量的人力资本作为保证的。与物质资本和劳动相比,知识能力、健康水平等劳动者素质对美国经济增长方式转变的推动作用更大。人力资本的优化主要依靠多层次的教育来实现,1983 年美国开展了一场大规模的教育改革运动,致力于培养具有较强创新精神和基础研究能力的开拓型人才,为经济增长方式的转变提供强有力的智力支持。

具体的改革内容包括:提高中等教育质量,加强外语、数学、科学、计算机等基础课程教学,加强中等职业教育,重视教师的继续教育,注重大学通用人才与尖端人才的培养。美国教育支出及各级教育投资的收益率一直保持着较高的水平，在相当一段时间内，美国国民收入增长额的1/3都是由教育投资带来的。

（三）结构调整是美国海洋经济转型的重要支持

20世纪80年代美国把握住了结构调整的契机，在大规模地对传统产业进行有效技术改造的基础上，确立了以信息服务业为主导的第三产业的发展趋势，并不断巩固和加强高新技术的领先地位。

为了实现产业组织的合理化，美国企业实行了大规模的兼并收购重组和内部经营结构的整顿，优化了资源配置并获得了最佳经济效益，提高了美国企业的竞争力。政府方面也实施了促进结构调整的工业政策、贸易政策、科技政策、企业政策。经过结构调整，美国第三产业在国民经济的比重上升，成为增加就业的主渠道，经济“服务化”的特点更加显著；第二产业的劳动生产率提高，释放出了大量的劳动力转向第三产业和第一产业；第一产业内部顺利实现了从传统农业向商品农业和持续农业转变。这样的产业格局符合经济增长方式转变的要求，加快了美国经济增长方式转变的速度。

（四）宏观政策是美国海洋经济转型的政策保障

美国政府的一些干预政策对于经济增长转变起到了积极的作用，例如税收优惠、价格保护、出资修建、直接经营、补助运营成本、支持研究与开发、制订规划、发布信息等，发挥了较好的协调、引导效果，为经济增长方式转变创造了基础性条件。在产业政策方面，20世纪60年代侧重于农业发展及公路、航空网等基础设施建设，80年代重点扶持汽车、航空航天、电子等产业的发展，90年代重点支持信息产业和出口产业的发展，这些连续的产业政策体现了经济增长方式转变的过程。在科技政策方面，政府出资支持大量的科研活动，制订“信息高速公路”计划，对技术创新活动给予正确的引导。在微观企业政策方面，积极扶持小企业发展，成立代表小企业利益的小企业管理局，一方面向小企业提供政策法律咨询及其他帮助，另一方面向政府反映小企业意见，并实施一系列立法对小企业加以保护。在贸易政策方面，运用出口补贴、税收优惠、进口壁垒等措施，做到保护国内市场与开拓国外市场并举。在贸易政策方面，运用出口补贴、税收优惠、进口壁垒等措施，做到保护国内市场与开拓国外市场并举。

二、日本海洋经济转型经验分析

日本是典型的岛国。20 世纪 70 代中期以后，日本实现了经济增长方式由粗放型向集约型的转变，且集约化程度不断提高，到了 90 年代末，日本已成为世界集约化程度最高的国家。

战后日本经济增长方式转变的过程可分为三个时期：

20 世纪 50 年代，日本的经济增长主要依靠劳动和能源投入量的增加来实现，从经济增长的目的来看，属于“解决温饱型”的粗放经济增长方式。此后，日本经济开始恢复性增长，利用国内市场廉价劳动力过剩、国际市场廉价石油大量供给和朝鲜战争期间美国大量军需订货的有利时机，经济增长方式逐渐转变为“数量扩张型”的粗放经济增长。同时，政府积极保护本国市场和民族工业，确立“贸易立国”发展方针，使数量扩张的粗放型经济增长进一步强化。

20 世纪 60 年代，日本经济增长主要依靠较多地投入资本和能源、较少地投入劳动以及提高产品质量和经济素质来实现，经济增长方式转变为“物量外延型”的粗放经济增长。由于这一时期日本经济增长特征是扩大生产、大量消耗能源和资源、不计环境和生态成本，仍属于粗放型增长方式。

20 世纪 70 年代以后，日本走上了节约能源和原材料、主要依靠提高劳动生产率来实现经济增长的道路，经济增长方式转变为“知识技术型”的集约经济增长。在此期间，日本经历了两次石油危机、布雷顿森林体系解体、日元大幅度升值，能源和原材料投入成本显著增加；同时，国内面临着因粗放型经济增长所带来的大规模环境污染和公害问题，持续近二十年的高速经济增长难以为继，进入了低速增长时期。由于国际环境和国内形势的改变，日本政府提出了“科学技术立国”战略，将产业政策从追求高增长调整为追求增长质量和可持续性，加速发展高技术密集型产业，努力开发节能技术，降低资源消耗和污染，重视国民生活质量。1970年至1980年，经济增长中要素生产率贡献的比例上升为71.2%，与此同时，支持粗放型增长的大规模投资逐渐下降，消费逐渐成为拉动经济增长的主要动力，至此，日本成功实现了经济增长方式的转变。

日本海洋经济转型升级的经验可以概括为：

(一) 自然资源匮乏是日本海洋经济转型升级的压力

日本是西太平洋中的一个岛国，国土总面积约为37.8万平方千米，其中农用地占13.2%，建筑用地占4.9%，道路占3.6%，可居住面积只有11.3万平方千米，土地资源供不应求，因为要在狭小的国土上同时发展农业、工业、交通运输以及居民生活，土地价格非常昂贵，客观上促使日本通过提高集约化程度来推动经济增长。日本矿产资源贫乏，很多资源依赖进口或者直接投资于矿产资源丰富的国家，客观上决定了日本必须走内涵式的经济增长道路，充分利用科技创新推动核能、地热、风力、太阳能、潮汐能等新能源的开发，一方面补充天然能源的不足，另一方面可以减少对生态环境的破坏。创新推动核能、地热、风力、太阳能、潮汐能等新能源的开发，一方面补充天然能源的不足，另一方面可以减少对生态环境的破坏。

(二) 技术进步是日本海洋经济转型升级的动力

20世纪50年代开始，日本大量引进世界先进技术，且对引进的技术具有严格的要求，首先要符合经济发展水平、国民收入水平、市场需求等基本国情，其次要有利于加快技术装备现代化步伐、提高产业和企业的国际竞争能力，最后要有技术改进和创新的潜力。

除重视技术引进外，日本还致力于前瞻性技术研发，在尖端产品的生产方面均取得了很好的成就，其中包括微电子、半导体、计算机、工业机器人、超导应用、光纤通信、碳纤维、精密陶瓷、纳米技术、生物工程等。技术进步为日本经济增长方式转变提供了动力，而巨大的研发投入是重要的物质保障，20世纪90年代中期以来日本政府和企业的研发投入一直占国内生产总值的3%以上，居发达国家前列。

（三）优化教育和人力资本是日本海洋经济转型升级的根本

日本历来高度重视教育的发展，20世纪50年代实现了九年义务教育的普及；60年代在普及义务教育的基础上促进了中等教育及中等职业教育的发展；70年代在普及中等教育的基础上推动高等教育的大众化；80年代推进教育的个性化、信息化和国际化；90年代在高等教育大众化的基础上发展研究生教育；近年来进一步促进高等职业教育的实质性发展，并推进高层次远程教育，倡导终身学习。

此外，日本还注重培养多元化的技术人员和科研人才，尤其重视理工科人才培养，并建立企业人才成长评价制度，提升职工的知识水平和训练水平。通过教育的发展，日本全民族文化素养和劳动力素质得到了较大提高，为经济增长方式转变储备了数量大、质量高的劳动资源。

（四）产业政策和产业结构调整是日本海洋经济转型的载体

日本产业政策经历了“产业合理化—扶植重化学工业—发展创造性的知识密集型产业—重视环境保护”的调整。

具体来说，在战后经济恢复时期，日本依靠“倾斜生产方式”，政策倾向于支持军工、煤炭、钢铁产业及与之密切相关的电力、运输行业的发展；在高速增长时期，日本推行以重化工业为中心的产业政策，鼓励企业提高重化工业生产能力及其技术装备水平；石油危机以后日本进入稳定的中低速增长时期，转而实施知识和技术密集型产业政策，并从忽视和放任公害转向重视和控制公害，重视提高国民生活质量。产业政策调整的直接效果是优化了产业结构，并通过产业结构的优化推动了经济增长方式转变。

（五）政府合理干预是日本海洋经济转型的坚强后盾

日本能够在短时间内实现经济增长方式转变，很大程度上得益于政府的干预。日本政府先后于20世纪50年代和70年代确定了“贸易立国”和“科学技术立国”的战略方针，前者具有粗放型经济增长导向，后者具有集约型经济增长导向，二者均发挥了重要的作用。在“贸易立国”方针的指导下，政府实行了一系列鼓励出口的配套措施：制定鼓励出口的外汇使用办法，建立降低出口厂商风险的出口准备金制度，允许出口厂商实行特别折旧制度并允许他们结成卡特尔等。在“科学技术立国”方针的指导下，政府实行了一系列鼓励技术创新的配套措施：对企业技术创新和研究开发给予税收优惠或政府补贴支持，对科技创新重点产业和相关企业给予优惠融资，增加对新兴产业和企业的投资等。由于政府直接投资通常具有高投入、低效率的粗放性质，日本政府的直接干预大多不予采用，而是仅限于审查、认可企业法人的资质，引导和规范企业的发展。此外，日本政府更多地为社会提供信息服务，促使企业把握产业的发展动向和变化趋势、改善经营、采用新技术、开发新产品、向集约型部门转移，加快实现经济增长方式转变。

三、韩国海洋经济转型经验分析

韩国也是主要的海洋国家之一，其经济增长过程可分为四个阶段。

20 世纪 50 年代中后期，韩国经历了战争后的重建恢复期，先是选择了内向型经济发展道路，之后逐渐从“进口替代”转向“出口替代”，积极引进外资和技术，扩大出口贸易，及时实现了经济从内向型向外向型的转变。60 年代初开始，韩国开始以劳动密集型产品出口（如轻工产品）推动经济增长，同时完成了资本密集型的原材料工业产品的进口替代。

20 世纪 60 年代后半期到整个 70 年代，韩国从日本、美国引进外资，大力发展资本密集型重化工业，并逐渐取代劳动密集型产品的出口地位，实现产业结构高级化。60 年代，韩国产出增长 8.6%，其中要素投入贡献 107.5%，要素生产率贡献 −7.5%，属于纯粹的粗放型经济增长；70 年代，产出增长 10.1%，其中要素投入贡献 59.9%，要素生产率贡献 40.1%，经济增长集约化程度有很大提高，但仍属于粗放型。

20世纪80年代以后，韩国提出“科技立国”口号，大幅度增加科技投资，重点发展知识技术密集型产业，其产品的出口份额不断得到提升，同时重点扶持优势产业、战略产业、新兴产业，并扩大海外直接投资。

1980年至1990年，产出增长6.4%，其中要素投入贡献55.1%，要素生产率贡献44.9%，粗放型经济增长的集约化程度进一步提高；1990年至1994年，产出增长6.6%，其中要素投入贡献39.7%，要素生产率贡献50.3%，实现了经济增长方式从粗放型向集约型转变。

韩国海洋经济转型的经验可以概括为：

(一)“外向型经济”是韩国海洋经济转型的引擎

韩国先后经历了进口替代到出口导向的外向型经济战略转换，通过对外开放、利用外资和鼓励出口等一系列措施融入国际化进程中，充分利用国际市场及资本来推动本国经济发展，为实现经济增长方式转变准备了必要的条件。

具体做法包括：在税收、土地使用、资金流动、投资手续等方面对外国投资实行优惠政策；建立外商投资工业园区；加强改善外商投资条件的各种基础设施和福利设施建设；设立专门机构对出口进行指导和协调；采用税收优惠、信贷支持、有利的汇率政策及建立出口加工区、出口自由区等措施鼓励出口。

(二)科技进步和人力资源是韩国海洋经济转型的根本前提

韩国在落后条件下迅速实现了经济增长方式转变，这与对科技进步和人力资源的高度重视是分不开的。在这些国家和地区，技术进步是通过引进、消化国外先进技术和自主开发适用技术两个阶段完成的，前一阶段主要是面向劳动密集型工业，后一阶段则集中于资本密集型和技术密集型产业。促进技术进步的措施包括增加科技投入，建立科研机构和科研基地，制订高新技术产业计划，促进科技成果的推广使用等。新兴工业化国家和地区把提高人力资源的素质看作是促进经济增长方式转变的根本前提，通过增加教育经费投入、实行普遍的义务教育、发展高等教育及职业技术培训、制定和完善人力资源开发的法律法规体系以及“走出去,引进来”等措施,从社会需要出发,为经济增长方式转变提供了充足的人力资源。

第二节 供给侧结构性改革背景下中国沿海省市海洋经济转型升级评价与推进策略

在经济下行压力下,党中央于 2015 年底提出推进供给侧结构性改革。这是当前和今后一个时期中国经济工作的主线。2016 年以来,地方供给侧改革方案密集出台,主要是围绕党中央提出的“三去一降一补”五大供给侧改革重点任务,结合当地情况做出部署。对于沿海地区而言,海洋经济也是其推动供给侧结构性改革的重要领域。这是因为,现阶段中国海洋经济发展过程中出现了资源枯竭、海洋生态环境恶化、产业竞争能力萎缩等一系列问题。

在此背景下,中国沿海省市亟须根据各自的情况,富有成效地从供给侧推动各省市海洋经济的转型升级。为此,本节通过构建科学的评价指标体系,对中国沿海省市海洋经济转型升级的效率与效果进行客观评价,并提出相应的推进策略。

一、文献回顾与述评

凯恩斯学派认为供给方创造的收入没有全部转化为需求。许小年曾用一个例子进行说明:设想经济中只有一家企业,满负荷运转可生产价值 200 万元的产品,如果消费需求 150 万元,其余 50 万元作为储蓄沉淀在金融体系中。银行固然可利用储蓄资金放贷给企业,产生投资需求,但市场经济中没有天然的机制保证投资整好等于储蓄。当投资低于储蓄比如说只要 30 万元时,社会总需求为 180 万元,企业虽有 200 万元的生产能力,受需求限制,只能销售 180 万元的产品,从而只能创造 180 万元的收入和需求。

凯恩斯学派建议政府增加开支,或者由中央银行放松银根,刺激企业投资,双管齐下,拉动需求以增加产出至 200 万元。许小年认为,凯恩斯学派并不考虑政府投资和货币宽松刺激投资的后果，对政策造成的经济结构失衡以及由此带来的消费需求不足视而不见。

财政开支通常向资本密集的基础设施倾斜，央行减息降低资金成本，同样鼓励资本密集型的重型制造业投资，可知凯恩斯主义的政策总体上有利于钢铁、水泥、建材、能源、机械制造等行业的发展，这些行业中的企业利润和工资收入高速增长，而劳动密集型的服务业和轻工业在这种政策性景气繁荣中落在后面，工资增长也低于资本密集型产业。

由于就业的大部分集中在工资增长缓慢的劳动密集型行业，重资本—轻劳动的生产结构导致了类似的国民收入（GDP）分配结构，劳动收入的比重下降，企业的资本收益（利润）以及政府税收比重不断上升。政府和企业收入主要用于投资，结果是居民消费需求跟不上投资所形成的产能增加，过剩产能就这样出现和积累起来。①

被经济学现代供给学派公认为理论鼻祖的法国学者让·巴蒂斯特·萨伊于1803年出版了著作《政治经济学概论》，书中观点“生产给产品创造需求”被后人总结为萨伊定理，并简述为“生产自动创造需求”。胡月晓认为，萨伊描述的“生产自动创造需求”，仅是资本主义发展早期阶段市场均衡时的一种状态，萨伊定律的前提是产品以产品购买，货币只是商品交换的媒介。② 显然，萨伊定律只和当时资本主义初级阶段的现实相吻合；在商品经济高度发达的现代社会，社会需求也发展到了“马斯洛需求”的高级阶段，单纯价格调节已不能“出清”供求平衡。

林毅夫认为，供给学派的政策是在20世纪80年代的时候美国里根总统执行的一个政策主张，当时是新自由主义最盛行的时候，里根被认为是推动新自由主义的主要政府领导人，当时美国的供给学派是完全反对产业政策的，他们认为不应该针对某个产业区制定政策，应

---

① 许小年.为什么要强调供给侧？[M]//林毅夫，等.供给侧结构性改革.北京：民主与建设出版社，2016.

② 胡月晓.供给侧结构性改革，引领未来经济新方向[M]//林毅夫，等.供给侧结构性改革.北京：民主与建设出版社，2016.

该用普遍降税的方式来提高投资的积极性。

他认为,中国过去的政策包括 4 万亿元并不是凯恩斯主义,现在提出要加强供给侧的结构性改革也不是推行供给学派的政策,而是要在适度增加总需求的前提下来进行,并且要应用产业政策,而不是只有减税。过去积极财政政策的措施既增加短期的需求,也增加长期的供给;供给侧结构性改革的许多措施能增加中国长期的供给,但也需要短期的投资才能实现。①

从学术的角度看,"三去一降一补"五大供给侧改革重点任务只是破题的方法。供给侧结构性改革,归根到底在于调整经济结构,优化资源要素配置,提高供给质量,进而对经济增长实现提质增效。黄群慧认为,中国整个经济发展面临的突出问题是,经济增速下降、工业品价格下降、实体企业盈利下降、财政收入下降和经济风险发生的概率上升。这些问题集中反映在工业。因此,工业就是供给侧结构性改革的主战场。姜长运、杜志雄分析了推进农业供给侧结构性改革的重要性和紧迫性、应避免的误区以及科学选择推进的着力点。刘光溪提出了金融供给侧结构性改革的重点内容。王江涛提出了"十三五"时期加快中国海洋空间资源配置供给侧结构性改革的建议。

上述对供给侧结构性改革的研究深入到了工业、农业和金融以及海洋经济等不同领域。其中,就海洋经济领域而言,此类研究还略有不足。推进海洋经济领域供给侧结构性改革,并不限于资源配置方面。当前,国家海洋总局在海洋经济领域推动的供给侧结构性改革,一方面是对海洋生产要素的配置进行优化,提高海洋资源的有效供给,以应对经济社会发展和人民群众需求变化的适应性和灵活性;另一方面是通过体制机制、技术等的创新,推动海洋产业转型升级,以实现海洋经济的可持续发展。由此可见,推进沿海区域海洋经济转型升级也是供给侧结构性改革题中应有之义。

---

① 林毅夫.供给侧结构性改革应有中国式理论创新[M]//林毅夫,等.供给侧结构性改革.北京:民主与建设出版社,2016.

二、沿海省市海洋经济转型升级的概念、内涵及方向

（一）海洋经济的概念

《全国海洋经济发展规划纲要》将海洋经济定义为“开发利用海洋的各类产业及相关经济活动的总和”。具体来看，海洋经济大致可分为以下儿个方面：1. 直接从海洋获取产品的生产和服务；2. 直接从海洋获取的产品的一次加工生产和服务；3. 直接应用于海洋和海洋开发活动的产品的生产和服务；4. 利用海水或海洋空间作为生产过程的基本要素所进行的生产和服务；5. 与海洋密切相关的海洋科学研究、教育、社会服务和管理。在这个概念之下，又有三个角度可以对海洋经济的内涵进行理解。

从资源经济角度看，海洋经济是以资源经济学角度阐述的海洋资源经济，即研究在资源约束下资源的有效利用和转化，其本质是研究资源约束条件下资源利用程度和开发潜力。

从产业经济角度看，海洋经济是对以海洋资源为中心的产业经济，涉及产业的分工、协同、价值创造中蕴含的发展规律，其本质是研究一定技术水平下要素的组合。

从区域经济角度看，海洋经济是区域经济的一个重要组成部分，研究沿海地区海洋、海岸、陆地三大区域资源、产业、经济社会静态布局和动态联动。本质是研究区域内经济社会发展和要素的匹配度。

（二）海洋经济转型升级概念

按照经济转型的概念，海洋经济转型升级应该包括海洋经济管理体制转型升级和海洋产业转型升级两个方面。

海洋经济管理体制转型升级是中国经济体制在海洋管理方面的具体体现，是中国海洋经济的制度支撑。海洋产业是指开发、利用和保护海洋所进行的生产和服务活动，包括海洋渔业、海洋油气业、海洋矿业、海洋盐业、海洋化工业、海洋生物医药业、海洋电力业、海水利用业、海洋船舶工业、海洋工程建筑业、海洋交通运输业、滨海旅游业等主要海洋产业以及海洋科研教育管理服务业。

海洋产业转型升级是中国实现经济发展转型、提高发展质量的具体措施之一。它是指从现有的海洋产业结构布局,转向以高新技术产业为先导的基础产业和制造业,充分考虑生态系统、社会系统和经济系统的内在联系和协调发展,建立资源节约和环境友好的综合利用型合理的产业结构,获得更高的结构效益,在不增加投入的情况下实现海洋经济增长,从而促进海洋产业更好、更快、更稳定的发展。

(三) 海洋经济转型升级的方向

海洋经济具有涉海性、区域性、综合性、时代性等鲜明特征。这要求在推动海洋经济转型升级过程中,综合考虑资源保护、产业协作、公共效益、区域平衡、社会经济发展形势、可持续发展要求等要素。国家"十三五"规划专章"拓展蓝色经济空间"提出"坚持陆海统筹,发展海洋经济,科学开发海洋资源,保护海洋生态环境,维护海洋权益,建设海洋强国"。这在海洋资源、生态环境、服务等领域的供给侧结构性改革层面,为沿海省市海洋经济转型升级指明了方向。

目前,沿海省市也大多以此作为下一阶段的工作主线。例如:1. 在海洋资源领域,辽宁省提出从海域资源优化配置入手,优化提升海洋传统产业,加快海洋新兴产业发展,通过抓重大涉海项目用海,加强与区域性金融机构沟通联系,畅通企业融资渠道。2. 在海洋生态环境领域,河北省提出以良好生态环境带动海洋经济健康、快速发展;浙江省提出对海洋红线实施管控,推进海洋生态修复;江苏省提出加强海洋生态环境保护,增强海上环保能力建设和入海口环境监测,加大对破坏海洋环境行为的执法力度。3. 在服务领域,天津市提出加强海洋经济发展政策体系建设,形成支撑海洋经济发展的政策体系;上海市提出围绕上海科创中心建设,完善海洋科技领导组织机构,形成"海洋+科技"的创新工作机制,发挥 1+1>2 的创新效益。

就沿海区域海洋经济的发展而言,经济新常态本身就是一次大洗牌,而供给侧结构性改革则是一个新起点。哪个沿海省市的海洋经济转型升级快,哪个省市就能率先脱颖而出。在这一过程中,沿海地区政府所采取的转型升级策略,要有明确的针对性。为此,需要通过海洋经济转型升级指标的构建及评价方法的选择，进行沿海省市的横向比较，了解沿海地区在区域海洋经济转型升级中所处的情势。

三、沿海省市海洋经济转型升级指标体系的构建及方法选择

(一) 沿海省市海洋经济转型升级指标体系构建

依据上述沿海省市海洋经济转型升级的内涵与方向，本书在参阅相关研究文献后，结合区域经济学、产业经济学中的相关理论，选取了12个指标进入沿海省市海洋经济转型升级评价指标体系。该指标体系一方面体现了对海洋经济发展中“量”和“质”的统筹，在增长的“量”基础上更加关注发展的“质”；另一方面，则是为实现发展方式的转变、发展质量的提高、发展效益的挖掘、发展路径的可持续性等转型升级目标提供有效的信息反馈和预测。

根据指标之间的特点与联系，将这12个指标划分到准则层的四个方面，分别为海洋经济规模、海洋产业结构、海洋经济溢出效应和海洋生态环境效益(如表3-1)。准则层的四个方面，是对沿海省市海洋

表3-1　沿海省市海洋经济转型升级评价指标体系

目标层	准则层	指标层
沿海省市海洋经济转型升级	海洋经济规模	海洋生产总值占沿海地区生产总值比重(%)
		海洋生产总值同比增长率(%)
	海洋产业结构	“十二五”产业结构熵数 E 指标上升或降低(±%)
		“十二五”产业结构变动速度 M 指标
		“十二五”产业结构变动幅度 K 指标
	海洋经济溢出效应	沿海省市人均国内生产总值(万元)
		沿海省市财政收入同比增速(%)
		城镇居民可支配收入(元)
	海洋生态环境效益	万元地区生产总值能耗上升或降低(±%)
		万元工业增加值能耗同比上升或降低幅度(±%)
		万元地区生产总值电耗上升或降低幅度(±%)
		第一、二类海水水质海域面积占近岸海域面积的比重

注：$E=\sum\left|q_{it}\times\ln\frac{1}{q_{it}}\right|$，$E$ 值越大，表示该地区海洋产值比重相对比较均匀，海洋产业结构趋于多元化发展，反之，则趋于单一化发展。

经济水平的高低、产业结构的合理性、对沿海省市社会发展和民生事业的促进程度以及海洋经济自身的经济效率高低和生态友好程度等相关内容的体现与反映。

$M=\sum_{i=1}^{3}(q_{it}\times q_{i0})/\sqrt{\sum_{i=1}^{3}q_{it}^{2}}\times\sqrt{\sum_{i=1}^{3}q_{i0}^{2}}$，$M$ 值越大，说明产业结构变动的速度越快，反之，则越小。$K=\sum|q_{it}-q_{i0}|$，K 值越大，说明产业结构的变动幅度越大，反之，则越小。q_{i0} 表示在基期(2011 年)该地区第 i 产业产值占地区海洋生产总值的比重，q_{it} 表示在 t 期(2015 年)该地区第 i 产业产值占地区海洋生产总值的比重，$i=1,2,3$ 分别表示海洋三次产业。

(二) 基于层次分析法的评价

层次分析法是将复杂问题分解为不同层次、因素(指标)，然后对各因素间进行简单比较，得出不同因素所占的权重。该方法简单适用，研究者或评估者能够以合乎逻辑的方式运用经验、洞察力和直觉，认真权衡指标的相对重要性，做出较为科学的评价或决策。层次分析法大致有以下几个步骤：

1. 构造判断矩阵。判断矩阵是用于判断本层所有因素针对上一层某一个因素的相对重要性。判断矩阵元素的值，常用 1～9 个数字表示，具体含义见表 3-2。

表 3-2 判断矩阵标度及其含义

标度	含义
1	两个元素同样重要
3	前一个元素比后一个元素稍重要
5	前一个元素比后一个元素明显重要
7	前一个元素比后一个元素非常重要
9	前一个元素比后一个元素极端重要
2,4,6,8	相邻判断的中间值

2. 指标权重的计算。设由 n 个元素(指标)构成的判断矩阵为 $A=(C_{ij})_{n\times n}$,这里采用和法[①]计算各指标的权重,具体步骤为:

① 对判断矩阵进行列归一化,其元素的一般项为:

$$\bar{C}_{ij}=\frac{C_{ij}}{\sum_{i=1}^{n}C_{ij}},(i,j=1,2,\cdots,n) \tag{3-1}$$

② 对归一化后的矩阵按行相加

$$\bar{w}_i=\sum_{j=1}^{n}\bar{C}_{ij},(i,j=1,2,\cdots,n) \tag{3-2}$$

③ 对向量 $\bar{w}=(\bar{w}_1,\bar{w}_2,\cdots,\bar{w}_n)^T$ 归一化,其元素的一般项为:

$$w_i=\frac{\bar{w}_i}{\sum_{i=1}^{n}\bar{w}_i},(i,j=1,2,\cdots,n) \tag{3-3}$$

$W=(w_1,w_2,\cdots,w_n)^T$,即为所求的特征向量,亦即指标权重。

(3) 用下式计算最大特征根 $\lambda_{\max}$:

$$\lambda_{\max}=\frac{1}{n}\sum_{i=1}^{n}\frac{(Aw)_i}{w_i},(i=1,2,\cdots,n)。 \tag{3-4}$$

(4) 进行一致性检验,即对判断矩阵 A 确定不一致的允许范围。具体是用下式计算一致性指标 CI:

$$\mathrm{CI}=\frac{\lambda_{\max}-n}{n-1} \tag{3-5}$$

n 为判断矩阵的阶数。

为了检验判断矩阵是否有一致性,需要比较 CI 与平均随机一致性指标 RI(见表 3-3)。指标 CI 与指标 RI 的比值,称为判断矩阵的随机一致性比率,用 CR 表示。当 $\mathrm{CR}=\mathrm{CI}/\mathrm{RI}<0.1$ 时,可认为权系数的分配是合理的;否则,要调整判断矩阵的元素取值,重新分配权系数的值。

---

① 除了和法,还有根法、特征根法、最小二乘法等求解。

表 3-3　平均随机一致性指标 RI 值

阶数	1	2	3	4	5	6	7	8	9	10
RI	0	0	0.58	0.90	1.12	1.24	1.32	1.41	1.45	1.49

四、沿海省市海洋经济转型升级评价结果分析

本书运用层次分析法对表 3-1 中 12 个具体指标的权重系数进行确定，之后结合各个指标的具体数值对沿海地区进行优劣排序，进而得出沿海省市海洋经济转型升级效果的综合评价。

（一）各评价指标的权重系数

根据层次分析法的上述计算步骤，省市海洋经济转型升级指标的权重计算结果见表 3-4—表 3-8。

表 3-4　海洋经济规模指标的权重系数

	C_1	C_2	W
C_1	1	1/3	0.25
C_2	3	1	0.75

C_1：海洋生产总值占沿海地区生产总值比重；C_2：海洋生产总值同比增长率。

$\lambda_{max}=2$，CI=0，通过一致性检验。

表 3-5 海洋产业结构指标的权重系数

	C_3	C_4	C_5	W
C_3	1	2	3	0.539
C_4	1/2	1	2	0.297
C_5	1/3	1/2	1	0.164

C_3：“十二五”产业结构熵数 E 指标上升或降低；C_4：“十二五”产业结构变动速度 M 指标；C_5：“十二五”产业结构变动幅度 K 指标。$\lambda_{max}=3.01$，CI=0.004 6，RI=0.58，CR=0.007 9<0.1。

表 3-6　海洋经济溢出效应指标的权重系数

	C_6	C_7	C_8	W
C_6	1	2	3	0.525
C_7	1/2	1	3	0.333
C_8	1/3	1/3	1	0.142

C_6:沿海省市人均国内生产总值;C_7:沿海省市财政收入同比增速;C_8:城镇居民可支配收入。$\lambda_{max}=3.053$,CI＝0.035 3,RI＝0.58,CR＝0.027＜0.1。

表 3-7　海洋生态环境指标的权重系数

	C_9	C_{10}	C_{11}	C_{12}	W
C_9	1	1	3	5	0.389
C_{10}	1	1	3	5	0.389
C_{11}	1/3	1/3	1	3	0.153
C_{12}	1/5	1/5	1/3	1	0.069

C_9:万元地区生产总值能耗上升或降低(±%);C_{10}:万元工业增加值能耗同比上升或降低幅度(±%);C_{11}:万元地区生产总值电耗上升或降低幅度(±%);C_{12}:第一、二类海水水质海域面积占近岸海域面积的比重。$\lambda_{max}=4.044$,CI＝0.014 65,RI＝0.9,CR＝0.016 3＜0.1。

表 3-8　沿海省市海洋转型升级准则层指标的权重系数

	B_1	B_2	B_3	B_4	W
B_1	1	1/7	1/5	1	0.073
B_2	7	1	3	5	0.556
B_3	5	1/3	1	4	0.286
B_4	1	1/5	1/4	1	0.085

B_1:海洋经济规模;B_2:海洋产业结构;B_3:海洋经济溢出效应;B_4:海洋生态环境效益。$\lambda_{max}=4.095$,CI＝0.033,RI＝0.9,CR＝0.035 5＜0.1。

沿海省市海洋经济的转型升级，集中体现为沿海省市海洋经济的发展水平、海洋产业结构的变动以及沿海省市社会民生的改进和海洋生态环境效益等方面，在本书中具体体现为12个指标。将表3-1中准则层的指标权重与指标层的指标权重相结合，最终得出这12个指标相对于目标层（即沿海省市海洋经济转型升级）的相对重要性，也就是各指标的总权重系数。如表3-9所示。

表3-9 沿海省市海洋经济转型升级指标的总权重

准则层 / 指标层	B_1	B_2	B_3	B_4	总权重
	0.073	0.556	0.286	0.085	
C_1	0.25				0.018
C_2	0.75				0.055
C_3		0.539			0.300
C_4		0.297			0.165
C_5		0.164			0.091
C_6			0.525		0.150
C_7			0.333		0.095
C_8			0.142		0.041
C_9				0.389	0.033
C_{10}				0.389	0.033
C_{11}				0.153	0.013
C_{12}				0.069	0.006

（二）沿海省市海洋经济转型升级各项指标值比较分析

据相关报道的数据显示，2015年，广东省实现海洋生产总值1.52万亿元，连续21年领跑全国。同年，山东省实现海洋生产总值1.1万亿元，稳居全国第二位。然而，由于这两省的经济体量也较大，从表3-10显示的数据来看，2015年两省海洋生产总值占沿海地区生产总值比重，分别为20.88%和17.46%；同比增速分别为10.5%和5.77%。与其他沿海省市相比，这两个指标值均不十分突出。从其他指标值来看，情况也是如此。这说明，即使是广东与山东这样的海洋大省，也需要推动海洋经济转型升级。

表 3-10 沿海省市海洋经济转型升级各项指标值

	C_1	C_2	C_3	C_4	C_5	C_6
天津	33.30%	9.53%	6.83%	0.994	0.118	10.8
河北	6.90%	7.37%	0.04%	0.976	0.218	4.03
辽宁	15.23%	3.60%	−17.07%	0.855	0.548	6.54
上海	26.09%	4.76%	−3.02%	0.997	0.076	10.38
江苏	9.10%	9.50%	4.88%	0.992	0.132	8.8
浙江	14.41%	7.33%	−2.67%	0.989	0.144	7.76
福建	26.56%	5.82%	−2.80%	0.993	0.118	6.8
山东	17.46%	5.77%	0.26%	0.995	0.097	6.42
广东	20.88%	10.5%	−4.41%	0.997	0.087	6.75
广西	6.50%	7.5%	−3.31%	0.995	0.103	3.53
海南	28%	11.35%	2.29%	0.998	0.064	4.08
	C_7	C_8	C_9	C_{10}	C_{11}	C_{12}
天津	11.60%	34101	−7.20%	−13.25%	−7.77%	30%
河北	8.30%	26152	−6.14%	−6.02%	−10.28%	80%
辽宁	13.40%	31 126	−3.52%	−1.97%	−5.44%	94.7%
上海	13.30%	52 962	−3.92%	0.15%	−4%	0%
江苏	11%	29 539	−6.73%	−7.79%	−5.98%	62.9%
浙江	7.80%	43 714	−3.53%	−4.37%	−6.12%	26%
福建	8.20%	33 275	−7.70%	−16.43%	−8.42%	66.1%
山东	10%	22 703	−3.72%	−7.88%	−6.49%	92.7%
广东	16.20%	34 757	−5.71%	−10.47%	−6.08%	88%
广西	7.90%	26 416	−5.11%	−12.30%	−5.62%	90.9%
海南	13.30%	26 356	−1.27%	−0.56%	0.31%	92.8%

数据来源：根据沿海省市海洋经济统计公报等数据整理。

在表 3-9 中,"十二五"产业结构熵数 E 指标上升或降低、产业结构变动速度 M 指标和沿海省市人均国内生产总值指标被赋予的总权重系数分别为 0.3、0.165 和 0.15,合计为 0.615。因此,它们是影响海洋经济转型升级的重要因素。

(1) 从"十二五"产业结构熵数 E 指标的变动来看,辽宁、上海、浙江、福建、广东和广西壮族自治区的 E 指标值均有下降,说明这些省市的海洋产业结构向着单一化发展。其中的原因在于,这些沿海省市纷纷提高了海洋第三产业的比重;其他沿海省市的 E 指标值上升,说明这些海洋产业结构向着多元化发展。

(2) 从"十二五"产业结构变动速度 M 指标值来看,除了辽宁省外,其他沿海省市的海洋产业结构调整速度都较快。

(3) 从沿海省市人均国内生产总值指标值来看,沿海省市地区间社会民生差异很大。2015 年,广西壮族自治区、海南、河北省等地区的人均地区生产总值远低于天津、上海等地区的发展水平。这说明这些省市的海洋经济溢出效应还有待提高。

在上述的基础上,进一步比较 11 个沿海省市在不同指标下的优劣顺序,对 12 个指标分别构建判断矩阵,并计算出各沿海省市在每个指标下的优劣顺序(即权重系数)。限于篇幅,本节对各个指标下的判断矩阵略去不表,仅列出沿海各省市的优劣顺序,并结合表 3-9 的总权重计算出综合评价值,结果如表 3-11 所示。排在前三位是天津、江苏和海南。而海洋大省广东与山东分别排在第 5 位和第 7 位。

表 3-11　沿海省市海洋经济转型升级综合评价

权重 / 排序	C_1	C_2	C_3	C_4	C_5	C_6	C_7	C_8	C_9	C_{10}	C_{11}	C_{12}	综合评价
	0.018	0.055	0.3	0.165	0.091	0.15	0.095	0.041	0.033	0.033	0.013	0.006	
天津	0.41	0.11	0.23	0.10	0.07	0.24	0.08	0.10	0.23	0.17	0.11	0.03	0.168
河北	0.02	0.06	0.1	0.10	0.17	0.04	0.04	0.04	0.12	0.08	0.28	0.11	0.088
辽宁	0.03	0.03	0.02	0.05	0.30	0.07	0.13	0.07	0.04	0.02	0.05	0.15	0.073

续表

权重/排序	C_1	C_2	C_3	C_4	C_5	C_6	C_7	C_8	C_9	C_{10}	C_{11}	C_{12}	综合评价
	0.018	0.055	0.3	0.165	0.091	0.15	0.095	0.041	0.033	0.033	0.013	0.006	
上海	0.11	0.03	0.04	0.10	0.04	0.16	0.14	0.30	0.04	0.01	0.04	0.01	0.088
江苏	0.03	0.09	0.17	0.10	0.10	0.13	0.08	0.04	0.12	0.08	0.06	0.07	0.119
浙江	0.04	0.08	0.07	0.10	0.06	0.07	0.03	0.16	0.05	0.04	0.08	0.02	0.072
福建	0.1	0.05	0.06	0.10	0.07	0.07	0.04	0.09	0.13	0.24	0.15	0.07	0.078
山东	0.06	0.05	0.09	0.10	0.04	0.07	0.07	0.04	0.08	0.09	0.08	0.14	0.077
广东	0.08	0.18	0.03	0.10	0.04	0.07	0.22	0.09	0.09	0.12	0.08	0.11	0.084
广西	0.02	0.08	0.03	0.10	0.07	0.03	0.04	0.04	0.08	0.14	0.06	0.14	0.055
海南	0.11	0.25	0.15	0.10	0.04	0.04	0.14	0.04	0.02	0.02	0.01	0.14	0.104

图 3-1 显示了海洋经济转型升级中分层指标的情况。这从另一个角度解释了,11 个沿海省市海洋经济转型升级综合评价存在差异的原因。以排在第一位的天津市为例,该市全面对接“一带一路”倡议、“京津冀协同发展”等战略,其海洋经济发展呈现出海洋生产性服务业、海洋新兴产业快速发展,重大项目与海洋科技大幅带动、引领转型升级的特点。

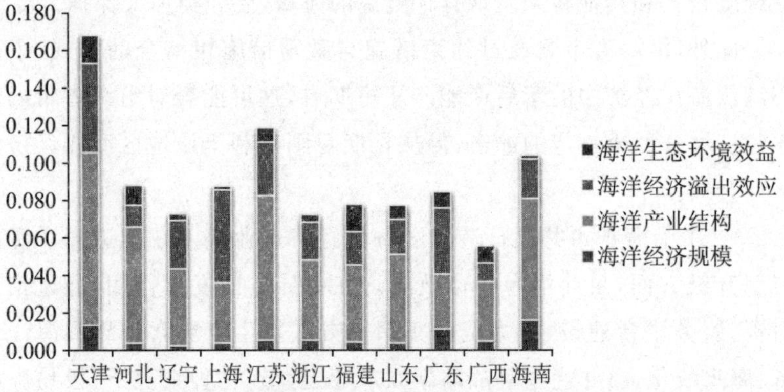

图 3-1 沿海省市海洋经济转型升级的分层结构

据相关报道的数据显示，2015 年，天津海洋经济示范区实施公共服务平台项目 7 项，完成投资 10.84 亿元，实现服务收入突破 1 亿元，服务企业数量达到 97 家，为国家海洋局、海军、中国海洋大学、中海油工程、中海油服等一大批部门和企业提供技术服务。2015 年，带动项目承担企业实现销售收入 100.13 亿元，实现企业增加值 101.45 亿元，全市海洋战略性新兴产业增加值突破 600 亿元，占全市海洋经济总量 11%。受此影响，该市海洋经济转型升级要快于其他沿海省市。图 3-1 中，这突出表现在该市海洋产业结构指标评价值要相对高于其他沿海省市。

五、推进中国沿海省市海洋经济转型升级的策略建议

中国海洋经济进入新常态，在增速回落的同时，在产业结构上也面临深入的调整与升级。在这一过程中，如图 3-1 所示，沿海省市均有各自不同的薄弱环节，因此面临的严峻性将持续存在。为此，提出以下策略建议：

（一）强化节约海洋资源的理念与实践，淘汰落后产能。海洋中既蕴藏油气、矿产等非可再生资源，又有海洋生物、海洋动力等可再生资源。对于前者的开发，不能只顾眼前利益；对于后者的开发，也不能超过其再生速度，尤其是渔业资源，要坚决打击过度捕捞；对于一些开发难度较大和其他暂未发现其他资源的海域，要分类加大保护力度。

此外，沿海省市要通过约束措施与激励措施相结合的方式，下决心淘汰海洋经济中的落后产能。从短期看，这可能会对沿海省市的海洋经济增长形成一定的冲击，但从长期看则有利于该地区海洋经济的转型升级。

（二）沿海省市共同打造跨区海洋经济产业链。在推进海洋经济转型升级方面，目前沿海省市政府均在引导方面发挥作用，通过招商引资、服务平台建设、人力资源集聚等方式把生产要素引导到海洋装备、海水淡化、海洋生物等战略新兴产业上。在这种情况下，极易出现海洋产业布局雷同与分散的问题。如何发挥本地区的优势，形成有地

区特色的产业，是沿海省市海洋经济转型升级需要解决的一个问题。

在这方面，沿海省市政府除了明确本地区海洋经济的定位外，还需要充分发挥市场在资源配置中的决定性作用，共同打造跨区海洋经济产业链，最终形成以海洋工业成套技术装备为核心，以基础部件为支撑，以海洋生产性服务为延伸的跨区布局。

（三）加强海洋经济与内陆经济的联动性，充分发挥海洋经济的溢出效应。海洋经济溢出效应是广西壮族自治区、河北等省、区、市的短板，需要予以改进。为此，地方政府要将发展内陆经济的资金、技术资源同海洋经济的特色优势结合起来，在信息沟通、道路等基础设施建设以及人力资源流动等方面加强合作，寻找新的地方经济增长动力。

第三节　沿海省市海洋经济政策效益比较研究

海洋经济政策则是指政府为了实现一定的经济和社会目标对海洋经济的发展进行诸如规划、引导、促进、调整、保护、扶持、限制等方面的干预手段和实践。20 世纪 90 年代以来，党中央国务院出台了《中国海洋 21 世纪议程》(1996)、《全国海洋经济发展规划纲要》(2003)、《国家海洋事业发展规划纲要》(2008)以及《全国海洋经济发展“十二五”规划》(2013)等海洋经济发展综合性政策规划。除此之外，国务院有关部门制定了相关的海洋经济发展专项性政策规划，山东、浙江、福建、海南等沿海省份也相继出台了各种地方版的政策规划。其主要目的都是为了搞好海洋资源开发、保护和合理利用，推动海洋经济和海洋事业的健康发展。

然而，海洋经济政策并不是以静态文件的形式存在，而是处在不断变动的过程中，其制定、实施、监控、评估、调整乃至终结等环节表现为一个系统的动态循环。其中，实施环节在整个政策过程中具有重要地位。美国学者埃里森认为，在达到政府目标的过程中，方案的功能只占 10%，而其余的 90%取决于有效的实施。因此，本节对沿海省市海洋经济政策效益的分析主要是对海洋经济政策的实施效果如何所进行的评价，这可为规范利益群体的行为取向，促进海洋经济的健康发展提供参考。

一、海洋经济政策效益评价体系的构建

当前，海洋经济政策的客体(即对谁实施政策)正趋于复杂，对其效益的考察不能只计算生产投入与产出，而不计资源损耗、环境污染。也就是说，海洋经济政策效益的评价需要同时考虑经济效益、社会效益和生态效益。

经济效益是指海洋资源综合利用效率得到提升，以尽量少的海洋资源耗费取得尽量多的生产成果，或者以同等的海洋资源耗费取得更多的生产成果。

社会效益是指海洋经济政策实施后给社会带来的收益，如海洋经济活动吸收社会人员就业，增加人均可支配收入等。它具有慢热性、非显性的特点，因此是一种间接的外部经济效益。

生态效益是指沿海滩涂、海岸带、海岛等脆弱的海洋生态系统得到保护与恢复，海洋环境质量不断改善，为滨海旅游的发展奠定了良好的生态环境基础。

本节从上述三个方面构建海洋经济政策效益的评价指标体系。

(一) 评价指标体系的构建

评价指标体系的构建应符合以下原则：1. 易获性。选取的评价指标应具有易获得性和可查询性，无法把握和获取的指标不宜列入评价指标体系；2. 可比性。选取的评价指标应具有横向的可比性，有利于客观显示沿海省市海洋经济政策的实施程度；3. 相互独立性。选取的各个评价指标具有相互独立性，使整个体系比较简明，可避免重复计算。4. 简单实用性。评价指标不宜过多，注重实用性，只要能客观反映海洋经济政策效益即可。

在借鉴相关研究的基础上，根据以上原则和沿海省市海洋经济发展的实际情况，构建海洋经济政策效益的评价指标体系，具体见表

3-12 所示。一级指标为海洋经济政策效益。二级指标主要从经济效益、社会效益和生态效益三个方面进行评价。

表 3-12　海洋经济政策效益评价的指标体系

一级指标	二级指标	三级指标	单位
海洋经济政策效益	经济效益 B_1	海洋生产总值占地区生产总值比重 C_1	%
		海洋科研教育管理服务业增加值占海洋生产总值的比重 C_2	%
		单位 GDP 能耗 C_3	吨标准煤/万元
	社会效益 B_2	城镇单位就业人数增长率 C_4	%
		城镇家庭人均可支配收入 C_5	元
	生态效益 B_3	近海海域一、二类水质状况 C_6	%
		湿地面积占国土面积的比重 C_7	%

(二) 基于多层次灰色关联分析法的评价

影响海洋经济政策效益的因素众多而且复杂，人们在评价时，只能选取有限的主要指标来进行分析。所选取的评价指标的数据，有些是已知的，可以从现有的统计资料中获得，有些指标的数据却是未知的，无法从现有的统计资料中获得。因此，对海洋经济政策效益的评价具有信息不完全，或者“灰色”的特征。鉴于此，运用多层次灰色关联分析法来评价是适宜的。其基本思路是：以沿海各省、区、市海洋经济政策效益最理想的各指标值作为参考数列 X_0 的各元素 x_{ok}，被评价省市海洋经济政策效益的各指标值作为比较数列 X_i 的各元素 x_{ik}，求关联度 r_i。关联度越大，说明被评价省市海洋经济政策效益越好；反之，则海洋经济政策效益越不好。因此，关联度的大小顺序，就是被评价省市海洋经济政策效益的次序。其评价步骤如下：

1. 确定指标数据列

设有 m 个被评价的沿海省市，选取 n 个指标作为海洋经济政策效益的评价指标，则有 m 个数据列 $x_i=\{x_i(1),x_i(2),\cdots,x_i(n)\}$，

$i=1,2,\cdots,m$。其中,$x_i(j)$为第 i 个沿海省市的第 j 项指标的值。

2. 指标数据规范化处理

通常为便于参考数列的选取以及关联度的计算,需要对数据列进行规范化处理,以把原始数据化为无量纲、同级、正向可加的数据。设 d_{ij} 为原始数据,u_{ij} 为规范化后的数据,M_j 和 m_j 分别为第 j 项指标的最大值和最小值。于是,对正向指标进行规范的公式为:$u_{ij}=d_{ij}-m_j/M_j-m_j$;对负向指标进行规范的公式为:$u_{ij}=M_j-d_{ij}/M_j-m_j$。在表 3-12 中,单位 GDP 能耗为负向指标,其余均为正向指标。

3. 构造最优参考数据列

设规范化后的指标数据列为:

$$\begin{aligned} x'_1 &= \{x'_1(1), x'_1(2), \cdots, x'_1(n)\} \\ x'_2 &= \{x'_2(1), x'_2(2), \cdots, x'_2(n)\} \\ &\vdots \qquad\qquad \vdots \\ x'_m &= \{x'_m(1), x'_m(2), \cdots, x'_m(n)\} \end{aligned} \tag{3-6}$$

根据以上指标数列构造出最优参考数据列。最优参考数据列由各项指标在以上数据列中最优秀的值所构成,记为 x_0。

$$x_0=\{x_0(1),x_0(2),\cdots,x_0(n)\} \tag{3-7}$$

其中,$x_0(j)=\max\{x'_1(j),x'_2(j),\cdots,x'_m(j)\}$,$(j=1,2,\cdots,n)$。

4. 计算关联系数

把规范化后的数列 $x_0=\{x_0(1),x_0(2),\cdots,x_0(n)\}$作为参考数列,$x_i=\{x_i(1),x_i(2),\cdots,x_i(n)\}(i=1,2,\cdots,m)$作为比较数列,关联系数的计算公式为:

$$\xi_i(k)=\frac{\min\limits_i \min\limits_k |x_0(k)-x_i(k)|+\rho \max\limits_i \max\limits_k |x_0(k)-x_i(k)|}{|x_0(k)-x_i(k)|+\rho \max\limits_i \max\limits_k |x_0(k)-x_i(k)|} \tag{3-8}$$

上式中 ρ 是分辨系数,在(0,1)内取值,ρ 越小,关联系数间的差异越大,区分能力越强,本书对 ρ 取 0.5。利用上式计算关联系数 $\xi_i(k)$,

它表示第 i 个被评价省市第 k 个指标与第 k 个最佳指标的关联系数。在此基础上，进一步得到关联系数矩阵：$E=[\xi_i(k)]_{m\times n}$。

5. 计算单层次的关联度

考虑到各指标的重要程度不一样，所以关联度计算方法采取权重乘以关联系数。根据专家法得到某一层的各指标相对于上层目标的优先权重为：

$$W=(w_1,w_2,\cdots,w_n) \tag{3-9}$$

式中，$\sum_{k=1}^{t} w_k=1$，t 表示该层中的指标个数。于是关联度的计算公式为：

$$R=(r_i)_{1\times m}=(r_1,r_2,\cdots,r_m)=WE^T \tag{3-10}$$

6. 计算多层评价系统的最终关联度

将第 k 层各指标的关联系数进行合成，分别得它们所属的上一层各指标的关联度，然后将此作为原始数据，继续合成上一层的关联度，依此类推，直到求出最高层指标的关联度。

7. 关联度排序

对所得的各个关联度进行排序，即可以比较被评价的沿海省市海洋经济政策的效益。

二、评价过程及结果讨论

(一) 收集、处理原始数据

由于灰色关联分析不受数据个数的影响，无须刻意追求大样本，而且对数据的典型分布也无严格要求。因此，本研究根据上述评价指标的构建原则和表 3-12 的具体指标，选用 2012 年中国海洋统计年鉴中山东、浙江、上海、天津、广东、辽宁、河北、江苏、海南、福建等省市以及广西壮族自治区的 2011 年相关数据，如表 3-13 所示。2011 年是开启“十二五”的第一年，对该年沿海 11 省市海洋经济政策效益进行评价，可以作为此后“十二五”期间海洋经济政策效益比较的基准。

表 3-13 沿海 11 省市海洋经济政策效益的指标值

省市	C_1	C_2	C_3	C_4	C_5	C_6	C_7
辽宁	15.10%	12.20%	1.096	11.87%	20 466.84	46.40%	8.37%
天津	31.10%	4.90%	0.708	30.38%	26 920.86	20.00%	14.95%
河北	5.90%	5.40%	1.3	6.89%	18 292.23	87.50%	5.82%
山东	17.70%	15.20%	0.855	9.85%	22 791.84	92.70%	11.72%
江苏	8.70%	13.90%	0.6	6.22%	26 340.73	81.20%	16.32%
上海	29.30%	20.80%	0.618	26.65%	36 230.48	30.00%	53.68%
浙江	14.00%	16.30%	0.59	12.69%	30 970.68	20.00%	7.88%
福建	24.40%	14.70%	0.644	17.59%	24 907.4	62.90%	3.65%
海南	25.90%	22.30%	0.692	4.67%	18 368.95	100%	9.13%
广东	17.30%	25.40%	0.563	10.70%	26 897.48	65.40%	7.86%
广西壮族自治区	5.20%	11.10%	0.8	7.86%	18 854.06	81.90%	2.76%

资料来源：根据 2012 年中国海洋统计年鉴和 2011 年中国近岸海域环境质量公报的数据整理。

对表 3-13 的数据进行规范化处理后的数列，如表 3-14 所示。如上所述，最优参考数列是由各项指标在数据列中最优值构成。因此，由表 3-14 中的数据可知，各项指标在数据列中最优值均为 1。因此，$x_0=(1,\cdots,1)'$。

表 3-14 灰色关联分析规范化处理后的数据

	C_1	C_2	C_3	C_4	C_5	C_6	C_7
辽宁	0.382	0.356	0.277	0.280	0.121	0.330	0.110
天津	1.000	0.000	0.803	1.000	0.481	0.000	0.239
河北	0.027	0.024	0.000	0.086	0.000	0.844	0.060
山东	0.483	0.502	0.604	0.201	0.251	0.909	0.176
江苏	0.135	0.439	0.950	0.060	0.449	0.765	0.266
上海	0.931	0.776	0.925	0.855	1.000	0.125	1.000

续表

	C_1	C_2	C_3	C_4	C_5	C_6	C_7
浙江	0.340	0.556	0.963	0.312	0.707	0.000	0.101
福建	0.741	0.478	0.890	0.502	0.369	0.536	0.017
海南	0.799	0.849	0.825	0.000	0.004	1.000	0.125
广东	0.467	1.000	1.000	0.234	0.480	0.568	0.100
广西壮族自治区	0.000	0.302	0.678	0.124	0.031	0.774	0.000

(二) 计算过程及结果讨论

在表 3-14 的基础上计算各指标与参考数列中各元素的关联系数。与此同时,利用专家调查法得到二级指标相对于一级指标的权重相同,即都为 1/3;三级指标相对于二级指标的权重为:

$$W_{B_1C}=(0.2,0.40,0.40)$$

$$W_{B_2C}=(0.38,0.62)$$

$$W_{B_3C}=(0.3,0.7)$$

在此基础上,计算单层次的关联度和多层灰色关联分析的最终关联度,具体见表 3-15 所示。

表 3-15 单层次的关联度和最终关联度及排序

	单层次的关联度						最终关联度	
	经济效益	排序	社会效益	排序	生态效益	排序		排序
辽宁	0.428	10	0.381	8	0.380	9	0.396	10
天津	0.620	7	0.684	2	0.378	10	0.561	3
河北	0.337	11	0.341	10	0.472	5	0.383	11
山东	0.522	8	0.394	7	0.518	3	0.478	8
江苏	0.625	6	0.427	6	0.488	4	0.513	6
上海	0.800	2	0.914	1	0.809	1	0.841	1

续表

	单层次的关联度						最终关联度	
	经济效益	排序	社会效益	排序	生态效益	排序		排序
浙江	0.671	4	0.551	3	0.350	11	0.524	5
福建	0.655	5	0.464	4	0.392	8	0.504	7
海南	0.746	3	0.334	11	0.555	2	0.545	4
广东	0.897	1	0.454	5	0.411	7	0.587	2
广西壮族自治区	0.477	9	0.349	9	0.440	6	0.422	9

从表 3-15 的排序可以看出，在经济效益方面，广东、上海和海南位于前三位；在社会效益方面，上海、天津和浙江位于前三位；在生态效益方面，上海、海南和山东位于前三位。从最终关联度来看，上海、广东和天津位于前三位。由此可见，2011 年，上海的海洋经济政策在沿海 11 个省市中取得相对较好的效益。但是分层次而言，沿海许多省市的海洋经济政策是有所偏向的。例如，浙江在社会效益方面的表现要好于在经济效益和生态效益方面的表现。因此，如何最大限度地平衡三大效益是“十二五”期间沿海许多省市海洋经济政策在执行中面临的问题。

三、总结与相关建议

基于上述多层次灰色关联分析法的评价可知，2011 年，上海海洋经济政策效益在沿海 11 省市中表现得相对较好，但许多沿海省市的海洋经济政策在经济效益、社会效益和生态效益方面表现得并不平衡。实际上，三大效益是平衡存在的关系，不存在哪个效益更重要的关系。海洋经济的发展根本上是从海洋中获取资源，没有很好的生态效益，海洋资源就无法保障充足的供给，海洋经济也就无法可持续发展。同样，社会效益不好，海洋经济也会缺乏发展的动力。显然，“十二五”期间，问题的关键还在于海洋经济政策的完善以及能否被有效实施。

(一)完善海洋经济政策的宣传机制、信息反馈机制和监管机制,提高海洋经济政策的综合调控能力

了解政策是有效实施政策的前提,海洋经济政策制定后一项重要的工作就是进入政策文本的宣传阶段。通过宣传,使每一个涉海企业和经营者,及时掌握政策信息,熟悉政策要求,理解政策意义。信息反馈机制对海洋经济政策的有效实施也具有重要影响。由于海洋经济的核算体系还在完善之中,多头管理、分类杂乱、统计口径不一均会增加信息获得的困难。因此,建立信息反馈机制,确保信息畅通,在海洋经济政策的实施过程中尤为迫切。提高对海洋经济政策执行的监督能力,以便能及时制止涉海企业违背政策的行为,及时修正完善政策的不足,最后达到政策预期目标。

(二)完善海洋经济政策主体的纵向/横向交流与协调机制

党中央国务院出台海洋经济政策是以实现海洋资源在全国范围内的优化配置为根本目标。沿海省市政府还需要依据国家政策的总体要求,结合本地区实际,对海洋经济政策进行“再制定”。各个省市都是海洋经济政策的主体,都有自己特殊的利益,因此存在着互相竞争的关系,有时甚至与中央精神背道而驰。因此,完善海洋经济政策主体纵向/横向交流与协调机制十分重要。

在当前海洋经济发展过程中重复投资、重复建设、海洋产业结构雷同、低构化现象时有发生的情况下,完善海洋经济政策主体纵向/横向交流与协调机制的关键,还是在于能否与其他沿海省市以及与中央之间形成合理的利益协调、利益分享机制。例如,有的地区可考虑在巩固优势海洋产业的前提下,寻求与其他邻近省市进行合作,探索市场和海洋产业联盟的路径,构建完整和有竞争力的海洋产业链。

(三)完善多渠道生产要素投入的政策体系

海洋经济的快速发展,包括污染源治理,污水和固体废弃物处理设施的建设等,都离不开人、财、物等生产要素的投入。为此,有必要建立以政府投入为引导,多元化、多渠道、高效益的生产要素投入政策体系。一是充分做好“引资”“引技”“引人”三个角度的制度创新;二是引导、鼓励民间资本投入海洋经济。近年来，由于多种原因，民间资本多集中于房地产、证券等领域，它们需要通过一个有效渠道，投入到海洋开发中去；三是建立和完善人才激励机制，与此同时通过海洋重点实验室、重点学科和海洋技术平台的建设以及重大科技攻关项目的带动，加速引进和培养一批优秀学科带头人和复合型海洋科技人才。

第四节 “一带一路”倡议、中国自贸试验区建设与福建省海洋经济的发展

我国于 2013 年正式提出“推进丝绸之路经济带、海上丝绸之路建设，形成全方位开放新格局”，即“一带一路”倡议。它不仅可以加强亚洲、欧洲和非洲的联系，更有利于建立法制、透明、包容的多边贸易体系。2015 年，我国政府发布《推动共建丝绸之路经济带和 21 世纪海上丝绸之路的愿景与行动》，提出以政策沟通、设施联通、贸易畅通、资金融通、民心相通为主要内容，坚持共商、共建、共享原则。经过五年发展，“一带一路”倡议已经成为越来越多国家的共识。沿线国家和地区的合作步伐和相互开放正在不断加快。

在“一带一路”倡议的大背景下，中国自由贸易试验区的建设成为联系国内、国外两个市场的重要纽带，成为新一轮经济发展、落实对外开放政策的重要平台。福建省应当积极抓住“一带一路”倡议和中国自由贸易试验区建设的机遇，发展海洋经济。

一、“一带一路”倡议、中国自由贸易试验区的建设与福建省海洋经济

（一）中国积极开展自贸试验区建设对接“一带一路”

“一带一路”倡议已经成为中国积极促进经济全球化的新方案。已经有 100 多个国家和国际组织参与其中，中国同 30 多个沿线国家签署了共建“一带一路”合作协议、同 20 多个国家开展国际产能合作，中国主导或参与成立了亚投行、丝路基金、“16＋1”金融控股公司等金融机构，为各国的互联互通提供保障。其中，亚投行的使命不仅仅在于助力地区性的多边基础设施投资，它更是一个以人民币为主要货币

的全球发行中心，是全球金融格局调整的谋势之举。

与此同时，中国积极开展自由贸易试验区建设。2013 年 9 月，上海自贸试验区正式挂牌成立。随后，逐步扩大到广东、天津、福建、辽宁、浙江、河南、湖北、重庆、四川、陕西、海南等地，形成了覆盖东西南北中 12 个省市的改革开放创新新格局。为了和“一带一路”倡议相对接，一些自贸试验区发挥各自区位优势，各展所长。如：

1. 上海自贸试验区。2013 年国务院颁布《中国(上海)自由贸易试验区》，明确自贸试验区投资制度改革应以准入前国民待遇和负面清单管理的外商投资准入制度、商事登记备案制度、事中事后监督制度等为改革创新点。2017 年 3 月 31 日，国务院公布《全面深化中国(上海)自由贸易试验区改革开放方案》，这是继 2013 年的总体方案和 2015 年的深化方案之后，上海自贸区设立以来国家出台的第三个改革方案。其突破口就是和“一带一路”倡议相对接，为“一带一路”、亚投行的投融资需求提供支持。

2. 广东自贸试验区。2015 年 4 月，中国(广州)自由贸易试验区正式获批挂牌运营。广东自贸试验区与伊朗、马来西亚、印尼等国家自贸园区开展合作。

3. 福建自贸试验区。该自贸试验区深化两岸经济合作，推进金融、增值电信、医疗、旅游、人力资源等 50 多个领域率先对我国台湾地区开放。

此外，通过拓展中欧(厦门)班列与海铁联运，厦门港成为海丝与陆丝关键连接的物流枢纽。此外，通过不断加强与海丝沿线国家的旅游合作，厦门邮轮产业已成为与东盟国家共建 21 世纪海上丝绸之路的重要着力点。

4. 重庆自贸试验区。该自贸试验区积极发挥“一带一路”和长江经济带的连接点作用，高标准、高水平、创新性建设中欧班列(重庆)，主要货源地已从西南地区延伸至上海、江苏等东部沿海地区，有利推动西部地区更好地融入“一带一路”建设。①

---

① 宫超.自贸区激发五大改革红利[J].瞭望新闻周刊，2018(51).

(二) 在“一带一路”倡议和自贸试验区建设背景下福建发展海洋经济存在重要机遇

首先,福建作为海上丝绸之路的重要起点,具有独特条件和综合优势,在“一带一路”倡议中“五通”俱全。福建省政府发展研究中心副主任黄端认为,从现实看,福建是极少数具备“五通”的省份。①

1. 在政策沟通上,福建与东盟等“海丝”沿线国家和地区合作具有历史、区位优势。近年来,在国家“一带一路”倡议引领下,福建水产行业大踏步走出国门,境外水产养殖发展规模居于全国首位。福建省水产企业在印尼、缅甸等东盟国家开展海水产养殖,规模日益扩大。

2. 在设施联通上,福建在海洋地理上具有东西交汇、南北贯通等独特的区位优势,具有成为“海丝”互联互通枢纽的条件。

3. 在贸易畅通上,福建与海丝沿线很多国家的产业互补性强,经贸合作的基础条件较好。这几年,福建以基础设施建设及工程机械、电子信息、建筑建材、轻纺等产业为重点,推动福建优势产能和生产环节梯度转移。

4. 在资金融通上,华侨、华人群体与福建的资金往来密切。总部设在福州的“中国—东盟海产品交易所”在创建不到两年时间里,已发展渔业企业会员 125 家,设立了全国授权服务机构 135 家,发展交易商 1 033 家,实现线上总交易量近 3.7 亿批次,交易总额达到 2 409.7 亿元。

随着下一步中国—东盟海产品期货市场的建立,福建可成为中国与“海丝”国家和地区实现资金融通的前沿平台。

5. 在民心相通上,闽籍海外华侨华人绝大多数分布在“海丝”沿线国家和地区,为促进世界各国与福建交流合作架起了桥梁。

其次,港口服务“一带一路”倡议的通道效应存在持续扩大的空间。按照打造 21 世纪海上丝绸之路核心区建设决策部署,福建将互

---

① 黄端.福建全面融入“一带一路”推进“海丝”核心区建设[N].中国经济时报,2017-05-10.

联互通作为“一带一路”倡议的先导性、基础性工程，大力实施港航集约提升工程，加快集约化、专业化、规模化港口群为重点的海上通道建设，提升港口服务“一带一路”建设能力。

五年来，福建港口基础设施建设年均投资超 100 亿元，建成一批能适应当前航运发展的专业化、现代化大型泊位和深水航道。至 2018 年上半年，全省沿海港口共有生产性泊位 505 个，其中万吨级泊位 174 个，10 万吨级及以上泊位 30 个，配套建设了 8 条 10 万至 30 万吨级深水航道，货物实际通过能力近 7 亿吨，其中集装箱实际通过能力超 1 800 万标箱。[①]

目前，福建省开通集装箱外贸航线 130 条，与世界上 14 个重点港口建立了友好港口关系。加之，一批疏港铁路、高速公路的建成，有效提升了福建省港口的集疏运能力。2018 年上半年，全省港口货物吞吐量 2.7 亿吨，同比增长 8.2%，其中集装箱 798.8 万标箱，同比增长 8.7%。[②]

第三，福建省海洋经济已具有较好的发展基础。统计显示，“十二五”期间福建省海洋生产总值年均增长达 13.7%，海洋产业结构持续优化，海洋渔业、海洋交通运输业、滨海旅游业、海洋建筑业、海洋船舶修造业等传统产业已占福建省海洋经济主要产业总量 70%以上，海洋生物医药、海洋工程装备、邮轮游艇等海洋新兴阵容日益壮大，已初步形成环三都澳、闽江口、湄洲湾等六大海洋经济密集区。[③]

2015 年，福建省实现海洋生产总值 7 000 亿元，水产品产量已连续两年超过本省粮食作物产量，海洋经济产值占福建省 GDP 总量四分之一强。海域面积、远洋渔业综合实力、水产品出口、境外水产养殖规模均居全国首位，海洋经济成为福建省名副其实的支柱产业。[④]

---

① 福建日报讯.福建港口服务“一带一路”能力不断提升[N].福建日报，2018-10-13(1).

② 同上.

③ 石伟.福建省深耕细作海上粮仓 多面发展海洋产业[N].经济日报，2016-7-21.

④ 同上.

根据《“十三五”海洋经济发展专项规划》，到 2020 年，福建省海洋生产总值将突破万亿元，年均增长达到 10%。海洋经济综合实力和竞争力居全国前列，海洋经济空间布局和产业结构显著优化，海洋综合管理改革全国领先，全面建成海洋经济强省。

二、福建省发展海洋经济存在的问题

(一) 临海产业产能过剩

受中美贸易冲突和中国经济转型的影响，中国近年来一直长期面临着产能过剩的问题，在钢铁、水泥等重工业领域，产能过剩问题尤为突出。

在海洋经济领域，福建的船舶制造业产能过剩也较为明显。特别是 2012 年由于全球金融危机使得海运贸易增速放缓，福建船企中，一些企业的生产平台转为砂石堆料场、一些企业无船可造转为修补渔船，还有企业已成为“僵尸企业”。整个行业都面临着交船难、盈利难、融资难和转型难的问题。

在海洋风电、海洋装备制造、海洋生物医药等领域，由于部分地区规划趋同、重复布局，也出现了结构性产能过剩，即低端产品供应过剩的同时，高端产品供给不足。福建省海洋经济面临着与其他东部沿海地区相同的产能过剩问题。

(二) 产业布局雷同和分散

产业布局的雷同主要体现在省市内产业布局的雷同和与邻近省份产业布局的雷同两个方面，比如培育海洋药物和生物制品业既是福建沿海地区规划的内容，又是邻近的浙江和广东等省份规划重点发展的产业。

在这种情况下，福建省发展海洋经济既面临山东省、海南省、上海市等兄弟省市的竞争，也面临东盟等国家和地区海洋产业的竞争。如何发挥自己的优势，形成有省市特色的产业，就是发展海洋经济需要解决的一个问题。而在内部产业布局的雷同和产业布局的分散是联系在一起的，一个产业在省内多地均有分布，在这种情况下省内的优势资源难以形成聚集效应，尤其是对科技水平要求比较高的新兴产业，容易造成基础差、规模小等问题，不利于这些产业的长期持续发展。

（三）海洋生态环境保护方面仍然存在较大的压力

发展海洋经济，离不开良好的海洋生态系统。根据福建省海洋与渔业厅公布的《2017 年福建省海洋环境质量公报》显示，2017 年，近岸海域海水质量总体优良，优质水质的海域面积占 88.9%，第一、二、三、四和劣四类水质的面积比例分别为 68.2%、20.7%、3.6%、3.3%和 4.2%。沉淀物质量状况总体良好，95.3%的站位海洋沉积物综合质量处于良好等级。海洋保护区、主要海水增养殖区、海水浴场环境状况总体良好。海洋贝类生物质量总体一般。海洋生物群落结构基本稳定。全年共发现赤潮 7 次，次数较上年有所减少。

2017 年，全省 11 条主要江河入海污染物总量 166 万吨，同比增加 11.4%；全省 16 个主要陆源入海排污口，监测期间均达标排放的排污口有 6 个，均超标排放的排污口有 4 个。超标次数较高的污染物依次为总磷、悬浮物和化学需氧量。由于福建海域面积大、海岸线长等特点，如何在海洋深度开发的同时保护和改善海洋环境仍是福建省发展海洋经济面临的迫切问题。

（四）福建省海洋科技创新有待提升

“一带一路”倡议下，福建省海洋经济走出去面临兄弟省份与国外的双重竞争，福建省要加强科技创新，才能提升海洋经济竞争。当前福建省海洋科技研发与创新能力有待提高。根据福建省海洋“十三五”规划，福建省海水养殖生物遗传育种的核心技术、海洋可再生能源利用和海水综合利用等高新技术，海洋生态修复、海洋微生物处理污水、海上核设施泄漏预防与监测等技术开发应用需要攻关。这些技术难题制约着福建省海洋产业优化升级，不利于海洋生态保护和修复，制约着海洋经济可持续发展。科技实力的制约，福建省需要花费更多的资金从国内外引进先进技术，引进海洋养殖良种等。这增加海洋产业开发成本，降低海洋产业的国内外竞争力。另外，随着云计算、大数据、物联网的快速发展，蓝海经济需要借助云计算、大数据、物联网加强互通互联，建立智慧海洋体系，共享海洋资源，创造新的价值。同时，通过智慧海洋体系加强海洋监控，防止对海洋资源的破坏。

（五）海洋金融创新有待加强

福建省海洋经济面临“三期叠加”的挑战，“一带一路”倡议和自贸试验区建设中海洋经济的资源开发利用和市场竞争更加激烈，海洋争端加剧，给福建参与远洋渔业和深海资源开发利用带来严峻挑战。这就要求福建省为海洋经济发展提供足够的资金，支持海洋经济产业结构优化升级、发展战略性新兴海洋产业，化解过剩产能、扩大海洋经济规模、完善海洋经济基础设施建设。

近些年来，福建省财政部门安排专项资金作为现代海洋产业中小企业助保金贷款政府风险补偿资金，人民银行福建分行以及商业银行提供助保金贷款。这些措施在一定程度解决了海洋企业的资金需求。福建省虽然成立“海上银行”、海洋产业金融部等海洋金融服务部门，解决海洋经济的资金掣肘。然而福建省海洋产业与企业仍然存在资金短缺，融资不顺畅、抗灾保险不健全等问题。作为沿海省份，福建省经常是台风登陆地点，容易给海洋养殖带来巨大破坏。海洋产业保险不健全容易给海洋养殖户带来巨大的灾难风险。部分海洋产业及中小企业融资依然存在融资渠道窄，融资时间长、融资成本高等问题，制约产业规模扩大。

三、在“一带一路”倡议和福建省自贸试验区建设中完善福建发展海洋经济的路径

在“一带一路”倡议和福建自贸试验区建设中，福建省海洋渔业、海洋旅游业、海洋建筑工程、海洋交通运输业、海洋船舶、海洋生物科技、海洋文化创意产业、涉海金融服务业等支柱和新兴产业充分利用海洋资源优势能大有作为。福建省要妥善解决海洋经济的发展短板，增强海洋经济的国际竞争力。

（一）加大人才培养与研发投资力度，为海洋经济转型提供后发优势

“一带一路”倡议和自贸试验区建设背景下，福建省发展海洋经济离不开人才和科技的支撑。福建省位于中国东南部沿海地区，北接长江三角洲，南接珠江三角洲，相邻的浙江省、广东省也都是海洋经济大省，且对于人才的吸引力比较强，福建省容易形成人才缺失的情况。

要形成独特的人才优势，首先要先从内部挖掘，要加大海洋产业相关专业院校的教学经费投入，提高教学水平，吸引更多优质生源；要完善配套的就业政策和落户政策，使培养的人才能够顺利留在福建贡献力量；要加强海洋人才的职业培训，不断适应海洋新产业的发展，提升职业竞争力；要以社会需求为导向，将剩余劳动力就业与发展合适的海洋产业、海洋人才培养结合起来，缓解就业结构性矛盾。其次，还要加强人才引进，一方面是吸引海峡东岸的人才，另一方面是吸引邻近省份的高端海洋人才，在收入、住房、研究环境、子女教育、生活服务等方面给予一定的扶持政策。

此外，还要加大科研投资，充分发挥辖区内大专院校和研究机构的作用，在前沿科学研究、技术推广应用、管理机制体制方面不断创新，设立海洋经济创新基金，扶持研究项目，奖励重要成果。由政府牵线搭桥，鼓励科研机构与大型企业牵强联合，缩短科研成果向实际生产的转换周期。

（二）加强海洋科技创新，促进海洋产业结构优化升级

“一带一路”倡议下，福建省发展海洋经济，需要加强海洋科技创新，以实现海洋产业结构优化升级。福建省加强海洋科技创新，要将自主创新与集成创新有机结合。福建省要加大海洋科技研发投入，集中一批海洋科技专家开展海洋科技攻坚，实现海水养殖生物遗传育种的核心技术、海洋可再生能源利用和海水综合利用、海洋生态修复等高尖技术突破。为突破的技术和人才提供高额奖励以激发科研人员的积极性和主动性。福建省要深化海洋科技产学研合作，加快海洋科技成果转化。为吸引高科技海洋科技人才，福建省可出台一系列优惠

政策吸引相关人才前来,实施优越政策如高薪、升迁、红利、带薪休假、高额配股等方式进行人才引进。同时,福建省可以通过“一带一路”倡议合作开展海洋科技合作。可以采取合资入股的方式,与国外先进海洋科技公司或者新兴海洋科技公司合作,共同开发海洋资源。如深海油气资源的合作开发。还可以采取并购的方式,并购先进技术,弥补自身技术的不足。同时,福建省要顺应智能时代的发展,以云计算、大数据、物联网等技术构建智慧海洋,加强海洋监测和数据挖掘,实现海洋资源共享共建共用,防止海洋生态破坏与污染,做大海洋产业规模。

(三) 加强海洋生态保护,推动海洋经济可持续发展

福建省依托丰富的海洋资源,面向东盟与世界发展海洋经济,能够带来巨大的商机。为推动海洋经济可持续发展,福建省应当加强海洋生态的保护,维护好海洋生态的平衡,加强海洋资源的可再生研究,实现资源的可持续重复利用,坚持开发与保护并重。具体而言:首先,福建省要加强执法,严肃查处海洋环境污染和生态破坏的行为。如向海洋倾倒垃圾的污染行为进行打击。对非法采砂、非法不当围海行为进行查处,要求恢复海洋湿地。要加强海洋执法创新,完善综合执法,提升执法效率。尤其要强化智慧海洋监测体系的应用,加强海洋监测,及时发现海洋生态破坏和污染行为。要加强核心技术突破,通过技术修复海洋生态,修复海洋核污染、石油污染等以及利用微生物处理海水污染等。其次,要做好海洋经济发展规划,确保海洋经济建设符合环境容量预期,对于违规超环境容量养殖业要及时制止。

(四) 完善海洋金融创新,解决海洋经济资金难题

“一带一路”倡议下,福建省海洋经济面临着兄弟省份,与“一带一路”倡议沿线国家的双重竞争。福建省要能够充分利用海洋资源的优势,提升海洋经济竞争力。而海洋经济面临着投资长、资金需求大等特征,需要持续加大资金投入。如远洋运输业、海洋港口建设、高端邮轮旅游业等。福建省要结合海洋产业特征,针对性地进行海洋金融创新,确保海洋产业及时得到建设资金。如福建省海洋养殖业可以通过海域使用权抵押获取融资。福建省港口产业可以通过港口设施、在建交通设施抵押获取融资。同时应当发展海洋经济保险、融资租赁服务等。福建省要多方筹措资金，建立海洋产业中小企业发展基金，解决该类企业的融资困境。在“一带一路”倡议下，中国深化改革、扩大开放，放宽外资限制比例，福建省海洋经济可以吸收低成本外资，参与海洋基础设施建设。福建省与东盟等海洋国家还可以合资成立公司参与深海油气资源开发、海洋水产养殖以及远洋渔业等。

总之，福建省作为海洋资源大省，要通过“一带一路”倡议和自贸试验区建设的机会，抓住发展机遇，利用海洋资源优势，充分统筹陆海经济，协调好第一、第二、第三产业。利用海洋经济优化福建省产业结构，挖掘新的经济增长点，实现经济增长方式的根本转变。福建省要统筹海洋经济发展规划和政策，加强涉外海洋人才培养，为海洋经济发展提供源源不断的人才储备，最终推动海洋经济纵深发展，在新时代做大做强，成为福建省重要的经济名片。

第五节　福建发展海洋服务业的瓶颈与对策

在陆地资源紧张、发展空间日益饱和的背景下，福建发展海洋经济的重要性也日益提高。2012 年 3 月，国务院在批复实施的《海峡西岸经济区发展规划》中明确提出：“支持福建开展全国海洋经济发展试点……努力建设海峡蓝色经济试验区。”同年 9 月，国务院批准《福建海峡蓝色经济试验区发展规划》，福建正式成为继鲁粤浙之后，第 4 个跨入全国海洋经济试点的省份。与此同时，《福建省现代海洋服务业发展规划》（以下简称《规划》）也正式出台，加快推进海峡蓝色经济试验区与海洋经济强省建设。

按照规划的计划时间表，到 2020 年，福建将全面建成海洋经济强省，现代海洋产业体系形成，海洋科技创新能力和教育水平居全国前列。全省海洋现代服务业增加值达 6 500 亿元，占海洋生产总值的比重提高到 45%。由此可见，要加快海洋经济强省建设，海洋服务业的发展在其中占据了极为重要的位置。

在现有关于海洋服务业的研究中，主要涉及海洋服务业的内涵、与海洋产业的关系以及影响海洋服务业发展的因素等方面。其中，在内涵方面，韩立民、陈明宝指出，海洋服务业是指生产或提供各种服务的海洋领域经济部门及各类涉海企事业的集合，包括海洋交通运输业、海洋旅游业、海洋科研教育管理服务业。① 比较而言，《规划》中提及的现代海洋服务业具有更宽泛的外延，主要包括现代港口物流业、滨海旅游业、海洋综合技术服务业、海洋管理咨询业、涉海金融保险业等。

在与海洋产业的关系方面，现有研究多从生产性服务业与制造业的关系以及海洋产业结构演变的角度展开分析。如王玲玲基于分工、价值链、共生以及竞争力等视角，论述了海洋产业与生产性服务业互动发展的机理。② 曹忠祥等在解释省市海洋经济的结构性特点和产业结构的演进规律时指出，高级化阶段即是海洋经济的“服务化”阶段，具有从第一产业为主到第二产业为主，再由第二产业到第三产业为主的动态演变过程。③

在影响海洋服务业发展的因素方面，现有研究总体不多。如韩立民等采用灰色系统关联理论研究了中国海洋服务业经济内部的优势产业。④ 俞立平研究认为，影响海洋服务业发展的主要因素有地区教育水平、经济发展水平、金融水平等。⑤ 本节在参考上述研究的基础

① 韩立民，陈明宝.海洋服务业：海洋经济新的增长点[J].海洋世界，2010(6).

② 王玲玲.浙江省海洋产业与生产性服务业互动发展研究[D].杭州：浙江理工大学，2012.

③ 曹忠祥，任东明，王文瑞，等.区域海洋经济发展的结构性演进特征分析[J].人文地理，2005(6).

④ 韩立民，李厥桐，陈明宝.中国海洋服务业关联度分析及对策建议[J].中国海洋大学学报(社会科学版)，2010(1).

⑤ 俞立平.中国海洋服务业的结构、地区差距及影响因素研究[J].宁波大学学报(人文科学版)，2013(1).

上，从纵向和横向两个方面研究福建海洋服务业发展的现状，清晰地揭示了福建发展海洋服务业过程中遇到的瓶颈，并提出针对性的建议及意见。

一、研究思路与方法

（一）研究思路

研究首先从两个方面展开，一是采用灰色系统关联理论，分别以福建海洋第二、三产业生产总值与海洋服务业内部的海洋科研教育管理服务业、港口物流业、海洋旅游业作为参考序列进行灰色关联度分析；二是采用数据包络分析法，纵向比较福建与其他地区在发展海洋服务业方面所存在的差距。然后，在上述基础上进行综合分析，揭示福建在发展海洋服务业过程中所遇到的瓶颈。

（二）研究方法

1. 灰色关联分析

灰色关联分析法对样本量的大小没有特殊的要求，在进行关联分析时不需要服从典型的概率分布，而且区别于传统的分析方法中常用的因素两两对比的模式，将各个因素置于统一的系统之中进行比较和分析。[①] 其基本思想是根据序列曲线几何形状的相似程度来判断其联系是否紧密。曲线越接近，相应序列之间的关联度就越大，反之就越小。具体步骤如下：

首先，分别以海洋第二、三产业生产总值作为参考数列，设定为 $y_l=[y_l(1),y_l(2),\cdots,y_l(n)]$，以海洋科研教育管理服务业增加值、沿海港口货物吞吐量、国际/国内旅游收入作为比较数列，设定为 $x_i=[x_i(1),x_i(2),\cdots,x_i(n)]$。

然后，将每一列数据都除以该列的第 1 个数据再乘以 100，即以第 1 年的数据为基准对各数列进行无量纲化处理，分别记作 y'_l 和 x'_i。

① 张发明.综合评价基础方法及应用[M].北京：科学出版社，2018：78.

第三，计算关联系数，公式为

$$\xi_i(k)=\frac{\Delta_{\min}+\rho\Delta_{\max}}{|y'_l(k)-x'_i(k)|+\rho\Delta_{\max}} \tag{3-11}$$

式中，ρ 是分辨系数，在(0,1)内取值，本书 ρ 取 0.5。

$\Delta_{\min}=\min\limits_i\min\limits_k|y'_l(k)-x'_i(k)|$ 和 $\Delta_{\max}=\max\limits_i\max\limits_k|y'_l(k)-x'_i(k)|$ 分别表示二级最小差值和二级最大差值，i 为数据所在列数，k 为数据所在行数。

第四，计算各类关联系数的平均值 $\xi_i(\xi_i=\sum\xi_i(k)/n)$，将其作为 $y_l(k)$ 和 $x_i(k)$ 的关联度。关联程度按强弱可分为三类：弱相关、中等相关和强相关，其取值范围分别为 0—0.35、0.35—0.7 及 0.7—1.0。

2. 数据包络分析法

它是在 Farrell“相对效率评价”概念基础上发展得到的一种用来衡量决策单元(Decision Making Unit，简称 DMU)相对效率的非参数系统分析方法。该方法以数学规划模型来评估一组同质 DMU 的相对效率。具体而言，它将生产效率相对最优的 DMU 的观测值以“前缘”的方法进行包络，从而形成效率前缘，也即经济学意义上的最佳投入产出组合边界。这时，所有有效率的 DMU 位于效率前缘之上，而无效率的 DMU 则落在该前缘之内。对于无效率的 DMU 可以通过观测其与效率前缘的距离来判断改进的潜力。

基于投入产出的数据包络分析模型分为投入导向和产出导向两类，前者是指在给定产出水平下实现投入最小化，后者则是指在给定的投入水平下实现产出最大化。本书采用 CCR 模型，其优势在于无论以产出为导向，还是以投入为导向进行分析，所得到的相对效率具有一致性。假定有 N 个 DMU，每个 DMU 使用 M 种投入得到 S 种产出，用 x_1 和 y_1 分别表示投入和产出。投入指标的权向量 $V=(V_1,V_2,\cdots,V_m)^T$，产出指标的权向量 $U=(U_1,U_2,\cdots,U_S)^T$，则第 k 个决策单位的相对效率可以转化为求解以下线性规划问题：

$$\max h_k = \frac{\sum_{r=1}^{s} U_r y_{rk}}{\sum_{i=1}^{m} V_i x_{ik}}$$

$$s.t. \frac{\sum_{r=1}^{s} U_r y_{rk}}{\sum_{i=1}^{m} V_i x_{ik}} \leqslant 1, j = 1,2,\cdots,n \tag{3-12}$$

$$U_r \geqslant \varepsilon > 0, r = 1,2,\cdots,n$$

$$V_i \geqslant \varepsilon > 0, i = 1,2,\cdots,m$$

上式中,ε 为非阿基米德无穷小量,一般设定为 10^{-6}。为了便于运算和处理一些特定目的的问题。对上式进行适当的数学对偶转换,令各限制式对偶数为 $\theta,\lambda,S_r^+,S_i^-$,可得以下对偶形式:

$$\min\theta - \varepsilon\left(\sum_{r=1}^{s} s_r^+ + \sum_{i=1}^{m} s_i^-\right)$$

$$s.t. \sum_{j=1}^{n} \lambda_j x_{ij} + s_i^- = \theta x_{ik}, i = 1,2,\cdots,m \tag{3-13}$$

$$\sum_{j=1}^{n} \lambda_j y_{rj} - s_r^+ = y_{rk}, r = 1,2,\cdots,s$$

$$\lambda_j, s_r^+, s_i^- \geqslant 0, \forall i,r,j$$

上式即为 CCR 模型。其中,以“海洋第三产业占海洋生产总值的比重”以及“海洋科研教育管理服务业增加值占海洋产业增加值的比重”作为产出指标,以“沿海港口货物吞吐量”“涉海就业人数”“海洋科研机构 R&D 支出”作为投入指标。

(三) 数据来源说明

本书纵向分析采用 2006—2011 年的数据,横向比较采用 2011 年的数据,选取地区为天津、河北、辽宁、上海、江苏、浙江、福建、山东、广东、广西壮族自治区和海南。全部数据来源于 2007—2012 年中国海洋统计年鉴。

二、实证分析结果

(一) 纵向分析

据统计,“十一五”期间,福建省现代海洋服务业增加值年均增长 13.4%,比“十五”期间提高 3 个百分点。2010 年,现代海洋服务业增加值占海洋生产总值比重达40%，总量和增速位居全国前列。其中，海洋旅游业、港口物流业又占有十分重要的地位，占海洋服务业增加值比重达90%以上。

然而，由表3-16和表3-17的最后一行可以看出，无论是海洋第二产业还是第三产业，它们与海洋科研教育管理服务业的关联度都在0.7以上，为高度相关。同时，无论是海洋第二产业还是第三产业，它们与海洋旅游业、港口物流业的关联度都介于0.5～0.7，属于中度相关。

这意味着，福建要优化海洋现代服务业内部结构，推动海洋制造业向价值链高端延伸以及促进海洋制造业和现代海洋服务业的融合，更需要突出发展海洋科研教育管理服务业。海洋科研教育管理服务业是开发、利用和保护海洋过程中所进行的科研、教育、管理及服务等活动。2006—2011年，其年均增长率为15.83%。尽管增速较快，但是它在规模上与广东、山东、上海相比仍有较大的差距，同时与福建整个海洋制造业也尚未形成良好的融合互动效应。

表3-16 福建海洋第二产业生产总值与海洋科研教育管理服务业、沿海港口货物吞吐量的关联系数及关联度

年份	海洋科研教育管理服务业	沿海港口货物吞吐量
2006	1	1
2007	0.912 1	0.644 2
2008	0.907 2	0.562 7
2009	0.579 1	0.430 3
2010	0.545 2	0.375 2
2011	0.485 5	0.333 3
ξ_i	0.738 2	0.557 6

表 3-17　福建海洋第三产业生产总值与海洋科研教育管理服务业、沿海港口货物吞吐量以及国际与国内旅游收入的关联系数及关联度

年份	海洋科研教育管理服务业	沿海港口货物吞吐量	国际旅游外汇收入	国内旅游收入
2006	1	1	1	1
2007	0.823 5	0.541 4	0.878 7	0.764 5
2008	0.941 5	0.500 3	0.577 0	0.561 1
2009	0.750 6	0.462 7	0.435 5	0.515 5
2010	0.675 2	0.379 5	0.410 2	0.504 5
2011	0.590 0	0.333 3	0.400 1	0.498 2
ξ_i	0.796 8	0.536 2	0.616 9	0.640 6

（二）横向比较

表 3-18 中的 θ 值是根据 CCR 模型计算得出，它表示沿海省市海洋服务业投入产出的转换效率。θ 值越大，海洋服务业投入产出的转换效率越大；$\theta=1$（同时松弛变量值为 0），表示该省/市海洋服务业在原投入的基础上所获得的产出已经达到最优；$\theta<1$，表示该省/市海洋服务业的原投入至少可以 $1-\theta$ 比例减少而保持原产出不变。根据表 3-18 数据可以看到，2011 年福建省 θ 值为 0.276，排序第 9 位，同样具有海洋经济发展优势的浙江、山东和广东等沿海省份 θ 值也较低，这表明这些沿海省份地区发展海洋服务业任重而道远。

产出的增加主要有两种途径，一是依靠生产要素的大量投入，二是提高生产要素的转换效率。后者是当前经济增长的主流途径。就福建省海洋服务业的发展而言，生产要素的转换效率明显有待于提高。

首先，福建港口资源禀赋存在共同性和空间的差异性，在客观上需要分工与协调，避免重复定位、恶性竞争，实现资源的有效利用。然而，目前在规划上，往往更多关注于省内沿海港口资源的分工布局而忽视了与周边省市或地区的沟通协调。当国际市场需求疲软，沿海港口货物吞吐量下降时，港口之间恶性竞争的隐忧就会凸显出来。由此导致的连锁反应是港口对临港工业的辐射带动力将下降。

其次，海洋科技资源对闽西、闽北、闽东等山区海洋服务业升级发展提供的支撑力不足。“十一五”以来，海洋科技对福建海洋经济发展的贡献率达57%以上。然而，海洋科研开发机构往往所属不同，互不相关，难以发挥整体的强大功能，同时在地区分布上集中于厦门、福州，其他山区的科研力量相对薄弱。因此导致沿海科技力量难以向广阔的山区辐射，不能给山区海洋服务业发展升级提供支撑。

再次，人才支撑水平还不高。海洋服务业是知识和智力密集型行业，目前，福建涉海金融保险业、海洋信息服务业、海洋文化创意产业等服务业起步晚、发展慢，尚未形成规模和集聚效应，原因之一就在于缺乏人才的有效支撑。实际上，《规划》也提到“现代海洋服务业人才结构有待优化。需要加快培养一批海洋旅游、物流、涉海金融等现代海洋服务业发展的高素质人才、海洋服务业所需的专业人才。”

表 3-18　沿海省市海洋服务业投入产出的效率

省市	θ 值	排序	省市	θ 值	排序
辽宁	0.3	7	浙江	0.29	8
天津	0.396	6	福建	0.276	9
河北	0.921	2	海南	1.00	1
山东	0.214	10	广东	0.213	11
江苏	0.549	5	广西	0.816	3
上海	0.722	4			

三、总结及策略建议

上述分析表明，福建省要发展海洋服务业，海洋科研教育管理服务业的地位要更为突出和重要。从投入和产出的转换效率来看，福建发展海洋服务业任重道远，在港口物流、科技以及人才资源配置等方面还存在着发展瓶颈。对此，

其一，与周边省市或地区的港口建立战略联盟关系，有效地理顺

和规范市场秩序，以避免因为一味做大港口物流以及市场疲软所导致的恶性竞争给港口物流带来的共同损失。《规划》提出："建设两岸港口物流业合作平台。加强闽台物流合作，建设连接海峡两岸的现代物流中心，实现'点与点、区域对区域''全方位的物流交流合作'。"

福建除了与我国台湾地区外，也要与其他省市建立类似的合作交流平台，提高港口物流的利用率。此外，港口物流的建设通常是与临海工业结合发展，形成一个比较长的临海产业带、物流产业带与港口共同集群发展的格局。在这一结合过程中，临海产业的引进需要慎重，在产业的选择上需要有所错落。要引进一些在未来的整体的对于海洋市场的需求当中的产业空白，或者这方面比较弱的产业进行发展，而且要突破只是大钢铁、大石化这样的发展道路。

其二，构建海洋服务的科技支撑体系。科技，也是海洋服务业发展的重要引擎。目前，福建拥有厦门大学、国家海洋局第三海洋研究所、集美大学、福建海洋所等一大批海洋科研机构和众多知名的海洋科技人才。在此基础上，可考虑通过公共支撑平台和成果转化示范园整合、凝聚，逐步构建起海洋管理服务的科技支撑体系，吸收和运用最近的海洋科技成果，提升管理服务水平和效率。

其三，注重与第三产业的融合发展，优化海洋人才的结构。福建海洋人才结构单一，主要集中在海洋自然科学方面，缺乏旅游、物流、涉海金融等海洋人文社会方面的人才。目前，许多地市都积极采取各种优惠措施进行人才结构的优化。以福建南安市、连江县为例，南安市提出以现代海洋服务业产业园的建设为先导，通过构筑对外开放、科技创新、回归创业三大平台，加快海洋产业人才集聚。连江县是全国县级水产第二大县、福建省水产第一大县。为了加快海洋创新型人才队伍建设，连江县建立海洋人才实践基地，吸纳全国各大中专院校的海洋相关专业实习生锻炼实践。这些经验值得全省借鉴与推广。

第四章　中国制造业升级中劳动生产率与工资的关系

第一节　中国制造业不升级不行

一、中国制造业大而不强

改革开放四十年来，随着中国经济的崛起、出口导向战略的实施以及美国制造业的全球布局，中国制造业迅速发展和崛起。2017 年，中国 GDP 为 827 122 亿元，比上年增长 6.9%。其中，制造业为 242 707 亿元，占 GDP 的 29.34%。据世界银行发布的数据显示：2010 年，中国制造业增加值在全球占比达 18.4%，跃升为世界第一制造大国。2015 年和 2016 年，中国制造业增加值在全球占比基本稳定在 26%以上（见表 4-1）。工信部数据也显示，在 500 余种主要工业产品中，中国有 220 多种产量位居世界第一。2018《财富》世界 500 强排行榜上，中国有 120 家企业入选，其中制造业企业达到一半。

表 4-1　2004—2016 年中美日德制造业增加值全球市场份额

年份	中国	美国	日本	德国
2004	8.7%	22.4%	14.3%	8%
2005	9.6%	22%	13.4%	7.6%
2006	10.8%	21.6%	11.8%	7.6%
2007	12.3%	19.7%	10.7%	7.8%
2008	14.6%	17.8%	10.7%	7.5%
2009	17.4%	18.4%	10.8%	6.6%
2010	18.4%	17.3%	11.3%	6.5%

续表

年份	中国	美国	日本	德国
2011	20.7%	16.1%	10.4%	6.6%
2012	22.5%	16.4%	10.3%	6.1%
2013	24.1%	16.5%	8.2%	6.2%
2014	25.3%	16.5%	7.6%	6.4%
2015	26.6%	17.7%	7.5%	5.7%
2016	26.2%	17.6%	8.5%	5.8%

数据来源:世界银行网站数据整理,www.worldbank.org.cn。

中国制造业尽管产出最大,但是大而不强。由于仅仅处于全球价值链的中低环节,中国制造业在最终利润分成中所得份额是最少的。在2018《财富》世界500强中,中国制造业总营收和总利润对比其他行业就出现了一定的倒挂现象。其中,中国制造业企业营业收入占中国所有入选企业营业收入的比重为47.24%;中国制造业企业利润占中国所有入选企业利润总和的比重为20.16%。这说明,从盈利能力的角度来看,中国制造业世界500强并不够强大。

中国制造业大而不强的主要原因之一,是缺少核心技术及关键共性技术。[①] 中国制造产品的高、中、低档次几乎都存在着核心零部件、高端设备不得不大量进口的现实。例如,机床占到世界的产量38%,但是高档的数控机床基本得靠进口;钢铁产量世界第一,但是港口码头上高吨位起重机的钢丝绳得进口;铝产量是世界第一,但是飞机上用的铝得进口;国内的民航飞机2017年有3 200架,48%是美国波音,47%是法国空客。国产的高铁车轴、车轮和轴承目前还不能完全进口替代,甚至高铁上有些螺丝还要进口。[②]

"缺核少芯"是中国制造业的痛点之一。芯片是手机、电脑等电子产品中的重要组成部分。在中国的计算机系统、通用电子系统、通信

① 柳百成.制造业"大而不强"症结[J].财经国家周刊,2016(16).

② 邢海洋."中国制造2025"不会停滞[J].三联生活周刊,2018(13).

设备、内存设备、显示及视频系统五大系统中，涉及服务器、个人电脑、工业应用、可编程逻辑设备、数字信号处理设备、移动通信终端、核心网络设备、半导体存储器、高清电视、智能电视等产品领域，有超过一半以上的核心集成电路芯片国产率为“0”，即便是国产率最高的移动通信终端处理器芯片，这一数字也只不过是22%。①

中国现如今已是全球电子产品制造大国。然而，中国每年进口用于各个领域的芯片总金额就超过2 000亿美元。2017年，中国原油进口了41 957万吨，进口金额11 002.86亿人民币，约1 617亿美元。同年，中国的军费是1 517亿美元，也就是说，中国花费在芯片上的钱超过了石油进口，也超过了军费。

中兴通讯是中国第二大、全球第四大的电讯设备制造商，2017年从211家美国公司购买了大约23亿美元的零部件，大约占其营收的15%。2018年4月，美国商务部发布对中兴通讯的出口禁令，全面禁止美国公司向中兴通讯销售零部件、商品、软件和技术7年。7月份，美国商务部又发布消息称与中兴签署了托管协议，暂时解禁。中兴公司因此而损失惨重。②

马化腾说，中兴事件让大家清醒地意识到，“移动(行动)支付再先进，没有手机终端，没有芯片(晶片)和操作系统，竞争起来的话，你的实力也不够。”

工业和信息化部部长苗圩认为，全球制造业已基本形成四级梯队发展格局：第一梯队是以美国为主导的全球科技创新中心；第二梯队是高端制造领域，包括欧盟、日本；第三梯队是中低端制造领域，主要是一些新兴国家，包括中国；第四梯队主要是资源输出国，包括OPEC、非洲、拉美等。他表示，中国处于第三梯队的格局在短时间内难有根本性改变，要成为制造强国至少要再努力30年。

---

① 李紫宸.无“芯”之问[N].经济观察报，2018-04-23(5).

② 闫玄，林发彬.中美经贸摩擦背景下全球价值链重组与中国扩大开放[J].福建金融，2019(1).

二、大部分企业面临升级问题

（一）靠“物美价廉”策略进行数量快速扩张的阶段已经过去了

产品是制造业的核心，用产品赚取利润是制造业的本质。在过去很多年中，中国制造业的竞争力主要是追求性价比——性能还可以，不是最好，关键是价格要低，从而大规模地占领全球市场。曾经是中国最大的彩电工厂的四川长虹的董事长倪润峰总结过一个“30%生死线”的竞争规律：在同等功能的前提下，长虹彩电必须比日本和欧洲品牌便宜30%，这是必须守住的“生死线”。①

这条“生死线”表明，当时的中国制造还处于一个数量扩张的阶段，只要进入这个行业进行生产，价格足够低廉，产品就能够卖得出去，哪怕品质差一点。企业只要有了产品就能够赚钱，就能够生存下去。

然而，随着国内资源、环境、成本等多种要素的约束日益趋紧，靠“物美价廉”策略进行数量快速扩张的阶段已经过去了。中国制造业不应再继续津津乐道于原材料和劳动力成本的低廉，沾沾自喜于“世界工厂”的称号。现如今，各个行业起伏很大，下降最快的是重工业，比如煤炭、钢铁、铁矿石、石油、石化建材等；有一部分产业比较稳定，比如日用品产业；还有一些产业有较快的增速速度和潜力，比如制药和IT业。

（二）升级与转型是完全不同的两回事

转型升级已经讲了很多年。中国“十三五”时期经济社会发展的一个重要任务，就是加快转型升级。站在宏观经济的角度看，转型并非要求各地一哄而上地去发展高新兴产业，而是要转变经济效益增长来源的类型。也就是，在经济效益上，摆脱过去固化于价值链低端环节的传统发展方式。站在企业的角度看，升级与转型则是完全不同的两回事。

---

① 吴晓波，朱克力，等.读懂中国制造2025[M].北京：中信出版社，2015：18.

转型是企业原有产品再也生产不下去，只能转型生产制造另一种产品。这种转型不是产品型号的改变，而是产品性质与属性的彻底改变。升级是指同一类产品生产过程中，企业从客户细分、技术创新和产品设计等方面细分产品，最终增加了生产幅度或是提高了产品质量，也包括企业的技术革新和管理层面的措施跟进。以马桶为例，普通的马桶盖几十元到100多元，日本松下、东芝、TOTO等卫浴品牌的智能马桶盖价格在3 000元到8 000元之间不等，其产品设计贴心、性能优越、质量可靠，真正从技术来看，没有什么门槛。中国生产的智能马桶盖铺天盖地，但是普遍存在质量“差不多”和“赚快钱”的浮躁症。迄今为止，只有日本的马桶盖深入人心，真正获得了品牌溢价和超额利润。

总之，对企业而言，转型就是转行，和升级完全不同。从造鞋、造衣服直接转型为造电脑或做金融，这样的成功经验在世界上绝无仅有。大部分企业面临的是升级问题。制造业若想生存，就需要不断地升级。这是因为消费者偏好变化、规模化生产、市场竞争等因素以及替代产品、颠覆性创新技术的出现，均会导致制造业产品的边际收益不断递减。以消费者偏好为例，中国现如今出现数以亿计的中产阶级，他们更关注产品的质量、性能和情感体验，愿意为高品质、知名品牌买单。在这一情况下，企业生产如果一味关注产量规模，忽视质量品牌、缺乏创新，就难以满足消费者对高品质产品的需求。说到底，制造业升级是企业为了在零利润到来之前找到新的商业机会和利润增长点。

(三) 中国制造业升级需要立足现有产业

低成本竞争的时代尽管已经一去不复返了，但经济发达国家和地区发展的经验表明，劳动密集型产业仍可具有国际竞争力。瑞士有一家管道生产商，他们工厂和总部都在瑞士，主营业务就是塑料管道。这个行业技术含量并不高，最强大的竞争对手都在中国。但这家管道生产厂以比中国制造高出一大截的价格，保证每年5%的纯利润率。秘诀首先还是产品质量，他们生产的管道保证50年不渗漏；其次，他们将管道这个低技术含量产品作为一个“解决方案”推出，针对不同类型的工厂和厂房，都量身定做符合产业需求的管道安装方案，并在管道里装感应器，以对管道实现中央控制。这就让普通的塑料管道变身成了高附加值的高科技产品。①

同时，经济发达国家和地区发展的经验也表明，没有一个现代化国家或地区是以传统产业为主体的。究其原因在于：低附加值产业或低端产业的一般特征，是产业集中度比较低，企业众多、竞争激烈。因此，中国制造业升级的现实做法，是保留一定数量的劳动密集型行业，同时要有相当数量的企业向高端高新产业（包括新一代信息技术、生物医药与生命环保、高端环保、新材料等）发展。

从产业链的角度考察，原材料—元器件—生产设备—组装，中国的制造业大多还处于组装阶段。如果能对生产设备、元器件和原材料实行进口替代②，中国制造业升级将有巨大的增长空间。这是因为这些产品一旦研发成功，就将获得有保障的国内市场和出口市场。对于新生企业、新兴产业而言，有保障的市场是生存乃至发展壮大的首要条件。

东旭集团生产对玻璃基板实现进口替代就是最好的例证。

在世界液晶面板的产业链中，原创性研发肇始于美国，但日本、韩国却通过“引进吸收”成了产业的后起之秀，从整版到部件研发和生产，日韩都站在了前沿。

玻璃基板是液晶面板的重要组成部分，它的生产是一个精密制造的过程，在热稳定性、机械、电气、光学、化学等方面以及外观、尺寸、表面平整度上都有堪称“苛刻”的要求。某种程度上说，制造玻璃基板要求厂家具有“零缺陷”的制造工艺。

---

① 郝倩.劳动力成本高过美国的德国瑞士怎样保住强大制造业[EB/OL].(2017-06-03).http://www.sohu.com/a/145829721_680864.

② 进口替代是由20世纪五六十年代的发展中国家的经济学家提出，亚非拉许多发展中国家都在不同程度上实行了进口替代。它初始意义为通过限制工业制成品的进口来促进本国工业化的战略，在发展过程中实行进口替代的行业领域不断丰富。

国际上的液晶玻璃基板一直是寡头垄断，长期以来被国外4家企业控制。仅美国康宁就占据整个玻璃基板市场的50%多的份额，日本玻璃巨头旭硝子和电气硝子分别占据25%和21%，安翰视特(前日本NEG)占据4%。

2003年，国内一家民企东旭集团开始在实验室对玻璃基板进行研发。用了5年时间，通过参股和提供核心技术的手段，建成了国内第一条玻璃基板生产线，成功进行国产替代。东旭的出现打破了外国厂商独大的垄断格局。行业数据显示，4代和5代线的玻璃基板曾堪称暴利，现如今利润降幅达200%，国内液晶电视价格也相应下降。

目前，全球玻璃基板的年市场容量是4亿平方米，东旭份额仅有5%。就国内市场而言，东旭5代线的市场份额达到50%以上，占主导地位；6代线市场份额也逐年递增，达到20%～30%。①

从进口替代实施的行业领域来看(见表4-2)，中国的进口替代经历了改革开放初期(完成初级产业的进口替代)、加入WTO(以工业领域为重点进行进口替代)和当前新阶段(以生物制药、汽车、新材料技术密集型行业为目标)。②

表4-2 中国进口替代阶段

阶段	进口替代领域
第一阶段 改革开放初期(1978—2000)	初级产业领域：农产品、矿产品
第二阶段 加入WTO(2001—2017)	工业领域：纺织品、电器机械设备及电子产品
第三阶段 未来趋势(2017年至今)	技术密集型行业领域：医药、新材料、化工等

资料来源：中信建投证券研究发展部。

① 谭保罗.如何让“一块玻璃”逆袭美日垄断？[J].南风窗，2015(17).

② 中信建投证券报告.从贸易摩擦到进口替代——中美贸易战系列之一[R].中信建投证券，2018-4-17.

总之,中国制造业升级需要立足现有产业。将来,仍然会有大量企业制造业衣帽玩具,但应该有部分企业拥有自己的技术与品牌,依然具有全球竞争力。还要有相当部分企业从事生物制药、新材料、化工等技术密集型的制造业,以研发提升质量、创建品牌为重点,提高制造业附加值和核心竞争力。这样一种立体化的制造业格局,才是中国制造升级未来努力的方向。

近年来,国家对"高新技术企业"和"战略性新兴产业"给予了较多的支持,但是对传统制造业的重视程度不足。显然,有必要对此做出改变。

三、制造业升级须靠自主创新驱动

(一) 实施创新驱动发展战略要靠自主创新能力的提高

创新驱动是经济社会发展的核心动力,是引领制造业升级的根本保证。世界知识产权组织和美国康奈尔大学等机构发布《2018 全球创新指数报告》,中国的全球排名上升了 5 位,位列第 17,首次闯入前 20,也是前 20 名中唯一一个中等收入国家。根据该报告,在核心创新投入和产出方面,美国依然排名首位,而在研究人员、专利和科技出版物数量方面,中国位居第一。①

要着力实施创新驱动发展战略,就要提高中国制造业的自主创新能力。它是指通过拥有自主知识产权的独特核心技术以及在此基础上实现新产品的价值的过程。一般认为,自主创新有三种模式:原始创新、集成创新、引进消化吸收再创新。② 其中,引进消化吸收再创新

---

① 沈慧.科技创新形势喜人也逼人[N].经济日报,2018-07-15(1).

② 原始创新是指前所未有的重大科学发现、技术发明、原理性主导技术等创新成果。

集成创新是指通过对各种现有技术的有效集成,形成有市场竞争力的产品或者新兴产业。

引进消化吸收再创新的核心概念是利用各种引进的技术资源,在消化吸收基础上完成重大创新。

是各国尤其是发展中国家普遍采取的方式，但却是中国最为薄弱的环节。有研究表明，日、韩等国用于技术引进与消化吸收再创新的经费比例在1∶3左右，部分重点领域甚至高达1∶7，而中国约为22∶1。[①] 在制造业大省江苏，全省大中型企业引进技术与消化吸收经费之比为1∶0.34，说明江苏制造业对外技术依存度也非常高。[②]

改革开放以来，中国把轻工业放在工业化的首位，通过资金、技术与管理的引进—引进—再引进的方式，而不是像日韩那样采用引进消化吸收再创新的方式，建立了无所不包、无所不能的生产（加工组装）轻工业体系。目前，中国制造能够引进的技术都已基本引进了。诸多高端制造、重要制造技术仍牢牢掌握被某一国或者某一两家公司持有，或者是被法律禁止转让，像这样的制造技术不会轻易转移到中国来。

（二）徐工集团的快速发展[③]

以徐工集团为代表的制造业，依靠自主创新实现了快速发展。徐工有国家级技术中心，建立了包含技术研究、产品研发、试验检测的三层技术创新体系。同时，还在欧洲、北美、巴西建立研发中心。在工程机械的主要细分门类，徐工已经解决了90%的技术难题。2017年，徐工出口同比涨幅近90%，覆盖全球178个国家和地区，继续保持行业出口冠军。“一带一路”倡议沿线产品已覆盖57个国家，销售额占比达72%，30国出口占有率第一。

在创新的引领下，徐工集团现如今可以批量生产40吨级铰接式自卸车，打破了外资品牌对该领域核心技术的垄断。2018年3月，徐工集团向中亚和南非出口总价值近2亿元的70台XDA40铰接式自卸车，创造了中国铰接式自卸车最大批量出口的历史。

---

① 乔标.工业基础能力五大难关待破[J].瞭望，2017(50).

② 宋怡青.“智造大省”如何炼成[J].财经国家周刊，2016(23).

③ 王伟健，方敏，等.创新引领 企业发展马力足[N].人民日报，2018-03-23(10).

(三)为自主创新提供融资支持及改善总激励环境或方向

创新在制造业中拥有重要作用,美国90%的专利和80%的创新都发生在制造业领域,其他发达国家大体也差不多,制造业是创新的主要阵地和国际竞争力的主要体现。① 中国制造业强国战略的有效实施很大程度上依赖于创新在制造业上的成功。

中国制造业强国的战略目标是:第一步,到2025年迈入制造强国行列;第二步,到2035年中国制造业整体达到世界强国阵营中等水平;第三步,到中华人民共和国成立一百周年时,综合实力进入世界制造强国前列。2015年以来,党中央和国务院连续发布了几个指引改革创新和产业升级的重要文件:2015年3月的《关于深化体制机制改革加快实施创新驱动发展战略的若干意见》(以下简称《若干意见》)、2015年5月的《中国制造2025》行动纲领、2015年7月的《"互联网+"行动指导意见》(以下简称《指导意见》)、2016年5月的《国家创新发展驱动发展战略纲领》。这些文件的理念和思路更加突出了创新驱动,强调让企业成为创新主体,让市场发挥主导作用。

《中国制造2025》行动纲领明确提出了九项任务、十大重点领域、五项工程(见图4-1~图4-3)。据工信部部长苗圩的权威解读,该行动纲领在创新主线上兼顾新兴产业和传统产业。新兴产业方面,要求围绕新一代信息技术、智能制造、增材制造、新材料、生物医药等领域创新发展的重大共性需求,形成一批制造业创新中心(工业技术研究基地),重点开展行业基础和共性关键技术研发、成果产业化、人才培训等工作。传统产业方面,支持重点行业、高端产品、关键环节进行技术改造,引导企业采用先进适用技术,优化产业结构,全面提升设计、制造、工艺、管理水平,促进钢铁、石化、工程机械、轻工、纺织等产业向价值链高端发展。围绕两化融合、节能降耗、质量提升、安全生产等传统

① 朱高峰,王迪.当前中国制造业发展情况分析与展望:基于制造业强国评价指标体系[J].管理工程学报,2017(4).

领域改造，推广应用新技术、新工业、新装备、新材料，提高企业生产技术水平和效益。①

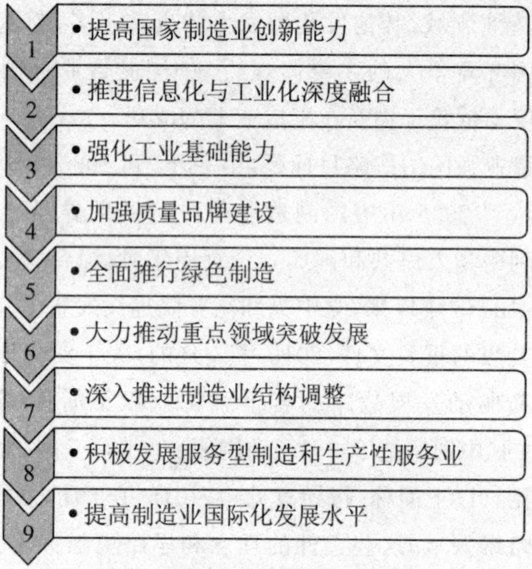

图 4-1 “中国制造 2025”九项任务

图 4-2 “中国制造 2025”十大重点领域

① 吴晓波，朱克力，等.读懂中国制造 2025[M].北京：中信出版社，2015：4.

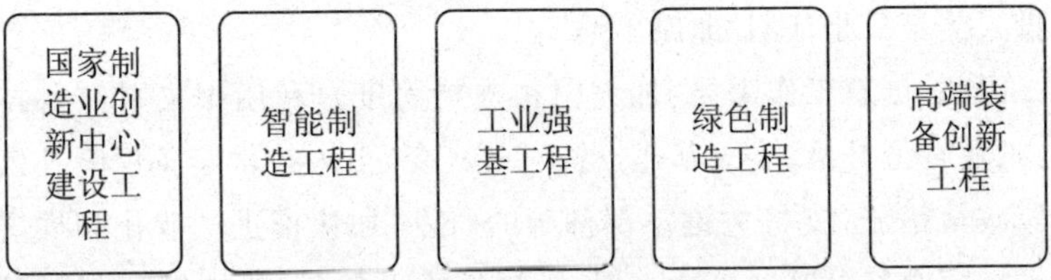

图 4-3　“中国制造 2025”五项工程

苗圩表示，对具有显著优势的领先型产业、新兴产业、前沿产业，应当重点向原始创新倾斜，鼓励取得重大技术突破，占领产业竞争制高点。对于追赶型产业以及传统产业，更多地要鼓励采用集成创新、引进消化吸收再创新，不断缩短与先进水平的差距。①

目前，各地发展先进制造业或新兴产业中存在盲目投资，一哄而上的现象，甚至出现了“高端产业低端化”的苗头。其中，机器人产业在短短几年间，全国已建成或在建的机器人产业园超过 40 个，还有大量机器人产业园在筹备中。大量小、散、弱的企业靠政府补贴而生，还是搞组装、重规模的老路。② 在“中国制造 2025”所部署的五大工程中，各地普遍存在着智能制造热、工业强基冷、驱动创新难的现象，在机械工业由大到强的进程中，创新能力弱和基础不强仍然是主要制约因素。创新是试错的过程，可能会有 90%以上的人是失败者，不可能让银行去为其研发投入提供融资。

以美的集团为例，该集团如今有了由家电企业向“科技集团”转变的具体部署，美的集团中央研究院承担转变的重任。美的集团中央研究院的技术研发分为四个层级：产品研发、技术研发、共性技术和材料创新应用、全球性的前沿技术探索。美的集团每年对该研究院的投入以 20%以上的速度在增长。基础研究、核心技术研究是一个非常费钱的部门，有些领域的研究要投入几年才有成果出来，有些研究大量经

---

① 吴晓波，朱克力，等.读懂中国制造 2025[M].北京：中信出版社，2015：3.

② 陈浩杰，田雨思.论道中国制造[J].财经国家周刊，2016(16).

费投入甚至只是证明“此路不通”。①

因此，创新工作需要：加大财税支持力度。利用中央财政科技计划、工业转型升级、中央基建投资、首台(套)重大技术装备保险补偿机制等政策措施，支持关键零部件等的研发，加快推进产业化和推广应用。拓宽融资渠道。在这方面，需要转换融资模式，能够与创新搭配的应该是风险投资。此外，融资结构也需要改变，制造业企业应由过去大量的外部融资(债权融资)的方式改变为增加股权投资的比重。这就需要制定产业差别化的上市融资和再融资政策，主要是明显放宽对创新型制造业企业上市融资和再融资的条件。基于市场需求大力加强高等院校、科研院所和企业间研发的沟通互动，鼓励合作研发，提升科研成果的推广效率。

此外，政府还应着力改善有利于自主创新的总激励环境或方向，主要是：通过能耗排放限制法则和以环境资源的限制，剥夺区域发展的权利；加强质量标准品牌建设，围绕科技创新来制定和完善奖励制度，提升产业转型升级的动力；减少对非自主创新过强激励，包括对出口补贴、基础建设、外资引进等过度激励。例如，在芯片行业，因为合资引进外资，自主芯片基本上得不到资助，资助的都是没有自主创新的合资企业(买办企业)——上海的兆芯和贵州的华芯通等，以至于中国自主的芯片发展不起来。②

第二节　制造业升级需要劳动生产率与工资协同增长

在过去较长一段时期内，低劳动力成本一直是中国参与全球化经济所依托的巨大优势。然而，随着国内人口老龄化进程的加快，人口红利的逐渐消失，中国近年来劳动力价格大幅增加。据中国统计年鉴

---

① 王伟健，方敏，等.创新引领 企业发展马力足[N].人民日报，2018-03-23(10).

② 贾根良.不要让新自由主义为改革开放出谋划策[EB/OL].(2018-10-20).http://www.sohu.com/a/260502716_425345.

的数据测算，中国城镇单位就业人员年平均工资从2000年的9 333元增至2016年的67 569元，扣除物价因素，十多年间人工成本实际增长约5倍，年均增长10.6%。而劳动生产率同期实际年均增长3.07%。长期而言，工资上涨超出劳动生产率的上升，不利于整体经济的可持续发展。

以制造业为核心的实体经济才是保持国家竞争力和经济健康发展的基础，这是世界各国的共识。特别是在经历了2008年全球金融危机之后，实体经济的重要性被重新认识。因此，全球涌现争夺制造业的浪潮。不仅有发达国家在吸引制造业回流，还有东南亚、南亚等新兴市场国家在吸引那些对成本比较敏感的劳动密集型产业。

在此背景下，中国亟须转型升级制造业，重塑比较优势，以应对劳动力成本上涨的压力。党的十九大报告也提出，“加快建设制造强国，加快发展先进制造业”。提高劳动生产率，也是中国升级制造业的一个重要出发点。那么，中国升级制造业，提升制造业内部的技术水平，在目前是否使制造业的劳动生产率与工资实现协同增长？该怎样实现二者协同增长？对此需要进行深入探讨。

一、劳动生产率与工资关系的文献回顾

劳动生产率是一个衡量商品和服务生产中劳动效率高低的指标。国内外的研究表明，有许多因素在影响劳动生产率的提高，包括了技术上的革新、资本投入、产能利用率、中间投入、管理水平或者工艺流程等。因此，劳动生产率的提高不完全是劳动者能力的提高所致。在现实中，很多企业并没有将劳动生产率作为员工付薪的依据。①

但是，工资的增长与劳动生产率增长密切相关。依据新古典经济学的观点，工资由劳动力市场的供求决定，工资等于劳动力的边际产值，即劳动力的边际产量乘以产品的价格。由于竞争性企业市场价格

① 钱诚，马宁.中国制造业的劳动报酬增长与劳动生产率提高：关系、趋势及实现路径[J].中国人力资源开发，2014(15).

不变，所以边际产值与边际产量一样随工人雇用数量的增加而递减。一个竞争性的、利润最大化企业雇用的工人数要使市场工资等于边际产值，此时的工人雇用量为均衡雇用量。低于均衡雇用量，劳动的边际产值大于工资，再雇用 1 个劳动会增加利润；超过均衡雇用量，劳动的边际产值低于工资，边际利润为负。①

从宏观经济的角度而言，工资（劳动报酬）是劳动者主要的经济来源。较低的工资收入会抑制消费支出，导致消费需求不足，使整体经济运行高度依赖于投资需求和出口需求。同时，产业结构也无法向高层级发展。对于企业而言，工资的上涨会增加劳动力成本，由于激励效应、倒逼效应和替代效应的存在，企业通常会主动提高劳动生产率，使之超过工资的上涨速度。

在理论上，人们倾向于认为工资的增长率应长期小于劳动生产率的增长率。这是因为，当工资的增长率大于劳动生产率的增长率时，经过足够多的年份后，工资占比就会越来越大，可用于扩大再生产的资金就会越来越少。②

这些文献表明，中国制造业的升级，能否使劳动生产率与工资实现协调增长，关键取决于劳动生产率的提高速度是否快于工资的增速。如果不能，提高制造业的劳动生产率就还需另辟蹊径。

二、中国不同技术类别制造业的劳动生产率与工资增速比较

由欧盟委员会资助、多个机构合作研发的世界投入产出数据库（WIOD），2016 年版涉及的制造业部门有 19 个，参照 OECD 按照欧盟经济活动分类统计标准第 1 版（NACE1）统计分类分为三类：中高和高技术制造业、中低技术制造业和低技术制造业。其中，机械和设备的修理和安装业的增加值、雇员人数等数据为零，故在分析中予以剔除，实际考察的制造业部门共 18 个（见表 4-3）。比较中国不同技术类

① 蒲艳萍，成肖.出口贸易、劳动生产率与工资水平——来自中国出口部门的实证研究[J].经济经纬，2015(1).

② 金斌，杨灿.工资政策的理论分析与实证研究[J].内蒙古财经学院学报，2001(3).

别制造业的劳动生产率与工资，需要获得部门增加值、劳动者报酬和就业人数等指标数据。这些数据均来自于 WIOD 的社会经济账户。为了消除价格的影响，根据社会经济账户提供的物量指数（以 2010 年为基期），将增加值指标数据折算成可比价。

表 4-3　按技术水平划分的制造行业

低技术水平制造行业	(1) 食品、饮料和烟草产品制造业；(2) 纺织品、服装、皮革制品制造业；(3) 木材及软木制品、草编制品及编织材料物品制造业；(4) 纸和纸制品制造业；(5) 记录媒介物的印制和复制业；(6) 家具和其他制造业
中低技术水平制造行业	(1) 焦炭和精炼石油产品制造业；(2) 橡胶和塑料制品制造业；(3) 其他非金属矿物制品制造业；(4) 基本金属制造业；(5) 金属制品制造业
中高和高技术水平制造行业	(1) 化学品及化学制品制造业；(2) 基本医药产品和医药制剂制造业；(3) 计算机、电子产品和光学产品制造业；(4) 电力设备制造业；(5) 未另分类的机械和设备制造业；(6) 汽车、挂车和半挂车制造业；(7) 其他运输设备制造业

资料来源：林珊、林发彬：《中国制造业分行业单位劳动力成本的国际比较——基于 WIOD 数据的分析》，《东南学术》2018 年第 9 期。

(一) 整体状况

从 2000 年和 2014 年增加值占比的变化来看，低技术行业的增加值占比从 37.42%下降至 29.87%，下降了 7.55 个百分点；中低技术行业增加值占比从 25.49%升至 27.44%，上升了 1.95 个百分点；中高和高技术行业增加值占比从 37.09%升至 42.48%，上升了 5.39 个百分点。可以看出，中国制造业有明显转型。另一方面，从这三类制造业从业人员的分布来看，低技术制造业目前仍是吸纳就业的主力，2000 年吸纳了 47.9%的从业人员，2014 年仍吸纳了 42.01%的从业人员；中低技术制造业 2000 年和 2014 年分别吸纳了 25.36%和 22.41%的从业人员；中高和高技术制造业 2000 年和 2014 年分别吸纳了 26.7%和 35.58%的从业人员。

由于制造业增加值由低技术行业为主转向以中高和高技术行业

为主，而从业人员仍集中于低技术行业。因此，从劳动生产率和平均工资的年均增速来看，中高和高技术制造业提升的速度要快于其他两类制造业（见表 4-4）。这有利于吸引更多高素质的从业人员加入这些行业。此外，不管是哪一技术类别的制造业，其平均工资的年均增速均要高于劳动生产率的年均增速。其中，中高和高技术制造业的平均工资年均增速比劳动生产率的年均增速高出 1.93 个百分点。然后依次是低技术制造业和中低技术制造业，分别高出 1.6 个百分点和 0.85 个百分点。由此可见，按这种势头发展下去，这三类制造行业的运行乃至经济发展均将受到不同程度的影响。而受影响程度最大的则可能是中高和高技术制造业。

表 4-4　不同技术类别制造业的劳动生产率和平均工资及其年均增速（2000—2014 年）

技术类别	劳动生产率（万元/人）		平均工资（万元/人）		劳动生产率年均增速（%）	平均工资年均增速（%）
	2000	2014	2000	2014	2000—2014	2000—2014
中高和高技术行业	4.54	25.42	1.72	12.21	13.09%	15.03%
中低技术行业	10.26	27.46	3.81	11.39	7.29%	8.14%
低技术行业	5.46	19.44	1.99	8.68	9.49%	11.09%

注：数据来源于 WIOD2016 版。下同。

（二）分行业状况

进一步计算和比较上述三类技术制造业中各细分行业的劳动生产率年均增速和平均工资年均增速的情况，如表 4-5 和表 4-6 所示。

6 个低技术行业的平均工资年均增速均超过了劳动生产率的年均增速。对于低技术制造行业而言，成本是影响其竞争力的关键因素，劳动力成本的快速攀升将明显削弱这类制造业的竞争力。近年来，中国许多纺织服装等生产企业向东南亚转移，就是例证。5 个中低技术行业中，平均工资的年均增速高于劳动生产率年均增速的行业有 2 个，分别是橡胶和塑料制品制造业和金属制品制造业。7 个中高和高技术行业中，劳动生产率年均增速高于平均工资的年均增速的行业仅有1个，是化学品及化学制品制造业。

简而言之，表4-6的数据表明，中国制造业进行转型，并不必然使行业劳动生产率的提升速度快于平均工资的涨速。因此，要实现制造业的劳动生产率与工资协调增长，也不能完全寄希望于制造业的转型。

表4-5　三类技术制造业中各细分行业的劳动生产率年均增速和平均工资年均增速

技术类别	行业	劳动生产率年均增速(%)	平均工资年均增速(%)
		2000—2014	2000—2014
中高和高技术行业	化学品及化学制品制造业	10.85%	10.07%
	基本医药产品和医药制剂制造业	10.85%	13.69%
	计算机、电子产品和光学产品制造业	23.98%	28.23%
	电力设备制造业	10.53%	11.62%
	未另分类的机械和设备制造业	11.82%	12.41%
	汽车、挂车和半挂车制造业	18.78%	21.13%
	其他运输设备制造业	18.78%	19.93%
中低技术行业	焦炭和精炼石油产品制造业	−0.25%	−2.39%
	橡胶和塑料制品制造业	10.82%	13.00%
	其他非金属矿物制品制造业	14.28%	12.94%
	基本金属制造业	7.28%	5.43%
	金属制品制造业	13.77%	14.46%

续表

技术类别	行业	劳动生产率年均增速(%)	平均工资年均增速(%)
		2000—2014	2000—2014
低技术行业	食品、饮料和烟草产品制造业	13.15%	15.15%
	纺织品、服装、皮革制品制造业	10.87%	12.19%
	木材及软木制品、草编制品及编织材料物品制造业	12.84%	13.47%
	纸和纸制品制造业	10.79%	12.44%
	记录媒介物的印制和复制业	10.79%	12.47%
	家具和其他制造业	7.57%	8.39%

表 4-6　不同技术类别的细分行业劳动生产率年均增速与平均工资年均增速的比较

	低技术行业	中低技术行业	中高和高技术行业	合计
劳动生产率年均增速<平均工资年均增速	6	2	6	14
劳动生产率年均增速≥平均工资年均增速	0	3	1	4
合计	6	5	7	18

三、从需求的角度提升不同技术类别制造业的劳动生产率

“劳动报酬增长和劳动生产率提高同步”，是中国收入分配改革的原则之一。而中国许多制造业行业出现平均工资年均增速超过劳动生产率年均增速的情形，显然制约了普通劳动者总体工资福利水平的稳步提高。

要实现二者协调增长，目前的思路主要是：一是从社保费率和其他制度成本上着眼，降低企业综合成本。在这方面，2018 年发布的国务院《关于激发重点群体活力带动城乡居民增收的实施意见》提出“坚

持促增收与降成本相结合。有效降低社会保险费率等劳动用工成本和阻碍劳动力流动的制度成本,助力各类市场主体轻装上阵”。二是在技术创新、工艺流程、管理水平、人员培训等方面下功夫。中国虽是世界工厂,支撑了世界上百分之六七十的产能,但是中国的工厂大部分是一两亿人民币的销售额,自动化程度或者说人均劳动生产力只是其他国家的几分之一,因此一些制造业企业在推进生产自动化,以机器换人。① 总之,这些思路背后的逻辑在于控制工资的增速,或者是实现更高的产值增长。

除此之外,从需求着眼实现更高的增加值,进而提升劳动生产率,也是一种选择。这是因为市场总是在不断的供给与需求的循环中发展,对制造业也是如此。从供给角度来讲,支撑制造业发展的是劳动、资本和全要素生产率;从需求角度来讲,支撑制造业发展的是投资、消费和净出口拉动。这些需求变动甚至是导致行业结构演变的直接因素,行业的扩张或缩小一般都是由最终需求驱动的。

(一) 从投入产出表看需求对增加值的诱发

投入产出表将使用结构表与投入结构表整合成了一个整体,可以提供丰富的关于国民经济运行特征的信息。在价值型投入产出表 4-7 中,有三种平衡关系,即行平衡关系、列平衡关系、总量平衡关系。

表 4-7 价值型投入产出表

投入 \ 产出		1…n	最终需求	总产出
中间投入	1	x_{11} … x_{1n}	y_1	X_1
	⋮	⋮ … ⋮	⋮	⋮
	n	x_{n1} … x_{nn}	y_n	X_n
增加值		G_1 … G_n		
总投入		X_1 … X_n		

① 李紫宸.中国经济放缓?你想多了!它的创富机会可能大到你不敢想象[N].经济观察报,2018-12-10.

行平衡关系：中间需求＋最终需求＝总产出

列平衡关系：中间投入＋增加值(最初投入)＝中投入

总量平衡关系：总产出＝中投入

第 i 部门的行向量平衡关系为：

$$\sum_{j=1}^{n} x_{ij} + y_i = X_i \ (i=1,2,\cdots,n) \tag{4-1}$$

第 j 部门的列向量平衡关系为：

$$\sum_{i=1}^{n} x_{ij} + G_i = X_j \ (j=1,2,\cdots,n) \tag{4-2}$$

总量平衡关系为：

$$\sum_{i=1}^{n} X_i = \sum_{j=1}^{n} X_j \tag{4-3}$$

对上述行向量平衡关系式和列向量平衡关系式求和后可得：

$$\sum_{i=1}^{n} \sum_{j=1}^{n} x_{ij} + \sum_{i=1}^{n} y_i = \sum_{i=1}^{n} X_i , \sum_{i=1}^{n} \sum_{j=1}^{n} x_{ij} + \sum_{j=1}^{n} G_i = \sum_{j=1}^{n} X_j \tag{4-4}$$

因为 $\sum_{i=1}^{n} \sum_{j=1}^{n} x_{ij} = \sum_{i=1}^{n} \sum_{j=1}^{n} x_{ij}$，$\sum_{i=1}^{n} X_i = \sum_{j=1}^{n} X_j$，所以

$$\sum_{i=1}^{n} y_i = \sum_{j=1}^{n} G_i \tag{4-5}$$

上式表明，整个国民经济中各部门最终需求之和等于各部门增加值之和，这也反映了国内生产总值(GDP)可以从支出法和收入法两个角度来进行核算，其结果是一样的。也就是说，各部门创造的增加值总额一定等于各部门生产产品的最终需求总额。但是，对于任何一个部门而言，部门最终需求和部门增加值不一定相等，因为在一般情况下，一个部门的中间需求 $\sum_{j=1}^{n} x_{ij}$ 和中间投入 $\sum_{i=1}^{n} x_{ij}$ 是不相等的。

从投入产出表的关联来看，最终需求及其结构影响总产出，总产出及其结构又会影响增加值。这就为提高不同技术类别的制造业增加值提供了可能。

投入产出表的一个重要特色是，它不仅提供了一个系统描述生产

过程的简洁框架，而且能够在此基础上建立模型，进行各种具有一般均衡性质的定量分析。[①] 在表 4-7 中，最终需求是外生决定的，按行建立的投入产出基本经济模型有：

$$X=(I-A)^{-1}Y \tag{4-6}$$

式中，$X=(X_1,\cdots,X_n)'$，$A=(a_{ij})_{n\times n}=(x_{ij}/X_j)_{n\times n}$，$Y=(y_1,\cdots,y_n)'$分别表示总产出量矩阵、直接消耗系数[②]矩阵和最终使用量矩阵。在上式的基础上可进一步利用增加值系数分析各技术类别制造业的增加值诱发额，具体公式为：

$$G_L=A_gX_L, L=C,I,E \tag{4-7}$$

式中，$A_g=\mathrm{diag}(a_{g1},\cdots,a_{gn})$为增加值系数对角矩阵。$G_C$，$G_I$，$G_E$ 分别表示最终消费、资本形成和出口通过产出 X_C，X_I，X_E 诱发的增加值向量。根据这一分析思路，下面利用 WIOD 提供的非竞争性投入产出表，进一步分析需求对中国不同技术类别制造业增加值的诱发情形。

（二）需求对不同技术类别制造业增加值的诱发情形

从最终需求的结构来看（表 4-8），最终消费支出占比下降，由 2000 年的 53.33％下降至 2014 年的 41.13％。其中，用于三类技术制造业的消费支出也有不同程度的下降；资本形成占比上升，由 2000 年的 27.55％增至 2014 年的 38.26％。其中，用于中高和高技术制造业的投资比重增加的最多，为 2 个百分点；出口占比略有上升，由 2000 年的 19.12％升至 2014 年的 20.61％。其中，中高和高技术制造业出口占比上升较快，由 2000 年的 6.56％升至 2014 年的 10.22％，增加了

---

① 高敏雪，李静萍，徐健.国民经济核算原理与中国实践[M].北京：中国人民大学出版社，2007：121.

② 直接消耗系数是指国民经济中某一部门生产一单位总产出所消耗各部门产品的数量，是投入产出模型的核心。它反映了国民经济各部门相互之间经济因素与技术因素的联系，使得经济分析更为科学和准确。

3.66 个百分点。中低技术制造业出口占比同期增加了 0.36 个百分点。低技术制造业出口占比则明显出现了下降,同期减少了 1.62 个百分点。

用于三类技术类别制造业的需求支出占最终需求的比重,见表 4-8 的最后一栏。可以看出,中高和高新技术占比上升较快,由 2000 年的 15.91%升至 2014 年的 21.52%,增加了 5.61 个百分点。中低技术制造业占比略有增加。低技术制造业占比则出现了下降,同期减少了 3.82 个百分点。因此,从最终需求结构上看,中国制造业也有明显升级。那么,最终需求结构的这一变化对不同类技术制造业增加值诱发额会产生怎样的影响呢?

表 4-8 最终需求结构

	占比结构(%)		其中:低技术制造业		中低技术制造业		中高和高技术制造业	
	2000	2014	2000	2014	2000	2014	2000	2014
最终消费支出	53.33%	41.13%	9.26%	7.01%	1.21%	0.44%	2.42%	2.37%
资本形成	27.55%	38.26%	0.44%	0.49%	0.04%	0.57%	6.93%	8.93%
出口	19.12%	20.61%	5.73%	4.11%	2.26%	2.62%	6.56%	10.22%
合计	100%	100%	15.43%	11.61%	3.51%	3.63%	15.91%	21.52%

注:最终消费支出和资本形成均不包含进口。

从表 4-9 的数据来看,最终需求支出诱发的三类技术制造业增加值占比均有不同程度下降。而资本形成诱发的三类技术制造业增加值占比则有不同程度的上升。这与表 4-8 中最终需求支出占比的下降以及资本形成占比的上升密切相关。但出口的情况就略有不同。出口仅对中高和高技术制造业增加值诱发额的占比出现上升,对其他两类技术制造业增加值诱发额的占比均有不同程度的下降。可见,中低技术制造业出口比重的上升(见表 4-9),并未使其出口增加值诱发额的占比增加。从表 4-9 最后一栏来看,只有中高和高技术制造业增加值诱发额的占比出现了上升。这意味着,要提高其他两类技术制造业的增加值,进而实现劳动生产率的提升,就只有依靠将 GDP 蛋糕做大才能实现。

表 4-9　最终需求对不同技术类别制造业增加值诱发额的占比

单位：%

诱发的增加值 / 最终需求	低技术制造业		中低技术制造业		中高和高技术制造业	
	2000	2014	2000	2014	2000	2014
最终消费支出	7.03%	4.41%	2.53%	1.17%	4.01%	2.79%
资本形成	1.50%	1.89%	3.62%	4.91%	4.49%	5.50%
出口	3.52%	2.53%	2.05%	2.04%	3.44%	4.35%
合计	12.05%	8.83%	8.20%	8.12%	11.94%	12.64%

注：占比是指最终需求对各类技术类别制造业的增加值诱发额在 GDP 中所占的比例。

四、制造业不能完全寄希望于转型，还要在升级中有效提高劳动生产率

经济现代化的核心在于工业化，而做强做大制造业则是核心中的核心。根据上面的分析，中国制造业升级目前所面临的挑战，不仅仅在于劳动力成本的快速攀升，更在于劳动生产率与工资的非协同增长。从 2000—2014 年这一时段来看，不管是哪一类技术的制造业，其平均工资的年均增速均超过了劳动生产率的年均增速。要实现二者的协同增长，并不能完全寄希望于制造业转型（即提高中高端制造业的比重）。做强做大制造业的关键还在于各个制造业如何有效提高其劳动生产率。

北京大学新结构经济研究中心与英国海外发展研究所，2017 年调查了服装、鞋类、玩具以及家电四类劳动密集型产业中主营业务收入 2 000 万元以上的企业，在对 640 份有效问卷进行分析与研究后发现：这些企业面临劳动力价格、社会保障支出、原材料价格、需求萎缩以及专业人才缺乏等问题。前三项体现了成本不断上涨，需求萎缩则是因为成本上涨降低了市场竞争力所致。为了应对这种局面，超过 60% 的

受访企业在将技术升级作为降低劳动力成本、提高劳动生产率作为首选策略时，又面临专业技术人才的短缺，比如用机器设备取代工人之后，很难找到操作机器的工人。①

从需求的角度看，促使需求对各类技术制造业诱发出更高的增加值，进而实现劳动生产率的提升，是一种可供考虑的选择。在中国经济主要靠投资拉动，其次靠出口拉动的背景下，中国最终需求结构呈现出的特征是：最终需求支出占比下降，资本形成和出口占比上升。如上述分析，只有中高和高技术制造业增加值诱发额的占比出现了上升。因此，提高需求对其他两类技术制造业增加值的诱发额占比，又是提高其劳动生产率的关键。

目前，中国的城乡差距、地区差距、发展阶段差异都比较大。一家投资机构——创新工场的管理合伙人汪华就认为，中国经济增速放缓是当下的现实。但中国这个经济体非常特殊，这种特殊性在于它是一个包含了多个不同发展阶段、由多个不同的体量构成复合经济体。一方面，北上广深，无论是 GDP 和发展程度已经是发达国家的状态，已经实现高度的消费经济文化，甚至已经成熟到了小众品牌化，消费升级，去品牌化的阶段；另一方面，二三线城市主要还是在一个消费刚达到消费品牌化的阶段，而四五线城市还处于人均 GDP 只有四五千美元，刚刚进行大宗消费扩张和消费品类扩张的阶段，更接近于一线城市 2000 年初的状况。

事实上，各行各业无不表现出这样的规律，处于不同的发展阶段，而且处于不同的增速放缓。比如在一线城市里，商品零售在一线城市增速放缓，甚至衰退，但是在四五六线城市，这些大宗日用品销售和零售还在高速增长中。②

---

① 21 世纪经济报道.制造业升级也需要维护劳动力优势[N].21 世纪经济报道，2017-12-14(1).

② 李紫宸.中国经济放缓？你想多了！它的创富机会可能大到你不敢想象[N].经济观察报，2018-12-10.

以珠三角地区为例，它是世界上最大的IT硬件中心，其崛起基本上是依靠富士康、华为、中兴、中集、比亚迪等大企业的带动。作为制造业巨头，它们与周边地带在经济地理上的关联性很强。广州是珠三角“领头羊”之一，其大企业则更加传统，汽车、日化、医药等。目前，广州的传统产业正经历一次转型升级。随之在广州的周边形成了梯次明显的产业分布，带动了周边区域的产业承接和产业崛起。

郭台铭在2017年3月富士康广州增城项目冻土仪式上提出了珠江东岸“IT硬件经济带”的观点。他说，希望让珠三角环线能像硅谷101高速公路那样，也串联信息技术的经济带。①

因此，从需求的角度看，要使需求对各类技术制造业诱发出更高的增加值，就需要将部分制造业的生产和销售向四五六线城市转移。并且，这些城市或居于大城市周边地区或居于中西部地区，具有丰富的自然资源优势和劳动力优势。这有利于增进制造业的竞争力。

① 谭保罗.奔赴大城市，但不是它的周边[J].南风窗，2018(24).

第五章　中国服务业的升级与就业吸纳能力

第一节　服务业与制造业关系密切

一、郎咸平教授的产业链"非常 6+1"理论①

郎咸平教授在《产业链阴谋》一书中提出"非常 6+1 理论"，认为在任何行业的产业链，除了加工制造，还有 6 大环节：产品设计、原料采购、物流运输、订单处理、批发经营、终端零售（如图 5-1 所示）。前者是"1"，后者是"6"。

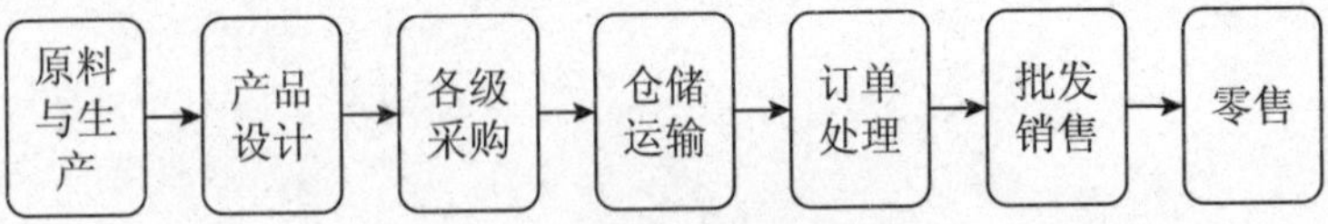

图 5-1　制造业一般运作过程

在国际分工之下，大多数中国企业都被分到附加值最低、最消耗资源、最破坏环境、对劳动者剥削最血腥的制造环节，即上文提到的"1"；而最有价值、最赚钱的环节，即上文提到的"6"部分则主要被美国公司所垄断。在最不赚钱的加工制造环节，我们只能赚到 1 美元，而其他环节却能赚到 9 美元，每当我们创造 1 美元的价值，我们就同时为美国企业创造 9 美元的价值，因此，中国越制造，美国越富裕。

郎咸平教授认为今天的中国是一个以"1"为主而不是以"6"为主的产业结构。很多地方政府呼吁企业搞产业升级和品牌战略，是一个误区。他认为产业升级不应该仍然在"6+1"的"1"上面搞升级，而应

---

① 郎咸平.产业链阴谋——一场没有硝烟的战争[M].北京：东方出版社，2008：2-3，23.

该从“1”升级到“6”，进行产业链高效整合；并且是先整合好产业链，才有品牌，只要这样“就能创造品牌”。在书中，他用了世界知名的服装品牌——西班牙的Zara为例进行阐释。Zara走完整条“6＋1”的流程需要12天，中国服装业者走完整个流程需要180天。也就是说，它们整条产业链的整合速度是中国服装业者的15倍。

一件衣服库存12天成本比库存180天的成本起码节省了90%以上。那么，Zara是怎么做产业链的高效整合呢？在仓储运输环节，Zara加快了运输速度。他们在物流基地挖了200公里的地下隧道，用高压空气运输。此外，他们还用飞机而不是轮船从西班牙将成品运送到上海或香港。在终端零售环节，Zara有意地减少需求量最大的中号衣服，造成供不应求。这样，不但加快了周转率，同时吸引了更多的顾客。在产品设计环节，Zara放弃了自主创新，而代之以“市场快速反应”的思路。他们根据三天卖掉衣服的共性来设计衣服，根据趋势变化稍做修改，而不要创新，大幅缩减了产品设计的速度。

二、“非常6＋1”理论对了吗？

郎咸平教授提出的“非常6＋1”理论，还是引来学者们的一些质疑。

（一）到底是先有品牌还是先有（做好）“6＋1”？

叶楚华认为，整合“6＋1”不是创造品牌的必要条件。这无论是对于国际品牌还是国内品牌而言都适用。①

拿国际奢侈品为例，汽车中的劳斯莱斯、宾利、宝马、法拉利、奔驰等；时装香水中的阿玛尼、范思哲、香奈儿、杰尼亚等；酒类的轩尼斯、人头马、酩悦香槟……所有这些品牌从来不是靠整合“6＋1”而创立品牌。

国内的品牌，如华为品牌的创立是多方位、综合性的艰巨工程，而绝不是什么“6＋1”，但是华为品牌树立之后，通过整合“6＋1”改善了

① 叶楚华.郎咸平说对了吗[M].南京：凤凰出版社，2011：101-105.

经营、降低了成本，增强了竞争力。美国主导发布的“2018年全球品牌价值100强”表明，华为品牌位列第68位。

原国家质检总局（现为国家市场监督管理总局）副局长、中国品牌建设促进会理事长、国际标准化组织品牌评价技术委员会（ISO/TC289）主席顾问组主席刘平均认为，积极参与国际竞争，打造具有自主知识产权、具有国际影响力的中国品牌，培育集群品牌不失为一个有效的方式。“比如，以茅台酒为龙头打造白酒集群品牌，从国际化的战略高度做好产品标准、技术开发、资源共享等工作，可以避免内耗，有序竞争，也有利于更有效地参与国际竞争，打造‘中国白酒’品牌”。①

（二）制造业真的不如服务业重要了吗？

郎咸平教授提出的“6”，是属于相关“服务”的范畴。那么，制造业真的不如服务业重要了吗？

持“需求遵从论”的学者们认为，制造业是服务业（包括生产性服务业）发展的前提和基础，服务业发展处于一种需求遵从地位，即其通过对经济增长尤其是制造业扩张所引致的服务需求来产生影响，因此服务业发展附属于制造业。深圳商报首席记者徐明天②认为，中国制造业缺少“六环节”不是服务业不发达，而是没有制造业可服务。也就是说，中国制造不是缺少“六环节”，缺的是从原材料到元器件，再到产品制造的制造业体系，“六环节”是附着在这个体系上，没有这个体系，就永远不会有“六环节”。

以汽车为例。中国已经是世界第一的汽车大国。中国也有几大汽车厂，但汽车厂生产的是国外品牌的汽车，是对国外汽车公司的组装。不只是汽车发动机是国外的，大部分关键元器件都是国外的，即使是在中国生产，也是国外投资的工厂。一个丰田汽车，就会带进上百家配套厂。一汽的汽车生产流水线，流水线设备就是从国外搬来

① 李亚飞.中国品牌价值加速跑[J].瞭望新闻周刊，2018(51).

② 徐明天.郎咸平的“六环节论”一文不值[EB/OL].(2012-10-04).http://blog.ceconlinebbs.com/BLOG_ARTICLE_99725.HTM.

的，就整个是一个德国汽车制造厂。汽车厂都是合资的，中方要分利润，成本自然就高了。

如果在这些厂生产制造并销售一个新车型，专利费就是10亿美元。如果10万辆，每辆专利辆就是1万美元。这些汽车在中国生产销售，“物流运输、订单处理、批发经营、终端零售”是在中国完成，利润很高，同样的汽车，中国售价比欧美高出差不多一倍。

王晓红等也持有相似观点，他们认为：“制造业是服务业发展的前提、基础、市场，服务业依赖制造业而发展，为制造业提供核心动力、高附加值的支持。没有制造业的发展，服务业就失去了需求来源和增长动力。”①

与“需求遵从论”相对的是“供给主导论”。持“供给主导论”观点的学者们认为，服务业尤其是生产性服务业是制造业生产率得以提高的前提和基础，没有发达的生产性服务业，就不可能形成具有较强竞争力的制造业部门。生产性服务业的发展可以提高社会分工的程度、延长产品的生产链条、降低社会经济运行的交易成本，从而有助于经济增长。显然，郎咸平教授的产业链“非常6+1”理论和“供给主导论”的观点接近。

中国学术界的总体看法是：“需求遵从论”和“供给主导论”都过于偏激，只看到了问题的一面，缺乏对问题全面、深入的剖析；“互动论”比较切合实际。②

所谓的“互动论”指的是，生产性服务业和制造业部门表现为相互作用、相互依赖、共同发展的互动关系。“互动论”背后的机理如下：随着制造业部门的扩大，对生产性服务业的需求，如贸易、金融、交通、社会服务等会迅速增加，这将提高制造业部门的生产率；反之，生产性服

---

① 王晓红，王传荣，彭玉麒.当前制造业与服务业融合发展趋势及特点的研究[J].全球化，2013(9).

② 黄群慧，史丹.中国社会科学院工业经济研究所学科前沿报告2015[M].北京：经济管理出版社，2015:20.

务业部门的增长也要依靠制造业部门中间投入的增加。而且,随着经济发展,服务业和制造业之间彼此依赖的程度加深。①

2017 年 9 月 29 日,财新传媒与中欧陆家嘴国际金融研究院联合举办的“金融开放与服务业发展论坛”上,张军认为,服务业和制造业发展之间的存在联动机制,服务业发展离不开制造业,服务业的支撑在于整体收入提高,而整体收入提高要通过实现早期工业化进程。他指出:“服务业占 GDP 比重上升是持续经济增长、劳动生产率不断缩小和发达国家的差距,这样一个工业化过程的结果。我们学发达国家经验的时候往往会倒过来,觉得美国服务业占比 80%,我们现在只有 50%,我们要尽快缩小占比差距,往往会拔苗助长,把资源都放到服务业上,反而放慢了劳动生产率增长,拉开了和发达国家的差距。”②

(三) 郎咸平教授所谓的“六环节”还重要吗?

从“互动论”的观点看,郎咸平教授的“六环节”当然重要了,但实际上其重要性还不仅如此。

“新工业主义”认为,工业体系的分工深化和拓展所导致的中间需求变化是促进服务活动迅速发展的重要原因:工业体系中服务活动的外部化主要是由于工业企业对专业化技术服务的中间需求的上升。这些中间服务包括:直接作为工业企业的中间投入、作为商品交换过程的流通和金融服务、与新生产结构相适应的人力资本的形成所需要的服务、对整个生产体系进行空间上协调和规制所需要的服务。正是这种工业体系分工过程的深化所产生的中间需求,是推动服务经济发展特别是生产性服务业发展的主要力量。③

---

① 黄群慧,史丹.中国社会科学院工业经济研究所学科前沿报告 2015[M].北京:经济管理出版社,2015:20.

② 财新网.服务业受益于制造业溢出效应 劳动生产率增长率降低[EB/OL].(2017-10-07).http://www.ocn.com.cn/shangye/201710/pgmdu17103700.shtml.

③ 郑凯捷.从以分工为代表的中间需求因素审视迈向服务经济的结构转型过程——研究视角的转变及其综述[J].南京社会科学,2008(1).

根据杨格定理的基本原理，中间需求的增长是由资本化的迂回生产过程产生的。所谓资本化实际上就是指使用机器设备的迂回生产。而迂回生产则是指两个方面：第一，密集型地使用资本货物的生产；第二，由于资本替代劳动，产业链条将越来越长，分工就变得越来越细密。由于生产过程日益大量地使用机器设备等资本货物，大量的劳动者就从直接生产过程中被解放出来，转而为制造和加工提供服务的活动；同时，由于迂回生产过程所导致的产业分工活动的激增，这就为以中间需求为表现形态的生产性服务业的大发展提供了条件。简而言之，资本货物制造业在分工深化，推动生产性服务业发展中发挥着至关重要的作用。①

刘书瀚等认为，中国资本货物制造业落后，其消费品制造业和资本货物制造业所需机器设备的绝大部分都需要从发达国家进口。它们很少会对国内生产性服务业产生需求，这些生产性服务业在发达国家得到繁荣和发展。②

从历史角度看，在 20 世纪 80—90 年代以前，发达国家致富有个基本准则，这就是进口原材料、出口制成品，制造业对国民财富的增进具有决定性的影响，这一准则一直到日本和韩国经济崛起时都是成立的。在那时，生产性服务业还不发达，与加工制造活动密不可分并依附于后者，产业价值链由制造业企业所控制，与制造活动有关的高附加值活动都在一国之内。因此，一国抓住了制造业，实质上就抓住了具有报酬递增之特征的高创新率、高水平进入壁垒、高附加值、高工资和高利润的高质量经济活动。③

但是，随着现代全球价值链的兴起，产业价值链在国家间的分解

---

①　刘书瀚，贾根良，刘小军.出口导向型经济：我国生产性服务业落后的根源与对策[J].经济社会体制比较，2011(3).

②　同上.

③　贾根良，刘书瀚.生产性服务业：构建中国制造业国家价值链的关键[J].学术月刊，2012(12).

已经使得加工和组装等环节出现了“去创新”和“去报酬递增”现象，单纯的制造已经不能使国家致富，而是否掌握核心技术并通过生产性服务业掌控整个价值链对国富国穷则具有了决定性的影响。①

总之，说到制造业，我们不应该再浮现传统意义上的制造业生产场景。如今随着制造业与服务业的深入互动与融合（如图 5-2 所示），二者的边界越来越模糊。制造业就业的增长，尤其是高工资、高附加值的岗位，更多是集中在如产品设计、分销、供应链管理等领域。

根据世界银行的统计数据，在过去 10 年，欧洲仅有德国和瑞士的工业增加值占 GDP 比例没有下跌：瑞士工业增加值占比 GDP 在过去 20 年都稳定在 18%到 20%之间。德国则是 23%，超过英国和法国工业增加值占 GDP 比例的两倍。所谓“去工业化”的概念，在德国、瑞士以及瑞典和奥地利都是不存在的。在欧洲，制造业板块 40%的工作都和服务产业相关，制造业的繁荣极大地拉动了服务产业。②

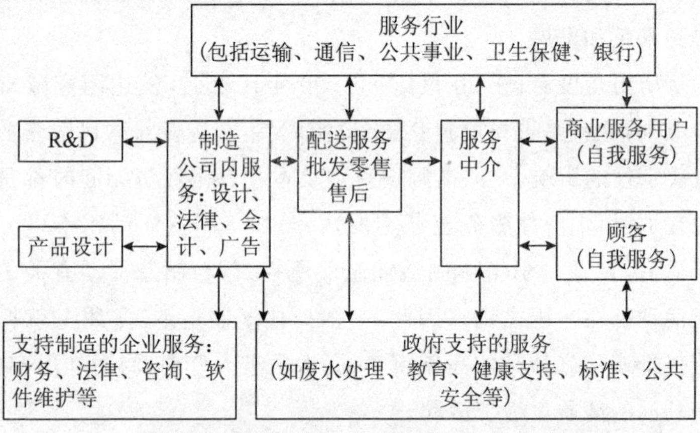

图 5-2　制造业与服务业互动关系分析图

（资料来源：赛迪顾问整理，2013 年 5 月。）

---

① 贾根良，刘书瀚.生产性服务业：构建中国制造业国家价值链的关键[J].学术月刊，2012(12).

② 博朴信达管理咨询.德国劳动力成本那么高，为何仍处在全球制造业的金字塔顶[EB/OL].(2018-06-04).http://www.sohu.com/a/234051825_475865.

三、服务业的创新升级

(一) 服务业发展到了高级阶段就产生了现代服务业

在国民经济核算中，第三产业一直是服务业的代名词。国家统计局 1985 年提出的三次产业分类中，定义第三产业包含除第一、二产业以外的其他行业，将各种类型服务业都划入了第三产业。因此，服务业视同为第三产业，包括了国民经济行业分类中除了农、林、牧、渔业、采矿业、制造业、电力、热力、燃气及水生产和供应业、建筑业之外的其他十五个产业。

据国家统计局的数据显示，中国服务业占 GDP 的比重多年来显著提高，且自 2013 年起就已超过第二产业的占比，2017 年达 51.6%。以不变价格计算，2015 年，服务业对经济增长的贡献达到 52.9%，历史性地超越第二产业的贡献(42.2%)。服务业对经济增长的贡献率在 2016 年和 2017 年分别攀升到了 57.5%和 58.8%。由此可见，服务业已经成为中国经济增长的第一动力。

根据产业结构的演进规律，随着人均国民生产总值的提高，从农业转向制造业，以后再从制造业转向服务业。服务业发展到了高级阶段就产生了现代服务业。

现代服务业是中国特有的提法。这一概念最早是在 1997 年 9 月党的十五大报告中提出的。在内容上，现代服务业既包括直接因信息化及其他科学技术的发展而产生的新兴服务业，如网络通信、IT 信息服务、数值内容、电子商务、现代物流等；也包括以现代化的新技术、新业态和新服务方式改造和提升的传统服务业(如通信业、信息咨询、金融服务等)，具体如表 5-1 所示。

表 5-1 现代服务业的分类(4 个门类 16 个大类)①

基础服务	通信服务	基础电信服务
		广播电视服务
	软件和信息技术服务业	计算机服务
		软件服务(基础软件、工业软件与行业解决方案、嵌入式软件)
		ISP
		网络数据库
		信息系统集成服务
		集成电路(IC)设计
		新兴信息技术服务
生产与市场服务	现代物流	数码仓储
		配送中心
		第三方物流
		配送服务
	商务服务	电子商务
		咨询服务
		法律、会计等市场服务
		博览会会展
	科技服务	研发设计
		研发交流、成果转化与推广
	现代金融	现代银行
		现代金融
		现代证券
		其他金融活动
	服务外包	信息技术外包服务(ITO)、技术性业务流程外包服务(BPO)、技术性知识流程外包(KPO)

① 现代服务业是一个动态概念,此消彼长,随着经济社会的发展,还会拓展新的领域,增加新的内容。

续表

个人消费与文艺娱乐服务	商贸服务	连锁商品销售
	数字内容	媒体出版、数字音像、数字影像、音乐、动漫、游戏等
	数字家庭	
	在线旅游	
社会公共服务	电子健康	
	数字教育	
	社会保障	
	公共管理服务	电子政务

资料来源：赛迪顾问整理，2013 年 5 月。

（二）创新升级服务业需着重考虑的几个方面

目前，中央和各级地方政府高度重视现代服务业的发展，在党的十五届五中全会、十六大报告、十七大报告、《关于加快发展服务业的若干意见》《关于开展服务业综合改革试点工作的通知》《服务业创新发展大纲（2017—2025 年）》、国民经济和社会发展"十三五"规划等一系列文件中明确提出了现代服务业发展的决心和思路。

其中，《服务业创新发展大纲（2017—2025 年）》指出，到 2025 年，服务业发展方式转变将取得重大进展，由服务业大国向服务业强国迈进的基础更加坚实。服务业增加值占 GDP 比重提高到 60%，就业人口占全社会就业人口比重提高到 55%。

中国服务业的发展由大变强，同样需要进行创新升级。为此，需要着重考虑以下几个方面：

1. 积极培育生产性服务业的市场需求空间。生产性服务业是现代服务业的重要组成部分，它是指"那些为其他商品和服务的生产者用作中间投入的服务"。其核心功能是围绕制造业或农业等传统产业，提升这些传统产业的生产效率以及资金、劳动力、土地等生产要素的资源配置效率。

自 20 世纪 70 年代以来，9 个 OECD 成员国制造业对服务业的依赖度基本上呈上升倾向,制造业中间投入出现服务化趋势。然而一直以来,中国生产性服务业都缺乏制造业需求的拉动。其主要原因在于:政府把制造业与服务业的发展对立起来,片面地强调发展制造业,或者片面地强调发展服务业,缺乏融合发展的理念;以生产加工为主的制造业,既不需要企业自身提供服务,也不需要国内服务提供商提供服务;制造业采用封闭式的自我服务模式,从客观上压缩了生产性服务业的市场发展空间。①

现有的研究表明,要培育生产性服务业的市场需求,需要对资本货物工业高端产品实施进口替代战略,提高高端制造业的自主创新能力,鼓励有条件的制造企业推进内置服务外部化、市场化、社会化以及提高生产性服务业的供给总量和质量等。

2. 利用"互联网+"和"人工智能+"多层次、多样化扩大生活服务业的规模,满足人民群众多样化的需求。"互联网+"的大规模普及,重新定义了生产什么、如何生产、谁来生产和在哪里生产这些最基本的经济问题,衍生出更多的新产业、新产品、新服务和新业态。2015年政府工作报告首次提出制订"互联网+"行动计划。随后,国务院印发了《关于积极推进"互联网+"行动的指导意见》。国家各部委相继制订了各领域的"互联网+"行动计划,商务部印发了《"互联网+流通"行动计划》,地方政府也有一系列"互联网+"政策的出台。在上海,这些政策措施促使生活服务业领域产生了携程、大众点评、拼多多等互联网企业。

除了"互联网+"以外,生活性服务业的创新升级还可利用"人工智能+"。人工智能是现代技术发展到一定阶段的产物,核心背后是机器学习、云计算、大数据的繁荣。利用"人工智能+"可实现传统服务业服务内容的创新、服务方式的改变、服务渠道的扩大以及监管模式的优化等。以"人工智能+教育"为例,其应用场景大致可分为人工

---

① 王晓红,王传荣,彭玉麒.当前制造业与服务业融合发展趋势及特点的研究[J].全球化,2013(9).

智能本身的教育普及和利用人工智能技术提高教学效果两大类。重点是后者,它可细分为助力教育机构管理提效的场景辅助教师教学提效的场景、帮助学生学习提效的场景以及新颖度较高的自适应学习。

3. 增强服务业吸纳劳动力就业的能力。制造业升级必将带来大量空余劳动力。在这种情况下,服务业就是解决劳动就业的重要渠道。美国的研究发现,每一个高科技产业的就业可以带动 5 个其他行业的就业岗位,其中,2 个是相对高端的服务业(比如医生和律师),而另 3 个则集中在消费型的服务业(如售货员和餐馆服务员)。换句话说,高、低技能的劳动力的比例大致就是 1∶1 的关系。①

中国很多地方的制造业当前并未升级成功,还很难发展起附加值较高、劳动生产率较高的高端服务业,仍主要是以低端服务业吸纳就业。在这种情况下,中国服务业吸纳的就业尽管在持续增加,但是服务业劳动生产率并没有改善,其增长速度反而在恶化中。

中国宏观经济研究院产业所副所长姜长云的研究表明,中国目前服务业劳动生产率仍明显低于第二产业,低于工业的问题更为严重。按 2010 年不变价格计算,中国服务业 2000 年和 2016 年的劳动生产率分别相当于同年第二产业劳动生产率的 81.6%和 66.2%;从 2000 年到 2016 年,中国服务业劳动生产率相当于第二产业劳动生产率的百分比下降了 15.4 个百分点。②

在工业领域,如按 2010 年美元不变价格计算,中国服务业 2000 年和 2015 年的劳动生产率分别相当于工业的 79.8%和 66.4%。从 2000 年到 2015 年,中国服务业劳动生产率相当于工业劳动生产率的百分比下降了 13.4 个百分点。

此外,除少数年份外,中国服务业劳动生产率的增长仍在总体上慢于第二产业,且近年来增长放缓(见表 5-2)。显然,服务业劳动生产

---

① 陆铭.大城市不需要低端劳动力吗?[J].上海国资,2016(6).

② 姜长云.应该重视提高我国服务业劳动生产率[EB/OL].(2018-06-13).http://www.chinado.cn/? p=6311#prettyPhoto.

率增速的放缓不能支持其工资的持续增长，二者的非协同性增长关系最终会抑制服务业吸纳劳动力就业的能力。因此，增强服务业吸纳劳动力就业的能力，关键在于提高服务业的劳动生产率。

表 5-2　2001—2016 年中国各产业劳动生产率较上一年增速的变化

单位：%

年份	全社会	第一产业	第二产业	第三产业
2001	7.29	1.74	9.12	7.61
2002	8.24	1.86	11.74	7.44
2003	9.34	2.64	13.76	5.83
2004	9.38	8.81	7.65	5.73
2005	10.71	9.33	6.15	7.89
2006	12.18	9.38	6.69	10.73
2007	13.72	8	7.93	13.76
2008	9.22	8.65	5.37	8.37
2009	9.03	7.26	7.92	6.46
2010	10.24	7.91	9.3	7.05
2011	9.11	8.57	7.04	6.58
2012	7.43	8.77	5.05	5.35
2013	7.37	8.85	6.53	3.85
2014	6.91	10.67	7.72	1.31
2015	6.59	9.14	7.20	2.94
2016	6.46	6.38	7.86	3.93

转引自姜长云:《应该重视提高我国服务业劳动生产率》，http://www.chinado.cn/? p=6311＃prettyPhoto，2018-06-13。

注：在本表中，劳动生产率按 2010 年人民币不变价格计算。

第二节 生产性服务业与制造业前向关联——以泉州快递业为例

《中国互联网络发展状况统计报告》的数据显示，截至2017年12月，中国网民规模达7.72亿，网络普及率达到55.8%，超过全球平均水平(51.7%)4.1个百分点。在网上购物强大需求的促进下，中国快递业异军突起，成为中国经济的一匹黑马。

据国家邮政局统计数据显示，2011－2014年快递业务量增幅连续四年超过50%。2014年，全国快递量超过140亿件，首次超过美国，跃居世界第一。2017年，全国快递业务量达到401亿件，实现网上人均购物在75.66件/年。《中国快递业社会贡献报告2017》的数据则显示，快递业在GDP中占比为0.6%，在服务业中占比为1.16%，在社会消费品零售总额中占比为1.35%；2017年快递网点人口密度为1.6个/万人，网点超22万个，快递服务重点城市72小时准时率为78.7%，且带动就业超百万人，间接带动就业超千万人。

快递业属于新兴服务业，凭借高效低成本的优势，不仅打破了传统的流通方式，还通过与其他产业融合，催生了很多新模式和新业态。就目前而言，国内快递业和制造业的结合，大多借由电商平台进行。例如，淘宝、当当、京东等B2C网站大多采用“电子商务＋快递服务”的战略联盟形式。在这种战略联盟形式下，快递业在高歌猛进的同时快递单价却呈逐年下降趋势变动，由2014年的14.65元/件平均单价下降至2017年的12.34元/件(见图5-3)。商家的快递运输成本有所下降，但是快递企业承担的成本有所上升。这反映出，与电商平台捆绑一起的快递业，正面临不断加剧的竞争态势。

本节以泉州快递业2013—2014年的发展为例，分析认为快递业发展应适当脱离电商平台，加强与制造业的联合发展，是避免其“低成本竞争—低利润水平”恶性循环发展的有效路径。

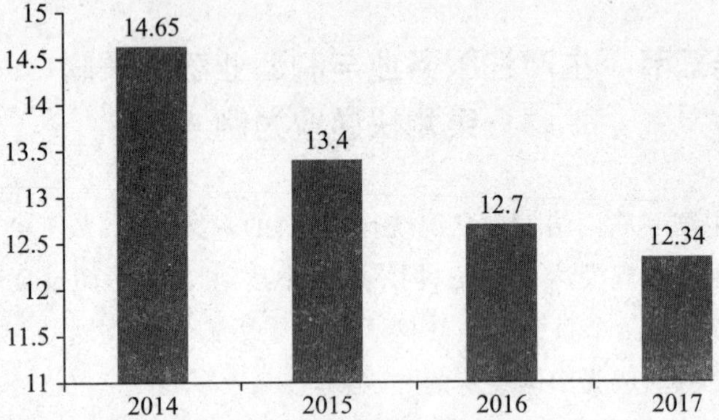

图 5-3　2014—2017 年中国快递单价(单位:元/件)

(数据来源:前瞻产业研究院。)

一、快递业与相关产业发展关联研究的文献回顾

快递业作为中国现代物流业的重要代表性产业,充分发挥了突破时空限制、联系生产生活等优势,广泛深入地参与到生产、流通、消费等各个领域。根据产业关联分析,快递业相关联的产业可分为前向关联、后向关联和旁侧关联三种情况(如图 5-4 所示)。快递业通过提供

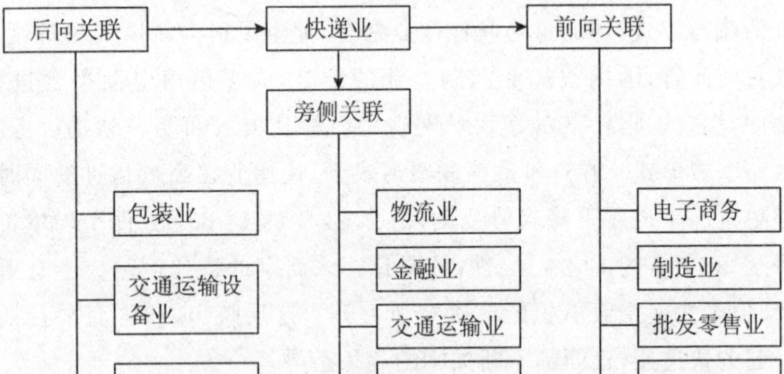

图 5-4　快递业的前、后向关联及旁侧关联

资料来源:李俊英.基于产业关联的我国快递产业的发展研究[D].上海:上海师范大学,2011(4):25.

快速的寄递服务，与电子商务、制造业、批发零售业等发生了关联。从产业链的位序看，这些产业与快递业是前向联系。与此同时，快递业又通过自身的需求，与包装业、交通运输设备业等发生联系，称之为后向联系。物流业、金融业、交通运输业等则是快递业的旁侧关联，为其提供配套服务支持。

现有的研究，从不同的角度分析讨论了快递业的产业关联问题。其中，有关快递业与电子商务发展方面探讨的最多。例如，张金丽指出，快递业务来源于传统的散单业务占比越来越低，超过六成来源于网络电商，尤其是电商 B2C 市场。赵兴分析认为，快递业的整体发展速度滞后于电子商务的发展速度，二者之间的发展呈现了不协调的发展路径。其中一个原因是，目前国内的快递企业只关注业务量的增加，采取价格战以提高自己在快递市场的占有率，企业的利润不断被稀释。郭云、谭克虎指出，目前，国内快递市场具有快递业务许可证的企业数量已经有 8 000 家。快递企业之间的激烈的价格竞争，将导致快递业利润不能随着业务量的增加而增加。他们认为，快递企业只有达到规模经济，才能以低成本、低价格的优势参与市场竞争。因此，快递企业只有兼并重组，不断扩大企业规模，才能获得长久发展。

实际上，电子商务并不是独立的行业类别。在电商平台上，大量的消费者购买的家电、日用品、衣服饰品等，均属于制造业范畴。因此，在电商环境下，有必要考察快递业与制造业前向关联程度，为快递业发展提供可供借鉴的意见。

二、泉州快递业与主要制造业发展前向关联的经验研究

（一）泉州快递业现状

泉州经济的发展模式是“以市场化为制度基础、民营经济与外向型经济互相促进为最大特色、县域经济发达为突出亮点、品牌化为突出优势”，且具有闽南侨乡特色。经济实力隔几年上一个台阶，目前已成为福建省乃至全国发展最快、最具活力的地区之一，为全国 18 个改革开放典型地区之一。全市现辖鲤城、洛江、丰泽、泉港 4 个区，石狮、

晋江、南安3个县级市，安溪、惠安、永春、德化、金门(待统一)5个县区和泉州经济技术开发区、泉州台商投资区。① 其中，泉港“石化基地”、丰泽“中国树脂工艺之乡”、晋江“中国鞋都”、石狮“中国服装名城”、南安“中国建材之乡”、惠安“中国石雕之乡”、德化“工艺陶瓷之乡”、永春“芦柑之乡”、安溪“乌龙茶之乡”等特色经济驰名海内外。泉州经济的发展，尤其是这些专业化、基地化、区域化、集群化的生产，不仅加快城乡一体化进程，也为快递业的快速发展提供了有利条件。

当前而言，泉州快递业发展迅猛，已成为促进地区经济增长的积极力量。从国家邮政局公布的2014年快递业务量和业务收入前50位城市情况来看，全市规模以上快递服务企业业务量(含EMS)完成25 938.9万件，同比增长66.33%，占全省39.65%。人均年快件量突破30件，远超过全省人均年快件量(18件左右)；快递业务收入完成26.35亿元，同比增长45.66%。2014年，泉州快递业务量排名第11位，快递业务收入排名第13位，全国前茅。

泉州快递业在迅猛发展的同时，表现出以下三个方面的特点：

1. 业务量以国内异地为主，国际快递业务占比偏低。2014年，同城、异地、国际快递业务量分别为3 269.15万件、22 545.4万件和124.37万件，占全部快递业务量的12.6%、86.92%和0.48%；同城、异地、国际快递业务量、其他业务收入分别为2.24亿元、20.09亿元、1.79亿元和2.19亿元，占全部快递业务收入的8.5%、76.24%、6.79%和8.31%。

2. 各县市快递业务量的发展存在差异。其中，晋江快递业务量占比最高，为38.24%。排在第二位的是鲤城区，其快递业务量占比21.35%。而泉港区、洛江区以及永春县，它们的快递业务量占比均较低，分别为0.1%、0.11%和0.86%。究其原因在于，各县域经济发展水平以及产业结构存在差异。

---

① 泉州市人民政府.泉州市人民政府批转泉州市气象灾害防御规划(2012—2020年)的通知[EB/OL].(2016-03-02).http://www.jinjiang.gov.cn/show.aspx? ctlgid=412422&id=45281.

3. 以每件快递平均单价来看，快递业发展面临“量增价跌”的困境。泉州快递业进入门槛较低，且民营快递企业提供的服务大多技术含量低，产品同质性高，竞争较为激烈。平均每件快递产生的业务收入较低，2014 年为 10.16 元，比上一年下降了 1.44 元。福建全省的平均单价为 12.4 元，比上一年下降了 1.42 元，全国的平均单价为 14.65 元，比上一年下降了 1.04 元。相比较而言，泉州比全省平均水平低了 18%，比全国平均水平低了 30.6%，且平均单价的降幅超过了全省乃至全国的平均水平，利润水平相对较低。究其主要原因在于，快递业过度集中在电商市场，拼打价格战，导致快递单价下降。

（二）泉州快递业与主要制造业发展的前向关联作用

1. 线性回归分析

在“电子商务＋快递服务”的战略联盟形式下，快递业与制造业前向关联作用究竟有多大呢？对此，本书进行线性回归分析。其中，制造业共选取 14 个行业。但是，若将这 14 类制造行业都作为解释变量，就会因为多重共线性导致线性回归方程出现偏差。因此，本书首先将这 14 类制造产业划分为两大类，一类是新兴行业，包括医药制造业，仪器仪表制造业，计算机、通信和其他电子设备制造业等 3 类制造业；另一类是传统行业，包括了农副食品加工业，食品制造业，酒、饮料和精制茶制造业，纺织业，纺织服装、服饰业，皮革、毛皮、羽毛及其制品和制鞋业，木材加工和木、竹、藤、棕、草制品业，家具制造业，造纸和纸制品业，印刷和记录媒介复制业，文教、工美、体育和娱乐用品制造业等 11 类制造业。

然后，在这两大类制造业中，选取规模以上工业企业在 2013 年 1 月至 2014 年 12 月的行业增加值同比增长率，作为解释变量。同时，还选取工业用电量同比增速作为控制变量；将同期快递业务量同比增速作为被解释变量。在数据来源方面，解释变量和控制变量的数据均来源于泉州市统计年鉴，被解释变量的数据来源于泉州市邮政管理局网站提供的统计信息。用 Eviews 软件做线性回归分析，结果如表

5-3 所示。

表 5-3 泉州快递业与两类制造业前向关联作用的线性回归方程

参数	系数	t 值	Sig	调整后的可决系数	F 值	Sig
截距项	0.791	15.52	0.000	0.451	3.7	0.023
传统行业	0.000 416	1.73	0.100			
新兴行业	0.327 445	1.84	0.082			
工业用电量	−1.312	−2.08	0.052			
AR(1)	−0.400 830	−3.10	0.006			

注:(1) 经单位根检验,表中所选取的变量均为平稳序列,线性回归方程不存在伪回归现象。(2) 调整后的可决系数,主要用于检验样本数据点聚集在回归线周围的密集程度,即检验模型的拟合优度,从而评价回归方程对样本数据的代表程度。(3) t 值,主要用于判定小样本(样本容量小于 30)的两个平均值差异是否显著。一般而言,t 值越大,对应的 p 值越小。(4) *Sig* 是指显著性,该值就是统计出的 p 值,如果 p 值小于 0.01,0.05 或 0.1,说明差异显著。(5) F 值表示的是模型中被解释变量与所有解释变量之间的线性关系,在总体上是否显著做出推断。(6) AR(1)是残差滞后一期,该项是为了剔除自相关因素的影响。

在表 5-3 中,调整后的可决系数为 0.451。这说明,传统行业、新兴行业的增加值同比增长率以及工业用电量(作为控制变量)的同比增速,与快递业务量同比增速这个被解释变量之间的样本拟合效果一般。但是,我们仍可认定解释变量与被解释变量之间存在真实、显著的线性关系,这是因为 t 值和 F 值的显著性水平均在临界值之内。

线性回归方程表明,传统行业增加值同比增长率每提高 1 个百分点,可以促进快递业务量同比增长率提高 0.000 416 个百分点;新兴行业增加值同比增长率每提高 1 个百分点,可以促进快递业务量同比增长率提高 0.327 445 个百分点。工业用电量同比增速曾一直是最受青睐的预测指标,因为它与 GDP 的相关性较大,但是近年来随着泉州市产业结构的调整,传统高耗能工业的萎缩以及低耗能新兴制造业及服务业的扩张。工业用电量的同比变动对快递业务量的同比变动呈现负向作用，前者每提高1个百分点，会降低后者1.312个百分点。比较而言，新兴行业增加值的同比增长，对快递业的前向关联作用要更大些。但是，从回归系数来看，快递业与这两类制造业的前向关联作用都还不足1个百分点。这说明在电商平台下，其前向关联作用均偏弱。

2. 灰色关联度分析

在上述线性回归分析的基础上，本书进一步使用灰色关联度分析法，确定所选取的这14类制造行业对快递业前向关联作用的强弱程度。灰色关联度分析，是分析系统中各元素之间关联程度或相似程度的方法。它是一种相对性的排序分析，其基本思想是依据序列曲线几何形状的相似程度来判断其联系是否紧密。曲线几何形状越相似，相应序列之间的关联度就越大，反之就越小。

对灰色关联程度大小的量化方法，主要有两类：绝对值关联度和速率关联度。前一种方法有明显的缺点，就是绝对值关联度受数据中极大值和极小值的影响，有时不能真正反映曲线之间的关联程度。此外，在计算绝对值关联度时，需要对原始数据做无量化处理，较为烦琐；后一种方法，反映的是两个事物在发展过程中相对变化速率的关联程度。如果两者的相对变化速率一致，则认为它们有较好的关联；反之，如果两者的相对变化速率很不一致，则认为它们的关联程度较差。

计算速率关联系数的公式为：

$$\varepsilon_i(k)=\frac{1}{1+\left|\dfrac{x_i(k+1)-x_i(k)}{x_i(k)\Delta t}-\dfrac{x_0(k+1)-x_0(k)}{x_0(k)\Delta t}\right|},k=1,2,\cdots,n \tag{5-1}$$

上式中，$x_0(k)$与$x_i(k)$分别为参考曲线和要比较的曲线，在本书中分别表示2013年1月至2014年12月期间快递业务量和14类制造行业的增加值（数据来源，同上）。分母中的第二项是要对它们分别计算同比增长率，此时$\Delta t=(t+1)-t=1$。$\varepsilon_i(k)$为$x_0(k)$与$x_i(k)$的关联系数。从而，曲线 $x_i(k)$ 对参考曲线 $x_0(k)$ 的速率关联度（r_i）为：

$$r_i = \frac{1}{n-1}\sum_{k=1}^{n}\varepsilon_1(k) \tag{5-2}$$

根据上述公式计算，结果如表 5-4 所示。速率关联度排序的结果显示，排在前三位的仪器仪表制造业，医药制造业，计算机、通信和其他电子设备制造业均为新兴行业，该结论与上述线性回归关系基本一致。在电商平台下，快递业的作用集中于运输和配送。消费者选择什么样的产品，它们就配送什么产品。因此，实际上，上述速率关联度的排序主要反映的是消费者在电商平台上对泉州这 14 类制造行业的不同青睐程度。

表 5-4　泉州市 14 类制造行业与快递业的速率关联度及排序

行业	速率关联度	排序	行业	速率关联度	排序
农副食品加工业	0.537	14	家具制造业	0.615	6
食品制造业	0.639	4	造纸和纸制品业	0.607	9
酒、饮料和精制茶制造业	0.598	11	印刷和记录媒介复制业	0.613	8
纺织业	0.636	5	文教、工美、体育和娱乐用品制造业	0.614	7
纺织服装、服饰业	0.591	12	医药制造业	0.653	2
皮革、毛皮、羽毛及其制品和制鞋业	0.603	10	计算机、通信和其他电子设备制造业	0.648	3
木材加工和木、竹、藤、棕、草制品业	0.569	13	仪器仪表制造业	0.681	1

三、结论及策略建议

（一）结论

到目前为止，快递企业最大的客户，还是 B2C 与 C2C 电商企业。其主要特点是批次多、批量少、对价格的敏感度也较高。很多快递企业为了争夺市场，甚至打出 3～4 折的优惠。上述经验研究表明，在电商平台上，泉州快递业与主要制造业的前向关联作用偏弱。分类别来看，以仪器仪表，医药，计算机、通信和其他电子设备制造为代表的新兴制造行业的增长，对快递业发展的拉动作用要远大于以食品、纺织等为代表的传统制造行业。

在经济常态化运行背景下，国内市场低迷，终端销售不景气，加之产品同质化问题，泉州的制造业，尤其是传统制造业正陷入“经营寒冬”。尽管如此，从供应链的角度看，制造业对快递业的需求，具有相对的稳定性和长久性，并且对价格的敏感度也低于电子商务卖家。因此，快递企业适当脱离电商平台，加强与制造企业的联合发展，是避免其拼打价格战，陷入“低成本竞争—低利润水平”恶性循环发展的有效路径。

（二）泉州快递业前向关联制造业发展的策略建议

与制造业的前向关联，是快递业发展的重要需求。从出台的相关扶持政策来看，推进快递服务制造业已作为将来一段时期的工作方向。例如，国家邮政局、工业和信息化部联合发布的《关于推进快递服务制造业工作的指导意见》(国邮发〔2013〕178 号)，提出要在技术密集型制造业、制造业规模化发展、制造业定制化生产等 6 个重点领域推进快递服务制造业的发展。这个问题的关键在于，快递业要把降低库存、加快周转、优化流程、降低物流费用率等，作为服务制造企业的重大目标。

1. 引导树立泉州制造与快递服务业融合发展的理念

按照《泉州制造 2025》及三个行动计划(智能制造、提升质量品牌以及发展服务型制造)的发展愿景，泉州制造进行定制化生产与销售，将越来越需要快递业融入前期采购、订单环节、生产阶段乃至分销网络的构建上。因此，快递业不只是一个终端，而是要深入到制造业链条的各个环节。从融合的业务模式上看，入厂物流、仓储＋配送一体化、订单末端配送、区域性供应链服务、冷链物流以及逆向物流等，都将是快递企业可提供的增值服务。

以冷链为例，冷链快递市场潜力十分巨大。随着电子商务的发展，销售蔬菜、水果、鲜花等生鲜产品的网店多了起来，但2014年全国只有20多个城市启用了冷链快递。对此，市政府可考虑重点布局一批强龙头、长链条、补短板的冷链经济示范园区、“冷链物流＋”模式的落地加工园区、加工贸易园区、保税物流园区等。同时大力引进品牌企业在泉州市布局的冷链产品批发交易、集散、储藏、加工、物流配送、信息平台等为一体的现代冷链物流中心（枢纽）项目。快递企业则需要改善自身经营管理，不断提高服务的水平与能力。在这里的关键是，需要泉州快递企业和制造企业树立起产业融合发展的理念，推动新模式和新业态的发展。

2. 推动快递企业由加盟模式转型为直营模式

目前，与全国的情况一样，泉州快递业竞争激烈。在成本不断上升的情况下，递送费却无法提高，导致大多快递企业利润率普遍较低。究其原因，与快递业的经营模式有很大的关系。从国际经验来看，四大快递巨头（DHL、FedEx、UPS和TNT）均采取直营模式。而在中国，主要有加盟和直营两种经营模式。直营模式下，快递企业需要投入巨大资金、规划和发展速度慢。在快递市场发展初期，大多数快递企业都选择了加盟的方式，这样资金投入小、发展速度快，可以价格优势抢占市场份额。

但是，在加盟模式下，每一加盟商均为独立法人，利益多元化，不仅不利于企业一体化、集约化发展，同时也导致经营风险和服务质量难以控制。因此，权衡利弊，推动快递企业由加盟模式转型为直营模式，势在必行。在直营模式下，快递企业大多需要外部融资以缓解资金压力。因此，政府部门可考虑在资金方面对其加大扶持与投入的力度。对于制造企业而言，则可考虑通过股权收购获得控股权，然而再利用其丰富的管理经验和资源加以整合，从而加强自身经营能力，或是获得新业务的横向扩张。

3. 提升快递业从业人员素质

2014 年 10 月 31 日，泉州市政府在《关于促进快递服务业发展的意见》中指出，晋江将规划建设快递产业园。到 2020 年，泉州将建成快递产业园暨跨境电商快件集散中心。可以预见的是，如果从设施配套、用地保障等方面推动该项政策落地，那么泉州快递业向信息化、集成化和自动化发展的步伐将大幅提高。与此同时，快递业从业人员的素质，也需要同步跟进。但是就目前而言，泉州快递从业人员具有流动性强、学历低以及整体知识层次、职业素养、法律意识普遍不高等特点。

2018 年 6 月，国家邮政局印发《关于提升快递从业人员素质的指导意见》(以下简称《意见》)，对进一步提升快递从业人员职业素质、职业保障、职业地位和职业荣誉做出部署，要求加大投入力度，营造良好环境，做好工作保障。《意见》明确了十项重点任务，其中包括：强化职业标准建设、完善职业教育体系、注重加强职业培训、推动完善职业保障、培育践行职业道德、加快推进信用建设、强化职业行为规范、推动完善评价体系、推进全面持续发展、加强思想政治建设等，涵盖了快递队伍建设的诸多方面。

对此，杨玉龙认为，国家邮政局的《意见》最终能否起到提升快递从业者素质的作用，关键在于做好以下三点：一是用人企业应当履行好主体责任，管好自己的队伍，以从业人员的素质提升打牢事业发展的基石；二是相关部门应当履行好监督作用，比如，邮政部门以及各级工会，应当发挥好职能作用，为快递从业者素质提升保驾护航；三是快递从业人员也须自重自强，不断提升个人修养。①

---

① 杨玉龙.提升快递从业者素质须用好指导意见[N].大众日报，2018-07-01(4).

第三节 第三方评估服务的改进——以居民食品安全满意度评估为例

第三方评估的概念,目前并没有一个统一的定义。程燕林认为,从行为角度来看,第三方评估是指由与委托方(政府)和被评估方无隶属关系和利益关系的、具有独立法人资格的专业性评估机构,按照一定程序和标准,对评估对象(公共政策、项目、公共服务、政府绩效等)进行综合评价的一种活动。① 较之于发达市场,中国的第三方评估市场起步较晚。

但是,随着简政放权改革的进一步推进,第三方评估市场作为承接公共权力下放的重要一环,近年来发展势头迅猛。发达国家的经验也表明,一些具有良好专业积累和较强公信力的第三方评估机构,在重大公共政策参考和评估上往往扮演着不可替代的重要角色。可以说,在现代社会,一个高效、公正的第三方评估市场不容或缺。②

据《检察日报》报道,现在的问题在于,依赖第三方评估的消费者和被评估的企业,都参与到对第三方评估的"吐槽"上来,说明目前第三方评估市场确实存在着公信力的问题。推进第三方评估行稳致远,规范化、独立性固然重要,但是评估工作是一项技术性很强的工作,科学合理的评估取决于很多因素,指标体系需要不断修改完善。因此,笔者认为第三方评估服务的改进关键还在于评估方法的优化。对此,本节以居民食品安全满意评估为例进行探讨。

一、居民食品安全满意度评估的背景

食品安全不仅是每个消费者最为担忧的突出问题之一,也是政府部门不得不慎重考虑的问题。政府监管,往往将居民食品安全满意度

---

① 程燕林.如何保证第三方评估的独立性[J].中国科技论坛,2017(7).

② 常俊.第三方评估不能未成熟先变味[N].北京青年报,2018-10-11.

作为一个切入点，通过第三方机构的问卷调查，及时了解当地居民食品安全满意度的状况及具体因素问题，进而做出科学决策。

居民食品安全满意度问卷调查，在正式进行之前通常要进行问卷的信度和效度分析，以保证调查结果的一致性、稳定性与可靠性以及内容的吻合性。然而，即便如此，在用同一份调查问卷得出的不同地区居民食品安全总体满意度，仍缺乏直接的可比性。具体原因如下：

根据《食品安全法》第一百五十条的定义，食品安全是指食品无毒、无害，符合应当有的营养要求，对人体健康不造成任何急性、亚急性或者慢性危害。有学者将食品安全分为绝对安全和相对安全。前者，强调食品的“零风险”。但事实上，这是不可能存在的；后者，强调食品风险在可接受范围内。这样，食品安全在很大程度上是一个主观感受的问题。对食品安全满意度进行的问卷调查，是了解居民对食品安全的愿望或预期的满足程度，因此也只能是一种主观判断。

现实的情况是，食品抽检合格率鲜见 100％的报道。例如，在 2015 年，质检总局加强了食品相关产品的监督抽查力度，全年共抽查 3 891 家企业生产的 4 338 批次产品，抽查合格率为 96.8％。96.8％会是个什么情况呢？如果以飞机飞行为例，假定民航在春节期间共执行航班 37 027 班次，运送 478 万人，按 96.8％的安全率，有 1 185 架飞机掉下来，15.3 万人死掉。如果运送 100 万人，就有 3.2 万人死掉。但是 15.3 万人和 3.2 万人带给公众的冲击感是不同的，虽然两种情况下的安全率都是一样的。因此，将同样合格率的食品，投放于人口规模不同的城市，给当地居民带来的反应也是不同的。人口数量较大的城市居民食品安全满意度可能会出现较低的得分。

之所以用“可能”一词，是因为食品安全满意度还受其他因素的影响存在着不确定性。以在超市购买为例，按一个超市有 1 万种食品计算，如食品合格率是 96.8％，那么里面就有 320 种食品有问题，某居民每次到商场买 10 样食品，那么他可能买到不合格食品的概率是 27.77％；如每次买 20 样食品，就有 47.85％的概率买到不合格食品。这意味着，社会消费品零售总额越高，居民面临食品安全问题爆发的可能性也是越高的，虽然食品的合格率并没有发生变化。除此之外，最终能否让当地食品安全问题暴露出来公之于众，也会因各个地方城市经济发展程度以及居民法律意识的强弱有很大的关系。

因此，要客观、公允地比较不同地方居民食品满意度，需要对调查问卷得出的总体满意度得分进行修正。为此，笔者选择功效系数法来设计居民食品安全总体满意度的修正指标，对地区居民食品安全满意度进行得分修正。

二、基于功效系数法的研究设计

对居民食品安全满意度进行修正的目的，是当问卷调查得出的食品安全满意度分值与修正指标的分值不一致时，能够对前一分值加以修正，以使地区间居民食品安全满意度的比较更趋于合理。为此，借鉴现有研究中，如罗晓光、刘飞虎、龚小凤等基于功效系数法的评价思路。

首先，将食品安全满意度的扣分值划分为五个区段，修正指标的分值所处的区段也相应地划分为五个区段，进行对比修正，如下表 5-5 所示。当二者所处区段相同时，基本修正系数为 1。当二者不一致时，每高出一个区段，基本修正系数依次向下递减 0.1；每低出一个区段，基本修正系数依次向上递增 0.1。其计算公式为：基本修正系数＝1－(修正指标分值所处的区段－食品安全满意度扣分所处的区段)×0.1。

表 5-5　对比修正的区段划分

所处区段	食品安全满意度的扣分	修正指标的分值
1	40	$Y_{min} \sim Y_{1/4}$
2	30～39	$Y_{1/4} \sim Y_{1/2}$
3	20～29	$Y_{1/2} \sim Y_{3/4}$
4	10～19	$Y_{3/4} \sim Y_{max}$
5	9 以下	Y_{max}

注：Y_{min} 和 Y_{max} 分别表示修正指标分值中的最小值和最大值；$Y_{1/4}$、$Y_{1/2}$ 和 $Y_{3/4}$ 为四分位值。

其次是计算调整修正系数。它是指修正指标的分值在表5-5所列的某个区间内，超过区间下限的部分应得到的修正系数，其目的是使基本修正系数的计算更为准确。其计算公式为：调整修正系数＝[（修正指标的分值－本档下限值）÷（本档上限值－本档下限值）]×0.1。特殊的情况是，当修正指标的分值为最大值时，调整修正系数为0，即不需要做进一步调整。

将基本修正系数与调整修正系数加总，得到一个综合修正系数。然后，将食品安全满意度的扣分乘以该综合修正系数，即得到修正的扣分值，进而得到修正的居民食品安全满意度分值。

在上述修正系数的计算过程中，修正指标的选取及其分值的计算最为重要。根据前面的分析，笔者选取常住人口、人均GDP、公共财政支出和社会消费品零售总额四个指标，以反映居民食品安全满意度因地区人口、经济发展程度和消费市场的繁荣程度等因素的不同所受到的干扰。对修正指标的分值计算，采用因子分析法。

因子分析（常用的一种）数学模型为：

$$X_j = b_{j1}F_1 + b_{j2}F_2 + \cdots + b_{jm}F_m + \varepsilon_j, j = 1, 2, \cdots, p \tag{5-3}$$

其中，变量 X_j 通常是先经过标准化处理。$F_1, F_2, \cdots, F_m$ 称为公共因子，它们是不可直接观测但又客观存在的潜在变量。ε_j 称为特殊因子。$\mathrm{cov}(F_j, \varepsilon_j) = 0$，即公共因子与特殊因子是不相关的。$b_{ij}$ 称为因子"载荷"，是第 i 个变量在第 j 个因子上的负荷。

对初始因子"载荷"矩阵求解后，通过旋转和计算，得到新的较为理想的因子"载荷"矩阵和因子得分系数矩阵。于是，修正指标的分值为：

$$Z_i = \sum_{i=1}^{m} d_i f_i / \sum_{i=1}^{m} d_i = \sum_{i=1}^{m} d_i h_{ij} x_{ij} / \sum_{i=1}^{m} d_i \tag{5-4}$$

式中，d_i（$= \lambda_i / \sum_{i=1}^{m} \lambda_i$，$\lambda_i$ 为因子的特征值）为因子贡献率；f_i 为因

子得分；h_{ij} 为因子得分系数，它是由回归分析法得出；x_{ij} 为已经标准化处理的指标值。

三、福建省居民食品安全满意度问卷调查得分的修正

下面以 2013 年福建省居民食品安全满意度问卷调查为例，应用上述功效系数法计算综合修正系数，对不同地区的评价结果进行修正。

首先，利用表 5-6 所列的四个指标值计算修正指标的分值。根据因子分析模型构建的原理，应用 SPSS 统计软件，先对 $X_1 \sim X_4$ 指标进行标准化处理（均值为 0，标准差为 1）。然后用 KMO 检验和 Bartlett 检验数据是否适合进行因子分析，结果如表 5-7 所示。KMO 统计量为 0.682，Bartlett 球形检验的 p 值为 0，这些都说明数据比较适合进行因子分析。

表 5-6　福建地区人口与经济发展的主要指标

	常住人口（万人）X_1	人均 GDP（元）X_2	公共财政支出单位：万元 X_3	社会消费品零售总额（万元）X_4
福州	694	65 457.29	4 894 745	26 351 836
厦门	373	81 572	5 340 945	9 745 064
漳州	493	45 494	2 622 539	7 463 641
泉州	836	62 679	4 222 149	19 455 675
莆田	283	47 619	1 441 627	4 441 346
三明	251	58 986	1 873 622	3 855 313
南平	262	42 127	1 781 228	4 126 815
龙岩	258	57 472	1 994 163	4 906 412
宁德	284	43 617	1 859 540	3 720 714
平潭	40	39 339	443 679	465 319

数据来源：福建省统计年鉴。

表 5-7　KMO 和 Bartlett 检验

Kaiser-Meyer-Olkin Measure of Sampling Adequacy.		0.682
Bartlett's Test of Sphericity	Approx. Chi-Square	31.288
	df	6
	Sig.	0.000

表 5-8 显示，在初始的相关系数矩阵或斜方差的特征根中，第一个因子的特征值 $\lambda_1=3.21$，约占去方差的 80.247%；第二个因子的特征值 $\lambda_2=0.645$，约占去方差的 16.114%，累计方差贡献率为 96.36%。经过了旋转，这两个因子的特征根和方差贡献已经发生了变化，但是累积的方差贡献率仍为 96.36%。依据累积贡献率大于 85%的原则，应提取相应的 2 个公因子。

表 5-8　特征根与方差贡献表

Component	Initial Eigenvalues			Rotation Sums of Squared Loadings		
	Total	% of Variance	Cumulative %	Total	% of Variance	Cumulative %
1	3.210	80.247	80.247	2.129	53.224	53.224
2	0.645	16.114	96.360	1.725	43.137	96.360
3	0.091	2.278	98.638			
4	0.054	1.362	100			

用 SPSS 统计软件做数据处理后，自动产生的两个因子得分 Facl_1 和 Facl_2。应用公式：$Z=(53.224\times \text{Facl\_1}+43.137\times \text{Facl\_2})/96.36$，求得不同地区修正指标的分值，结果如表 5-9 所示。

表 5-9　地区修正指标的分值

	Facl_1	Facl_2	Z
福州	1.722 689	0.489 155	1.170 496
厦门	−0.681 18	2.421 445	0.707 749

续表

	Facl_1	Facl_2	Z
漳州	0.513 424	−0.714 67	−0.036 34
泉州	1.728 725	0.089 935	0.995 114
莆田	−0.334 36	−0.539 99	−0.426 42
三明	−0.788 26	0.357 089	−0.275 54
南平	−0.239 79	−0.768 71	−0.476 57
龙岩	−0.653 96	0.259 837	−0.244 89
宁德	−0.249 63	−0.673 77	−0.439 51
平潭	−1.017 65	−0.920 32	−0.974 09

其次,基本修正系数、调整修正系数与综合修正系数。根据表5-5,对表5-9得到的不同地区修正指标的分值,按照四分位值进行区段划分。同时,不同地区居民的食品安全满意度也进行区段划分。如表5-10所示,不同地区居民食品安全满意度的扣分制都归为区段2。

但是,修正指标的分值分段情况就不同了。根据上面的计算方法分别计算基本修正系数、调整修正系数和综合修正系数以及食品安全满意度修正得分。以龙岩为例,基本修正系数为0.95,调整修正系数为0.001 474。于是,综合修正系数为0.951 474,居民食品安全满意度扣分修正为28.763 059,食品安全满意度修正得分为71.236 941。依次求出其他地区居民食品安全满意度的修正得分,结果如表5-11所示。

对比表5-10和表5-11,修正前后居民食品安全满意度的排序,其中有部分地区的位序已经发生了改变。例如,南平的位序由第2位调整至第4位,泉州、漳州的位序分别向前调整了一位,平潭的位序向后调整了一位,厦门的位序由第6位向后调整至第8位,三明由第9位向前调整至第10位,福州由第10位向前调整至第5位。问题是,地区居民食品安全满意度的这种修正调整,是否在一定程度上反映了修正指标所体现的干扰呢?

根据表5-10修正指标的区段划分可知，表5-11中修正的满意度实际上是划分为5个区段的。其中，南平和平潭归为区段1，宁德、莆田和三明归为区段2，龙岩、漳州和厦门归为区段3，泉州归为区段4，福州归为区段5。对其进行方差分析。由于方差分析的前提条件是各组总体方差没有显著差异，因此首先进行方差同质性检验，得到的相伴概率为0.664，大于显著性水平(0.05)，通过了检验。这表明可以使用方差分析。其次是检验不同组是否存在显著差异。结果是F统计量为3.475，P值为0.1，在显著性水平为0.1的条件下拒绝原假设，认为按照修正指标区段划分得到的修正满意度存在显著差异。这也意味着，修正的满意度已经在一定程度上反映了修正指标所体现的潜在干扰。但是，如果用修正前的食品安全满意度进行上述的方差分析，结果却无法拒绝原假设。

因此，用上述方法得到的居民食品安全满意度修正得分进行地区比较，要比修正前更为客观、公允。

表5-10 福建地区居民食品安全总体满意度与修正指标区段划分表

	满意度得分	排名	扣分	所处区段	修正指标分值	排名	所处区段
龙岩	69.77	1	30.23	2	−0.244 89	5	3
南平	68.64	2	31.36	2	−0.476 57	9	1
泉州	67.34	3	32.66	2	0.995 114	2	4
漳州	66.67	4	33.33	2	−0.036 34	4	3
宁德	64.89	5	35.11	2	−0.439 51	8	2
厦门	63.17	6	36.83	2	0.707 749	3	3
莆田	62.99	7	37.01	2	−0.426 42	7	2
三明	61.34	9	38.66	2	−0.275 54	6	2
福州	61.09	10	38.91	2	1.170 496	1	5
平潭	62.5	8	37.5	2	−0.974 09	10	1

注：$Y_{min}=-0.974\ 09$，$Y_{max}=1.170\ 496$，$Y_{1/4}=-0.448\ 775$，$Y_{1/2}=-0.260\ 215$，$Y_{3/4}=0.779\ 590\ 25$。

表 5-11 福建地区居民食品安全总体满意度修正表

	基本修正系数	调整修正系数	综合修正系数	修正的扣分值	修正的满意度	排名
龙岩	0.9	0.001 474	0.901 474	27.251 559	72.748 441	2
南平	1.1	0.094 708 9	1.194 708 9	37.466 071	62.533 929	8
泉州	0.8	0.055 134 5	0.855 134 5	27.928 691	72.071 309	3
漳州	0.9	0.021 53	0.921 53	30.714 595	69.285 405	4
宁德	1	0.004 914	1.004 914	35.282 531	64.717 469	5
厦门	0.9	0.093 091	0.993 091	36.575 542	63.424 458	6
莆田	1	0.011 856	1.011 856	37.448 791	62.551 209	7
三明	1	0.091 873	1.091 873	42.211 81	57.788 19	10
福州	0.7	0	0.7	27.237	72.763	1
平潭	1.1	0	1.1	41.25	58.75	9

第四节 中国服务业出口的就业吸收能力

对外贸易为中国创造了大量的就业机会。《中国对外贸易形势报告(2018 年秋季)》的数据显示,中国外贸直接和间接带动的就业人数高达 1.8 亿,每 4 个就业人口中就有 1 个从事与外贸相关的工作。然而,随着全球外需的低迷,中国货物贸易持续疲软,进出口竞相回落。以人民币计价,2017 年中国货物出口 153 321 亿元,增长 10.8%;进口 124 602 亿元,增长 18.7%。货物进出口差额(出口减进口)28 718 亿元,比上年减少 4 734 亿元。与之不同的是,中国服务进出口的情况则较为积极。2017 年服务出口 1.54 万亿元,增长 10.6%,是 2011 年以来的最高增速;进口 3.16 万亿元,增长 5.1%,出口增速超过进口 5.5 个百分点。①

因此理论上,积极促进服务出口的发展,能有效促进就业增长,弥

① 数据来源于《中华人民共和国 2017 年国民经济和社会发展统计公报》。

补严峻的货物贸易形势对就业造成的负面影响。但是,另一个事实是,中国服务出口的竞争力仍较为薄弱。2017年,中国服务进出口逆差16 177亿元。目前,中国政府部门正在积极发展服务贸易,将其作为调整经济结构、稳定外贸增长的重要着眼点。因此,在这种情况下,考察中国服务贸易出口对就业的吸收能力以及分类别之间的差异,具有重要的政策参考价值。

由产业关联理论可知,服务出口会通过产业间的波及效应激发总产出,进而诱发出不同的增加值。在这个过程中,为了满足出口生产,服务业往往需要吸收就业人数。在行业就业吸收能力问题上,现有研究通常从两个角度考察。一是基于回归分析法或就业弹性系数等指标,考察行业本身对就业的直接吸收能力;二是基于投入产出法,考察行业发展带动相关行业后对就业的间接或综合吸收能力。由贸易价值链的深入发展,人们逐渐意识到出口的增加值才是对外贸易中的实际得益。因此,服务的出口并不在于出口量的多少,更重要的是从中获得较多的增加值,同时还要有较强的就业吸收能力。

在这种情况下,本节认为基于投入产出法的考察并不十分确切,还应结合就业弹性系数法加以考察。

一、就业弹性系数和投入产出法相结合的分析框架

(一) 服务贸易出口的就业弹性系数

服务贸易出口的就业弹性,是指在某一时期内,就业人数变化率与增加值变化率的比值。该比值越大,吸收就业的能力就越强,反之则越弱。用公式表示如下:

$$K=\frac{\Delta Q/Q\times 100\%}{\Delta N/N\times 100\%}=\frac{\text{就业人数变化}}{\text{增加值变化率}} \tag{5-5}$$

上式中,K 表示就业弹性系数;

Q 表示就业人数;

ΔQ 表示就业人数的变动;

N 表示增加值;

ΔN 表示增加值的变动。

上式中就业人数和增加值都不是现成就有的，它们需要通过投入产出法计算得出。

（二）投入产出法

在核算出口增加值时，大多采用非竞争型投入产出模型。这是因为，在开放的经济体中，进口产品的生产和各种消耗均是发生在国外。用非竞争型投入产出模型得出的直接消耗系数矩阵 $\boldsymbol{A}^d$，能较为准确地反映国内各部门的消耗，用它去做各种分析的结果也较为准确。(1) 定义第 j 部门的劳动力投入系数为：$c_j = L_j / X_j$，其含义是第 j 部门每生产一个单位产品所需投入的劳动力数。$C=(c_j)_{1\times n}$，为劳动力投入系数行向量。于是，出口拉动的就业（即出口的就业吸收能力）为：$Q=C(I-\boldsymbol{A}^d)^{-1}E$。其中，$E$ 为出口列向量。(2) 定义增加值系数，为第 j 个部门的增加值占其总产出的比重，用公式表示：$v_j = N_j / X_j$。$V=(v_j)_{1\times n}$，为增加值系数行向量。于是，出口的增加值为：$N=V(I-\boldsymbol{A}^d)^{-1}E$。

若要得出单位出口拉动的就业和增加值，在利用上述两个公式时，只需要将出口列向量 E 进行标准化（即出口结构）；若要得出各部门出口拉动的就业和增加值，在利用上述两个公式时，则需要将行向量 C 和 V 调整为对角矩阵。

二、结果与讨论

（一）由投入产出法估算的经验准则

表 5-12 是由全球价值链课题组据上述两个公式估算出的结果。由于投入产出法是针对某一年份的计算，无法给出随后连续年份的情况。因此，本书试图以表 5-12 的第二列和第四列的估算数据作为经验准则，然后用随后年份的服务贸易出口数据来对式(5-5)进行估算。

表 5-12　中国服务细项单位出口的增加值和就业吸收能力

	每 1 000 美元出口拉动的国内增加值(美元)	每百万美元出口拉动的国内就业(人次)	每 1 000 美元出口拉动的从业人员报酬(美元)	总出口拉动的就业(万人次)
总服务出口	848	104.8	382	1997
运输	834	78.2	340	304
旅游	864	117.3	421	587
通信服务	904	55.1	364	10
建筑服务	646	73.7	283	90
保险 & 金融服务	949	160.7	311	84
计算机和信息服务	908	41.8	295	60
特许权使用和许可费	783	198.2	439	21
其他商业服务	860	125.9	420	839
个人文化和娱乐服务	896	123.9	464	2

将表 5-12 最后一列除以第三列，然后调整为以亿美元计价单位，得出服务出口总额，具体如表 5-13 所示。将表 5-13 中服务出口总额与国际收支平衡表中的数据进行对照，结果发现：表中其他商业服务的出口额，基本上与国际收支平衡表中的咨询、广告宣传以及其他商业服务出口之和一致；表中特许权使用和许可费出口、个人文化和娱乐服务出口与国际收支平衡表中的专有权利使用费和特许费出口、电影音像出口均相差 1 个单位；表中其他细项的出口与国际收支平衡表中的服务细项出口均一致。因此，本书对随后 2013—2015 年的服务贸易出口数据，均采用来自于国际收支平衡表中的数据。

表 5-13 中的年平均工资数据，是将表 5-12 的第四列除以第三列，然后调整为以美元计价单位后得出。表 5-13 的最后一列是各行业城镇私营单位就业人员平均工资，数据来自国家统计局，将其按汇率折算为美元计价后与第三列进行对比。结果发现：除了运输、旅游和通信服务以及个人文化和娱乐服务业的年平均工资较为靠近外，其他服务业的年平均工资有较大差异。由于受生产力的提高、资本积累以及

通胀等因素的推动，服务出口就业人员的年平均工资总会上升。这导致了就业人数会比之前的估算略有下降。为了反映这种情形的出现，本书利用国家统计局提供的2012—2015年各行业城镇私营单位就业人员年平均工资数据，估算服务细项出口拉动的就业人数。具体是将2012—2015年服务细项的出口额，分别乘以表5-12中"每1000美元出口拉动的从业人员报酬"，然后再分别除以2012—2015年各行业城镇私营单位就业人员年平均工资数据估算得出。

表5-13　2012年中国服务细项单位出口总额及年平均工资

服务业细项	出口总额（亿美元）	年平均工资（美元）	服务业细项	各行业城镇私营单位就业人员年平均工资（元/美元）
运输	389	4,348	交通运输、仓储和邮政业	28 159(4 460)
旅游	500	3,589	住宿和餐饮业	23 933(3 791)
通信服务	18	6,606	信息传输、计算机服务和软件业	39 518(6 259)
建筑服务	122	3,840	房地产业	30 778(4 875)
保险 & 金融服务	52	1,935	金融业	32 696(5 176)
计算机和信息服务	144	7,057	信息传输、计算机服务和软件业	39 518(6 259)
特许权使用和许可费	11	2,215	科学研究和技术服务业	36 598(5 797)
其他商业服务	666	3,336	租赁和商务服务业	31 796(5 036)
个人文化和娱乐服务	2	3,745	文化、体育和娱乐业	26 177(4 146)

注：最后一列括号中的数据是以美元计价的年平均工资，按汇率1美元＝6.313 7元人民币折算。

（二）服务总出口的就业弹性系数

首先，仅考虑2012—2015年中国服务出口结构变动的情形。根据上面的讨论，调整2012年中国服务细项单位出口的就业吸收能力。

表5-12的数据显示，通信服务、保险和金融服务、计算机和信息服务单位出口的增加值都在900美元以上，均为高附加值服务业。但是，在就业吸收能力方面，都比较低。其中，保险和金融服务每百万美元出口拉动就业60人次；通信服务、计算机和信息服务每百万美元出口拉动的就业分别为58人次和47人次。可见，在服务细项中，既要有较高的单位出口增加值，又要有较强的就业吸收能力，二者同时兼顾是较为困难的。

更为重要的是，上述三类服务项目均需要依托专业的技术人员，且不是主要的出口项目。2012年，通信服务、保险和金融服务、计算机和信息服务在中国服务出口总额中的占比分别为0.9%、2.7%和7.6%。因此，从服务总出口拉动的就业人数来看，通信服务、保险和金融服务、计算机和信息服务出口拉动的就业人数，均不够多，分别为11万人次、31万人次和68万人次。由此可见，贸易结构对总服务出口的就业吸收能力的影响也十分重要。

2012—2015年中国服务出口的发展，总体上保持逆势增长的态势。其中，高附加值服务出口的规模在不断增加，出口结构也在优化之中。2015年，电信、计算机和信息服务出口270亿美元，同比增长25%，占服务出口总额比重提升1.5个百分点；专业管理和咨询服务出口291亿美元，同比增长13.6%，占比提升0.7个百分点；广告服务、知识产权使用费出口增幅分别达37.1%、64.9%，占比均比上年有所提高。[①] 尽管如此，从表5-14的数据来看，每百万美元服务出口拉动的国内就业并没有明显的变动。这主要是因为，服务出口的增加，并不意味其增加值的增加，所以也就并不一定会增加就业需求。表5-14的最后一行是总服务出口的就业弹性系数，因为同时考虑了增加值和就业的变动情况，因此能更为全面地考察中国服务出口结构优化对就

---

① 商务部新闻办公室.2015年中国服务贸易量质齐升进出口额再创新高[EB/OL].(2016-02-14).http://www.mofcom.gov.cn/article/i/dxfw/nbgz/201602/20160201254394.shtml.

业吸收能力的影响。从弹性系数的变动来看，2014 年的最高，为 1.025，此后在 2015 年降为 0.96。相比较而言，中国服务出口结构的优化增强了其就业吸收能力。

其次，在上述服务出口结构变动的基础上，进一步考察年平均工资变动后的情形。结果如表 5-14 所示，情况变得十分不同。每百万美元服务出口拉动的国内就业，在 2012—2015 年期间趋于下滑，由 2012 年的 84 人次下滑至 2015 年的 60 人次。受此影响，总服务出口拉动的就业人数，也出现了下降，由 2012 年的 1 594 万人次，降至 2014 年的 1 218 万人次，随后在 2015 年回升至 1 364 万人次。进而就业弹性系数大幅波动，由 2013 年的－0.92 变动至 2015 年的 0.564。由此可见，由于技术进步、资本积累以及通货膨胀等因素引致的年平均工资的上扬，在一定程度上弱化了服务出口的就业吸收能力，从而抵消了服务出口结构优化导致的对其就业吸收能力的增强效果。

表 5-14　2012—2015 年中国总服务出口就业吸收能力、拉动的国内增加值和就业弹性系数

情形 1:仅考虑服务出口结构的变动	2012	2013	2014	2015
每百万美元出口拉动的国内就业(人次)	84	84	83	83
总出口拉动的就业(万人次)	1 594	1 715	1 579	1 901
总出口拉动的国内增加值(亿美元)	1 615	1 745	1 610	1 952
就业弹性系数	——	0.943	1.025	0.960
情形 2:同时考虑服务出口结构和年平均工资的变动	2012	2013	2014	2015
每百万美元出口拉动的国内就业(人次)	84	72	65	60
总出口拉动的就业(万人次)	1 594	1 476	1 218	1 364
总出口拉动的国内增加值(亿美元)	1 615	1 745	1 610	1 952
就业弹性系数	——	－0.920	2.259	0.564

三、结论及相关建议

（一）结论

增加中国服务出口，既是中国经济发展和经济结构调整的客观需要，也具有拉动国内就业增长的积极意义。由于价值链的深入发展，增加中国服务出口，有时并不能保证就业的自动增长。因此，基于投入产出法考察服务单位出口拉动的就业，并不能全面、深入地了解服务出口的就业吸收能力。结合就业弹性系数法的分析，则同时考虑到了服务出口的增加值、拉动的就业人数以及服务出口结构的影响。

由上面的分析可知，从服务出口结构优化的角度，提升中国总服务出口的就业吸收能力，不失为有效途径。但是，服务业就业人员的年平均工资随着时间推移而不断增加，会影响了这一途径的有效性。如表 5-14 的情形 2 所示，就业人员的年平均工资大幅上涨，导致单位服务出口的就业吸纳能力在 2013 年大幅下滑。在这种情况下，总服务出口拉动的就业负增长，而其拉动的国内增加值正增长，最终导致了就业弹性系数为－0.92，小于 0。此时意味着中国服务出口的增长，并不能带来国内就业的增加。

（二）相关建议

1. 服务出口与货物出口加快融合

货物出口贸易中往往蕴含着服务出口的机会。这是因为在价值链的上中下游中，那些带有商品属性的服务大多是作为中间投入品。例如，生产上游阶段的产品设计、咨询等服务；中游阶段的质量控制、设备维护等服务；下游阶段的会展、广告、运输等服务以及贯穿上下游的金融、保险等服务。这一系列的服务具有知识含量高、资本和技术密集、资源消耗少等特点，其比重的提升不仅会提升货物出口贸易的附加值，还在整体上优化了服务出口的结构。

2. 充分发挥地方政府的组织协调作用，避免服务出口陷入恶性竞争

2015 年，国务院印发了《关于加快发展服务贸易的若干意见》，首次对服务贸易发展做了全面部署。同年，商务部还启动了服务贸易

"十三五"规划编制工作。目前,各地方也都积极地将发展服务贸易作为调整结构、稳定外贸增长的重要抓手,出台了本地支持服务进出口发展的政策文件。在这一过程中,需要避免因高附加值服务提供者进入太多、竞争过度给服务出口造成的负面影响。为此,需要加强地方政府间的组织协作,建立横向互联和纵向互通的协调机制,有效地推动服务进出口的发展。

3. 适当抑制服务业就业人员年平均工资的过快上涨

服务业就业人员的平均工资上涨,并不完全是由其劳动生产率的提高所推动的。根据发达国家的发展轨迹,经济越发达,服务业占 GDP 比重越高,吸纳了大部分就业人口,服务业就业人员收入也越来越高。例如,日本服务业从业者收入很高,一个清洁工也收入不菲,究其原因在于日本制造业劳动生产率提高,服务业承接了制造业生产率提高的溢出效应。①

目前,中国的城镇单位就业人员平均工资年均增幅在 15%左右,基本上是 5 年翻一番。其中,服务业就业人员年平均工资的上涨,尽管能在一定程度上改善收入分配,但是过快上涨对于一些服务业或制造业企业而言,都是非常沉重的负担。

因为制造业下滑,人们工资涨幅会随之放缓,自然会压缩社会对服务业的市场需求空间。所以,这也会限制吸纳劳动力就业的能力。当然,适当抑制服务业就业人员年平均工资的过快上涨,还是要以维持企业利润增长为调控的出发点,为企业减负,也避免服务业市场需求规模的萎缩。

---

① 财新网.服务业受益于制造业溢出效应 劳动生产率增长率降低[EB/OL].(2017-10-07).http://www.ocn.com.cn/shangye/201710/pgmdu17103700.shtml.

第六章　中国经济升级需要留住不可替代的人才

第一节　海外人才回流与中国经济升级

一、海外人才对中国经济升级意义巨大①

美国一直是全球人才争夺战中的最大赢家，几乎吸引了全球半数以上的人才移民，全世界近60%以上的顶尖科学家都在美国工作。②据美国考夫曼基金会发布的《美国新移民企业家的昨天与今天》报告发现，在被抽样调查的335家工程类科技型企业中，43.9%是由移民企业家创办。移民撑起美国科技界半边天的说法并不夸张。

中国正处于从低技术的劳动密集型经济向科技创新驱动型经济转变的重要时期，需要在不断提高核心技术的研发能力的同时，加大开发具有独立知识产权的产品的力度，制订和实施自有品牌发展战略，在国际高端市场推广和营销自己的品牌产品。广大的海外华人专业人士在全球各地学到的很多宝贵知识和技能，对中国经济升级意义巨大。

第一，促进基础科研水平大幅提升。据不完全统计，中国70%以上的教育部直属高校校长、80%以上的两院院士，都有海外学习或工作经历。“千人计划”分13批引进7 000余人，绝大多数来自美欧等科教发达国家知名高校、科研机构和跨国企业，包括6名诺贝尔奖得主、

① 新华社.归国潮　不拘一格招才引智　留学人才舞台广阔[N].青年报，2017-11-07(A01).

② 张建松.梦醒时分：亚洲“人才回流”的中国机会[N].经济参考报，2017-02-10.

80 余名美欧等发达国家科学院、工程院等院士。如，清华大学生命科学学院在施一公等海外回国人才带领下，自 2009 年以来，已在《自然》《科学》等世界顶级期刊上发文 70 多篇，国际影响力迅速提升。

姚期智长期从事计算机科学和量子信息科学研究，是迄今为止世界计算机科学领域的最高奖项“图灵奖”得主中唯一一位亚裔专家。他的回归，填补了中国在计算机理论研究方面的空白，让中国计算机理论研究真正与世界接轨。

量子物理学家潘建伟、陈宇翱和陆朝阳，三人三夺世界量子电子学和量子光学领域最高荣誉——菲涅尔奖。回国后，潘建伟主持研制的世界上首颗量子科学实验卫星“墨子号”成功发射，圆满完成了包括在国际上率先实现千公里级星地双向量子纠缠分发在内的三大既定科学目标……英国《自然》杂志评价：量子通信领域，中国用不到十年时间，由一个不起眼的国家发展成为世界劲旅。

第二，助推科技创新创业大潮。海外留学人员回国后创建了大批高新技术企业，促进形成创业文化，为中国经济带来新的活力。如李彦宏创立百度公司等，国家“千人计划”专家创办的企业已有 73 家挂牌上市。“千人计划”专家、浙江贝达药业公司董事长丁列明，成功研发出世界第三个、中国第一个小分子靶向抗癌药“凯美纳”；同为“千人计划”专家的信达生物制药（苏州）有限公司董事长俞德超，回国后带领团队开发上市了中国第一个具有全球知识产权的生物创新药“康柏西普”，是中国近 10 年批准上市的第一个大分子药物。

第三，攻克一批关键核心技术。2017 年 5 月，中国南海海域天然气水合物（可燃冰）首次试采成功，将对推动能源生产和消费革命产生重要影响，国家“千人计划”专家卢海龙担任试采工程首席科学家。载人航天、“天河”高性能计算机、北斗卫星导航、“蛟龙”系列深海潜水器等战略高技术突破背后，留学人才身影频现。

第四，促进国际交流和对外开放。一些专家参与国际规则制定，在全球治理中提出“中国方案”，推动重要国际性学术会议在中国召开，提高了中国在相关领域学科的国际地位。并且，不乏海外华人了解认识国际商业、经济政治及文化环境，了解国际商务的游戏规则，熟悉国际商业的惯例，并且能够用国际通行的交易和交往规则和别人打交道。这一群人员回国，可以为中国的对外开放，尤其是中国企业走出去提供帮助。

第五，撬动人才体制机制改革。“千人计划”的实施，推动各单位在人才和科研机制上大胆突破、先行先试、新人新策、特事特办，实现“出人才、出成果、出机制”。许多专家带回先进科研管理理念和经验做法，对国内人才体制机制创新产生积极影响。

北京生命科学研究所实行“科学家为主”的管理机制，较短时间内实现科研成果和人才培养双丰收，成为国内科研机构改革的“试验田”。

二、海外人才的加速回流形成态势

教育部的数据统计显示，出国留学规模的持续增长，使中国生源领跑世界。改革开放 40 年来，各类出国留学人员累计已达 519.49 万人，目前有 145.41 万人正在国外进行相关阶段的学习和研究。以 2017 年为例，中国出国留学人员目的地仍相对集中，多数前往欧美发达国家和地区求学，“一带一路”国家成为新的增长点。当年赴“一带一路”沿线国家留学人数为 6.61 万人，比上年增长 15.7%，超过整体出国留学人员增速。其中，国家公派 3 679 人，涉及 37 个“一带一路”沿线国家。

从 1978 年到 2017 年底，共计有 313.20 万名留学生在完成学业后选择回国发展，占已完成学业留学生人数的 83.73%。党的十八大以来，中国正形成最大规模海外人才“归国潮”。2010 年到 2017 年，中国在外留学生回流比例逐年增加，仅 2017 年就有 48.09 万留学人员回国，较 2012 年增长 20.8 万人，增幅达 76.2%（如图 6-1 所示）。人员结构从“高精尖”向多层次扩展；从业领域从科研向创业、公共服务等多元化扩展。

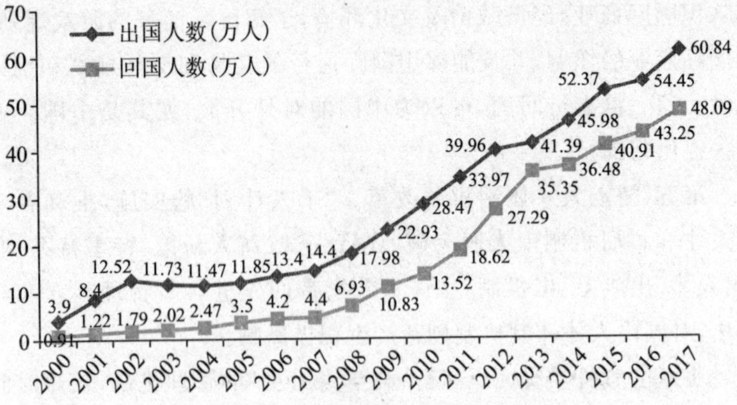

图 6-1　2000—2017 年留学生出国与回国人数对比

（资料来源：中国教育部。）

海外人才主要是被“吸”回来的。科技人才的流向与地区经济发展密切相关。例如，1980 年，当我国内地（大陆）的国内生产总值人均达到 290 美元时，留学生的回国率 10%；我国香港地区人均达到 8 719 美元时，其海外留学生的回流率达到 31%；同年，我国台湾地区达到 4 459 美元，其留学生的回流率达到 36%。1990 年，我国内地（大陆）达到 370 美元时，留学生的回流率达到 12%，我国香港地区人均达到 14 849 美元，回流率为 45%，我国台湾地区分别为 8 063 美元和 54%。2000 年我国内地（大陆）达到 812 美元，留学生回流率达到 30%；我国香港地区达到 24 187 美元时，回流率达到 50%；我国台湾地区达到 12 704 美元时，回流率上升到 72%。研究也表明，母国经济与全球化融合的程度越高，政府对科技人才的重视程度和投入较高，科研工作条件改善越快，人才回流的比例就越高。①

2008 年 12 月，中共中央办公厅转发《中央人才工作协调小组关于实施海外高层次人才引进计划的意见》，主要是围绕国家发展战略目标，引进海外高层次人才。在中央人才工作协调小组指导下，中央组

① 梁茂信.“人才循环”与“美国人才流失”说：黑白颠倒的伪命题[J].世界历史，2013(1).

织部会同人力资源和社会保障部、教育部、科技部、国务院国资委等部门组成海外高层次人才引进工作小组。各地各部门建立引才工作小组或办事机构。多地还把引才办事处设在了国外，有的甚至把引才联络办公室开设到了美国知识密集度最高的硅谷。

继中央启动国家“千人计划”后，各省区市、高校、大型企业及社会组织的“海外引才计划”全速推进（见表 6-1、表 6-2）。各专项引才计划的实施对海外人才产生了吸引力。以浙江省为例，2017 年以来，该省大力创建千人计划产业园，6 个省级千人计划产业园已经聚集“国千”人才 177 名，“省千”人才 106 名，落户海归项目 414 个。①

表 6-1　中国部分地方引才计划一览表

部委	引才计划
人力资源社会保障部	赤子计划、留学人员科技活动项目择优资助、留学人员回国创业支持计划、高层次留学人才回国资助计划
教育部	教育部长江学者奖励计划、高校学科创新引智计划、教育部春晖计划、教育部新世纪优秀人才支持计划
中国科学院	中科院百人计划、中科院创新团队国际合作伙伴计划
自然科学院基金委	自然科学基金委杰出青年计划
中国科协	海智计划

资料来源：平安证券研究所。转引自张明：《中美贸易战升级情景：美国贸易之外的打击手段》，https://wallstreetcn.com/articles/3267951，2018-04-01。

表 6-2　中国部委引才计划一览表

省（市、自治区）	引才计划
北京	北京海外人才聚集工程、凤凰计划
天津	天津千人计划
河北	河北百人计划、唐山市海外高层次人才引进计划

① 王伟健，方敏，等.创新引领 企业发展马力足[N].人民日报，2018-03-23(10).

续表

省(市、自治区)	引才计划
上海	上海海外高层次人才聚集工程、上海“曙光计划”、上海浦江人才计划、上海市杨浦区海外高层次人才创新创业基地“3310”引才计划、上海千人计划
江苏	江苏双创引才计划、南京 321 计划、苏州海鸥计划等
浙江	浙江海外高层次人才引进计划、杭州 521 计划、杭州高新区鼓励海外高层次人才创新创业“5050 计划”、宁波国家高新区“2512”引才计划等
广东	孔雀计划、南海“蓝海人才计划”、广东省引进创新科研团队专项计划、广州市创新创业领军人才百人计划、广州开发区海外高层次人才引进和培养“213 工程”等
福建	福建省引进高层次创业创新人才计划、泉州市引进高层次创业创新人才计划、厦门火炬高新区“515”工程、厦门市高层次人才引进双百计划等
山东	山东省引进海外高层次人才万人计划、青岛 300 海外高层次人才计划等
山西	山西百人计划
安徽	安徽百人计划、皖江学者计划
河南	中原崛起百千万海外人才引进工程、河南百人计划、洛阳市海外高层次人才引进 1211 工程
湖北	湖北百人计划、武汉“黄鹤英才计划”、武汉东湖“3551”人才计划
湖南	湖南百人计划
江西	江西省面向国内外引进优秀高层次专业技术人才计划、江西赣鄱英才 555 工程
四川	四川百人计划、成都人才计划
重庆	重庆千名优秀人才引进计划、“两江学者”计划、重庆百名海外高层次人才集聚计划
青海	青海省引进海外高层次人才工作
广西壮族自治区	广西“八桂学者”
云南	云南百名海外高层次人才引进计划

续表

省(市、自治区)	引才计划
辽宁	辽宁千人计划、大连市海外学子尖端人才归国创业工程、沈阳“凤来雁归”工程等
吉林	吉林千人计划、长春“百人工程”、长春高新区“长白慧谷”英才计划等

资料来源：平安证券研究所。转引自张明：《中美贸易战升级情景：美国贸易之外的打击手段》，https://wallstreetcn.com/articles/3267951，2018-04-01。

改革开放特别是党的十八大以来，中国科技创新投入规模快速增大。2017 年全社会 R&D 支出占 GDP 比重为 2.15%，超过欧盟 15 国 2.1%的平均水平，研发经费投入强度上升到 2.12%，达到中等发达国家平均水平。① 随着政府对科技人才的重视和投入的增加，中国科学家近年来的收入也快速增加，与美国科学家的收入水平基本持平，有时甚至高得多。调查中有 81%的留学归国人员认为，国内创业机会比国外“要更好，甚至好得多”。

BAT(百度、阿里巴巴、腾讯)以及新兴的 TMD(今日头条、美团、滴滴出行)这些科技巨头，正在用三大法宝——增长更快的薪资、更多的机会以及家的感觉，吸引优秀的人才回国。日本《SPA》杂志最新一期发表题为“中国爆买日本人”的报道。以在日设分公司的中国华为为例，指该公司的征聘广告引人注目，要以月薪 40 万日元聘用刚踏出校门的工程系毕业生，这比日本任何著名科技企业给的薪资都高出一倍。

据全球化智库(CCG)和职业招聘网站智联招聘在 2017 年对 1821 人的一项调查研究显示，科技领域的人才占回国留学生的 15.5%。这个数字较 2015 年上升了 10%。

三、海外人才被逼中美“二选一”

特朗普政府在对中国进行贸易制裁的同时，还花大力气阻止中国

---

① 沈慧.科技创新形势喜人也逼人[N].经济日报，2018-07-15(1).

技术超越美国，比如审查限制中国在美投资，在核心领域对中国严防死守，对华人高科技人才向中国的流动实施更加严格的限制。

2018 年 2 月 16 日，FBI 局长克里斯托弗·雷在国会听证会上称几乎所有领域中学习和工作的华人教授、科研人员、学生都有可能秘密地在为中国政府收集情报，可被视之为“非传统的情报收集人员”。并认为在美华人学生和学者是美国国家安全的威胁，需要美国全社会关注应对。另外，中央情报局局长等多名美国高官也对此发言表示附和。①

美国媒体也附和着批评科技公司的中国员工可能泄露关键技术信息，希望切断中美科技合作。2016 年 6 月，美国白宫加大了对华裔科学家的限制力度，美国国务院开始将在敏感研究领域学习的中国留学生签证停留期限从五年缩短为一年。

现在的大背景是，世界强国纷纷把人工智能（AI）上升为国家战略，企业巨头也努力冲向这一必将影响人类未来命运的产业。如，美国白宫发布《国家人工智能研究与发展策略规划》，谷歌、脸谱等 IT 巨头在人工智能领域积极探索；中国在 2017 年的两会上把“人工智能”首次写进政府工作报告，并制定促进人工智能创新发展的规划，以 BAT（百度、阿里、腾讯）为代表的企业也展开布局，迎接“人工智能＋”大时代。

伴随着目前中国人工智能领域的投资和发展，中国一些人工智能相关技术，在国际上已经处于领先水平。以百度人脸识别技术为例，该技术识别准确率超过 99%，可识别人脸上的 72 个特征点，并将这些特征点连接起来形成面部表情网，据此识别每个人的各种表情。②

许多美国人将中美人工智能技术竞争比喻成新的军备竞赛。由于有美国科技巨头工作背景的中国（或华人）人才正在成为推动中国

① 张明.中美贸易战升级情景：美国贸易之外的打击手段[EB/OL].(2018-04-01). https://wallstreetcn.com/articles/3267951.

② 刘娟娟.中国开启“人工智能＋”大时代[J].环球，2017(6).

企业全球扩张和国家主导下一代人工智能和机器学习技术的关键力量。因此,美国更是加强对中国 AI 人才的监控和打压。

例如,美国政府对席宁的指控和逮捕。席宁是前美国密歇根州立大学教授、著名机器人研究专家,2015 年 10 月从密歇根州立大学辞职。离职后,他为中科院"百人计划"成员。2018 年 2 月 15 日,他在密歇根州立大学附近被美国联邦调查局(FBI)以诈骗罪逮捕。

联邦法院记录显示,FBI 指控席宁欺诈。对象包括密歇根州立大学及总部在纽约的非营利机构美国电气及电子工程师学会(IEEE)。FBI 特工 Bruce Fowler 称,席宁虚报旅费报销申请及其他费用,2011 年 1 月 1 日至 2016 年 1 月 31 日期间,欺诈金额已经超过 42.9 万美元,而这些欺诈金额被用于支付了巨额的信用卡账单。FBI 在案中所说的经济问题,其主要目的是杀一儆百,阻断华人科学家和中国的联系。

面对特朗普政府对华裔科学家不友好的风气,据美国《华尔街日报》网站 2018 年 6 月 26 日报道,在美国最引以为豪的科技中心硅谷,正有一大批的来自中国的工程师、科学家和其他技术人员准备回国。

Gavin、克雷格认为,现在,美国的中国科学家可能会遭遇 60 年前钱学森回国时的困境。①

第二节 企业留住不可替代人才的途径

人才根据其市场稀缺度不同分为可替代人才与不可替代人才。可替代人才解聘或辞职了可以在人才市场上找到足够的后备力量,他们的流失对公司的影响不大,且工资成本低;而不可替代人才或者掌握着企业的核心技术,或者具有独到的经营管理能力,或者具有筹集运作资金的本领,他们对企业的生存与发展起着举足轻重的不可或缺

---

① Gavin,克雷格.华裔 AI 专家被捕:美国对华"技术冷战"祭出人才监控、技术封锁和企业打压大招[EB/OL].(2018-02-28).https://www.sohu.com/a/224553281_313745.

的作用。

20 世纪 90 年代 TCL 一飞冲天时，旗下猛将如云。手机业务、电工业务、电脑业务、互联网业务、国际业务等，几乎各大业务，各大板块都由一个明星式的领军人物担纲，在业界和媒体都显得非常活跃和高调。然而，国际购并以来，这些明星人物或退居二线，或离开 TCL。到了 2007 年，连胡秋生、袁信成、吕忠丽等这些被业界称为 TCL 创业元老的高管都齐齐离开了 TCL。[①] 此后，TCL 逐渐衰落。

因此，如何留住不可替代人才是摆在每个企业家面前的一个重大课题。本书认为，企业可通过如下途径留住不可替代人才。

一、倡导以人为本的企业文化，“锁定”不可替代人才

现代企业管理中，越来越强调人的重要性，其中心思想就是以人为本。在企业资源中，物力、财力、信息资源都是有限的，而人力资源的开发是无限的，只有在发挥人的潜力的基础上，物力、财力、信息资源才能得到充分的利用，从而提高企业的经济效益。因此，创建一个优秀的以人为本的企业文化对发挥人才的潜能、留住人才有着不可替代的作用。

（一）以共同愿景让人才选择留下，从而规避因人才的不可替代性引起的风险

在当今知识经济时代，企业家要把人才当作平等的资本所有者对待，寻求彼此的协调一致，共建企业经营理念与发展愿景。对于不可替代型人才，他们不会满足于永远是一位打工者，分享企业成长的利润与喜悦是其必然的追求，也是满足其自我实现需求的必经之道。

为此，他们也必将愿意共担企业的困难和风险，愿意为企业奋斗、打拼。例如，松下幸之助对松下电器公司的发展前景有句名言：我为松下制订了 250 年的奋斗周期，要 10 代松下人不断奋斗，使这个世界成为物质的乐土。这样的共同愿景充满活力，使人才有归属感、使命

---

① 肖知兴.中国人为什么组织不起来[M].北京：中信出版社，2012：224-225.

感。那么,自然而然的,无论外界以怎样的优越条件,无论企业暂时处在什么样的困难境地,都难以从根本上动摇人才留在企业的决心,从而“锁定”了不可替代人才。

(二)营造一种互相理解、互相尊重的气氛,让环境留住不可替代人才

根据马斯洛需求理论,人类需求大致归结为生理需求、安全需求、交往需求、尊重需求和自我实现需求等,可见尊重需求是人类需求较高层次,营造一种互相理解、互相尊重的气氛,对人才予以关心、重视、尊重、信任,甚至要讲求宽容,让“环境”留住不可替代人才。

如雷达“赛瑞克斯”手表,以前的表带都是对称型的,唯有它反其道而行之,获得了最佳产品设计奖。因此,只有对人才采取尊重宽容的态度才能鼓励创新,才能留住不可替代型人才,从而为企业找到创新求发展之路。

要留住人才就是要尊重人、用好人、培养人,从而造就一个优秀的团队适应激烈的市场竞争。远大中央空调董事长张剑认为,人才最重要的还是对企业的认同,大家目标一致,这时它的合作力是最大的。因为对一个企业来讲,不是靠一个人来做,它是靠一个团体,所以企业人才还是立足于培养。他还说,人才有许多需要,但个人价值观很重要。像他们这种私营企业虽然潜力很大,但往往容易制约人才的能力发挥,怎么办?重点是授权、受控。怎样去做?通过制度去管理。远大中央空调通过制度的完善、透明,使每个员工轻松地工作。

二、通过制度留住不可替代人才

要留住不可替代人才必须建立一个以激励为导向的薪酬体系,而对经营者激励制度的建立是关注的焦点。

(一)采用股票期权制或年薪制激励经营者

在知识经济时代,企业家要充分重视对企业中人力资本所有者的权益保护,并以制度形式体现人力资本的价值。在国外的大公司,股权激励被当作是“金手铐”,特别是上市公司经常以此激励高层员工。

据资料显示，全球排名前500名的大企业中，至少有89%的企业对技术创新者和老总们实行了股票期权制。美国硅谷的企业则普遍采取了这种制度。

股权激励的优点是有利于减少代理成本。企业所有权和经营权的分离导致了委托—代理问题。股权激励将使经营者成为企业股东或者激发他成为企业股东，使所有权和经营权在一定程度上得到了融合，从而在一定程度上缓解了代理问题，有利于减少委托人的监督支出和剩余损失，从而减少代理成本。股权激励还有利于减少经营者的短期行为，使其关注企业长期的可持续性发展。

(二) 企业的薪酬制度要有弹性，以满足外部公平性

企业的薪酬制度要有一定的弹性满足外部公平性，从而能留住不可替代人才。实行宽带薪酬体系就能做到这点。如在职位工资中，研发中心产品设计部经理月工资定为3 500～4 500元，当这方面人才紧缺导致连4 500元都招不到人又不能不招时，就必须采用“宽带”薪酬的方法，实行宽带薪酬后薪酬幅度就大多了，比如是3 500～10 000元。这样公司的薪酬就能有一定的弹性满足外部公平性。

又如通过合理拉开科技人员与普通职工，做出重大贡献的科技人员与一般科技人员的差距，根据市场行情同科技人员签订工资协议，对做出重大贡献的科技人员通过设立特殊贡献奖给予重奖等方法吸引优秀人才。

(三) 薪酬制度要向不可替代人才倾斜

要让薪酬体系中的工资、奖金、福利等起到应有的激励效应。提倡高投入、高回报，向高层稀缺管理人才、科研人才、销售奇才等不可替代人才倾斜，体现人力资本价值。

建立基于宽带思想的职能薪酬体系。这有助于解决员工职位轮换、拓宽晋升通道等问题，从而有利于培育和留住不可替代人才。在职位薪酬体系，森严的等级结构把员工固定在一个个职位上，员工很难有机会从事别的职位的工作，导致组织缺乏弹性。由于只有做管理类工作才具有提薪可能,但管理类职位有限,从而使员工晋升通道狭窄。而职能薪酬体系能使职位与能力相匹配,通过建立公正合理的任职资格评价系统,任职资格系统为员工职业发展设置了阶梯和跑道,解决了员工晋升通道狭窄的问题。

三、通过下放决策权、推行弹性工作制等手段激励人才积极性

由于知识型人才具有较强的自主性,并且也具备做出正确决策的能力,若是进行一定的授权会使他们有成就感和自我实现感,从而激发他们的工作热情,当然,下放决策权并不意味着一切决策权都下放,决策权有技术决策、管理决策和战略决策。三者下放的程度有所差别,如技术决策下放的程度可以高一些,而管理决策和战略决策可以低一些。

根据知识型员工从事的是思维性工作的特点,又很有自主和自觉性,弹性工作制有利于激发他们创新的灵感,也让他们感到管理者对他们的理解,更会激发他们的积极性和创造性,这样相比于无弹性工作制的企业来说更能留住他们。

在如何激励人才发挥潜能方面,个性化的激励模式是一种可称道的模式。如上海复星集团因人而异设计不同的激励机制。在集团内,复星从来不对高级人才实行定编、定岗、定责式管理,这种“三定”管理方式只在复星的底层员工管理中才用。高级人才的激励方案不与纵向比(同一岗位的历史比)、不与横向比(集团同一级别、规模的其他人比),主要应与这个人才的市场行情比,与他进入企业后可能带来的价值比。此外,复星对每个人都有一个属于个人的职业发展计划。根据这一计划,公司会提供不同的专业训练以及发展机会,也会按照每个人的不同需求,给予形式各异的社会保障、商业保险、有薪假期等福利机制。复星集团从最初的几个人创业,发展到后来的成功上市,除了科技含量高以外,独具特色的人力资源管理是其能够迅速成长的一个重要因素。

四、为人才提供良好的人力资本增值机制

根据知识经济发展的新形势,企业必须更新人才的观念,由于知识生产已经成为现实生产力的强大推动力、竞争力和企业可持续发展的关键性因素,因此作为知识经济最核心的人力资源,将是一种战略资源和战略资本,无疑对这一战略资本的开发是企业发展的第一推动力。人力资源是一种极其宝贵的资源,它会随着教育和培训的持续开展而不断增加新价值。培训是人力资源开发的重要措施和手段,把培训视为一种投资,而不是看成一项消费或可有可无的任务,造就、培育和留住一大批人才是许多成功企业的共识。

建立企业与员工共同成长的生涯管理。企业编织美好愿景,让员工对未来充满希望,甘愿留下来一起成长。培训是一个连续不断的过程,应该与员工的发展紧密联系。综观商场,成功企业的各个阶层员工都卷入到各种培训的浪潮中。激烈的竞争,迅猛的技术变革,提高生产率水平的要求,都促使企业管理者必须不断地增加培训投资,也就是人力资源的投资。企业最主要的贡献,并非在于创造资源,而是将资源做有效结合,发挥出资源最大的功效。同样,企业的成功与否,并不取决于企业拥有多少人才资源,而在于培养了多少人才,实现了人力资本多大的增值。企业通过培训能最大限度地激发员工的潜能,这将使企业在培养人才的投资上得到全面的回报,而培训也将成为人力资本增值的增长点。

五、抱怨管理留人,消灭离职原因

人才在工作和生活中难免会遇到困难或情绪不稳定而产生抱怨,如果抱怨累积到一定程度,必将关系到人才去留问题,因此及时处理抱怨是一个非常重要的工作。出现抱怨时,人才可以找上司沟通,也可以找人力部门解决,甚至可以在企业中专门成立内部员工关系小组,或者人力资源部门主动发现抱怨,解决抱怨。

抱怨管理可以分为三个阶段:(1)感觉和认识抱怨,人力资源工作人员应及时发现并介入,快速把握第一手资料,准确了解抱怨的来

源;(2) 按抱怨的内容和程度分析归类抱怨的种类;(3) 处理抱怨,尽量把抱怨消灭在萌芽状态,留住人才。

综上所述,企业留住不可替代人才的途径很多,不同企业可以根据自己的特点选择留住不可替代人才的最佳途径,留住不可替代的人才是保持和发展企业竞争力的保证。

第三节　基于宽带思想的职能薪酬体系及其设计

宽带薪酬为薪酬设计提供了一个崭新的思路，它用少数跨度较大的工资范围来代替原有数量较多的工资级别的跨度范围，将原来十几甚至三十几个薪酬等级压缩成几个级别，取消原来狭窄的工资等级差别，将每一个薪酬级别所对应的薪酬浮动范围拉大，从而克服了传统薪酬制度中森严的等级观念带来的晋升通道狭窄的弊端，并更好地支持扁平型组织结构，还能密切配合劳动力市场上的供求变化，有利于推动良好的工作绩效。

宽带薪酬的优点日益受到许多企业家的关注，宽带薪酬可以运用于职位薪酬体系，更适用于职能薪酬体系。如何把宽带薪酬理念贯穿于职能薪酬设计中，以更好地激励员工,成为许多企业家在实际工作中关注的热点。本节从战略、核心价值观和技术层面三方面探讨如何基于宽带思想设计职能薪酬体系。

一、基于宽带思想的职能薪酬体系的优点与局限性

(一) 基于宽带思想设计的职能薪酬体系之优点

基于宽带思想设计的职能薪酬体系能充分吸取宽带薪酬的优点和职能薪酬的可量化特点,使宽带薪酬的优点得以充分发挥,在适宜宽带薪酬设计的企业中,能吸引和留住更多优秀的人才,并能更好地激励员工重视个人技能的增长和能力的提高,具体来说,基于宽带思想设计的职能薪酬体系有以下几方面优点:

1. 能从劳动力市场吸引更多优秀的员工。实现薪酬的外部公平

性是吸引人才的前提条件，也是留住人才的关键。基于宽带思想设计的职能薪酬体系是以市场为导向的，其薪酬水平是以市场薪酬调查的数据以及企业的薪酬定位为基础确定，宽幅的薪酬设计使得在招聘人才时受到企业薪酬界限的制约更少，这使它能从人才市场上招到企业最需要的优秀人才，它也能引导员工从注重内部公平转向为更为注重自身在外部劳动力市场上的价值。而薪酬水平的定期审查与调整使企业更能提高其薪酬水平的外部竞争力；同时有利于企业在外部劳动力市场薪酬水平发生波动时，相应地做好薪酬成本的控制工作。

2. 能拓展员工获得高薪酬的通道。传统的职位薪酬体系往往靠职位的提升增加工资，由于管理类的职位通常落入高工资等级，因此管理类职位便成了许多人追捧的目标。但管理类职位是很有限的，这就造成了员工晋升通道的狭窄，而且一些优秀的专业人员未必就是优秀的管理者，为了提升他们的工资 ，企业可能少了一些优秀的专业人员，却多了一些无能的管理者。

基于宽带思想设计的职能薪酬体系使员工不再只沿着薪酬等级层次垂直往上走。相反，他们在自己职业生涯的大部分或者所有时间里可能都只是处于同一个薪酬宽带之中，他们在企业中的流动是横向的，但是随着他们获得新的技能、能力，承担新的责任，或者是在原有的岗位上不断改善自己的绩效，他们就能够获得更高的薪酬，即使是被安排到低层次工作上，他们依然有机会因为自己出色的工作而获得较高的薪酬。因此，这种薪酬设计为员工获得高薪拓展了通道，为每一个进取的员工提供了一个宽阔的奋斗平台。

3. 使员工更注重自身能力的提高，愿为公司多做贡献。基于宽带思想设计的职能薪酬体系提倡企业的绩效文化。其不仅向员工传递一种个人绩效文化，而且还通过弱化员工之间的晋升竞争而更多地强调员工们之间的合作和知识共享、共同进步来帮助企业培育积极的团队绩效文化。它通过将薪酬与员工的能力和绩效表现紧密结合来更为灵活地对员工进行激励。

在这种体系中，上级对有突出业绩表现的下级员工可以拥有较大的加薪影响力，而不像传统的薪酬体系，直线管理人员即使知道哪些员工的能力强、业绩好，也无法向这些员工提供薪酬方面的倾斜，因为那时的加薪主要是通过晋升来实现的，而晋升的机会和实践却不会那么灵活。基于宽带思想设计的职能薪酬体系还会起到鼓励员工跨职能流动，从而增强组织灵活性和创新性思想出现的作用，这对于企业迎接多变的外部市场环境的挑战以及强化创新来说，无疑都是非常有利的。这种薪酬设计鼓励员工处处为组织着想，注重提高自身的能力，加强团结协作，从而增强了组织的竞争力。

4. 支持扁平型组织结构，并有利于职位的轮换。基于宽带思想设计的职能薪酬体系打破了传统薪酬结构所维护和强化的那种严格的等级制。它有利于企业提高效率以及创造参与型和学习型的企业文化，同时对于企业保持自身组织结构的灵活性以及迎接外部竞争都有着积极的意义。

宽带的设计减少了薪酬等级数量，将过去处于不同薪酬等级之中的大量职位纳入现在的同一薪酬等级当中，减少了对员工进行横向甚至向下调动时的阻力。而且如果薪酬提升是与员工在不同职能领域或者不同职位上的工作能力有关的话，员工对横向职位流动不仅不会拒绝，反而会积极地争取这样的机会。

（二）基于宽带思想设计的职能薪酬体系之局限性

基于宽带思想设计的职能薪酬体系虽然有很多优点，但在它的适用性方面也有它的局限性。

1. 这种薪酬设计并不适用于所有的组织。这种薪酬设计适用于新型的“无边界”组织以及强调低专业化程度、多职能工作、跨部门流程、更多要求技能，更多强调团队精神的组织。因为这种组织希望将薪酬与新技能的掌握、能力的成长、更为宽泛角色的承担以及最终的绩效联系在一起，同时还要有利于员工的成长和多种职业轨道的开发。反之则不太适宜。

2. 这种薪酬设计由于经理在决定员工工资时有更大的自由，使得人力成本有可能大幅度上升。

3. 有的管理者认为，这种薪酬设计在调整职位差异方面花的时间少了，但是花在对人进行评价上的时间却增加了。

基于宽带思想的职能薪酬体系设计虽有着以上诸多的优点，但在薪酬设计中如何发挥它的优点，把它的局限性降到最低，使它能起到应有的作用是一个比较复杂的操作过程。以下拟对其操作过程中可能会出现的一些问题予以探讨。

二、基于宽带思想的职能薪酬体系之设计

(一) 建立绩效文化，以适应宽带薪酬的设计理念

基于宽带思想设计的职能薪酬体系是建立在绩效文化的基础之上的，它的特点是关注组织绩效而不是等级秩序。

西方研究专家经过长期研究发现，要提高组织绩效，应该抓以下内容：第一，个人的素质；第二，个人的动机，解决员工为什么干；第三，解决我们的管理风格；第四，解决我们的组织气氛。这说明组织绩效与这四块有关，与工龄、学历、职称、职务性别没有关系。

绩效文化关键是要建立核心价值观。因此公司要提高绩效，首先要倡导绩效文化，才能激励员工的积极性和创造性。公司要建立如下的绩效文化：

1. 重视个人素质，即企业要创造培训、教育的机会，而员工则要积极争取得到机会，以提高办事的能力。

2. 提倡比贡献，创效益。让员工达成共识，对企业贡献大的就要得到高回报。经营上要高效率，即要比竞争对手快，讲创新，在市场上追逐更多利润。管理上就要配合其达到目的，管理上要做到高效益，即要以最少的投入获得最大的产出。

3. 要有全方位的服务意识。服务意识特别要强调的不仅是对客户的，而且在公司内部的上下级之间、各个部门之间相互提供良好的服务。这样的氛围会使员工觉得这个集体很温馨，别的企业也难以

模仿,让员工很留恋这样的集体。

4. 要有团队合作精神。俗话说:"三个臭皮匠,凑成一个诸葛亮。"让员工互相之间多一点理解,多一些合作精神。要有一种意识,只有组织绩效上去了,个人业绩上去了,员工才能得到更多的回报。

这样的绩效文化能激励员工积极提高自己的素质,比贡献,创效益,互相之间团结协作,争取组织的最大效益。有这样的绩效文化才能形成企业比较长久的核心能力,才能指导公司建立适合自己成长壮大的发展战略,选择合适的薪酬体系调动员工的积极性。反过来,适合本企业绩效文化特点的薪酬体系也会有利于更好地培育企业文化。

(二)从技术层面来保证体系的实施

基于宽带思想的职能薪酬体系设计必须以企业经营战略和绩效文化为基础,并根据组织结构以及不同层次人员需求的多样化来设计,它并不是以简单的宽带或窄带的划分为标志的。而如何从技术层面上来有效设计这种体系更是使这一体系得以实施的保证。

基于宽带思想的职能薪酬体系设计的技术层面操作包括工作分析、职务评价、薪酬调查、确定宽带数量、设计薪酬结构、确立任职资格体系、设计绩效考核体系和计算机信息处理等。其中,任职资格体系的评审确立是最难也是很关键的一步。本节仅对宽带数量的确定与任职资格体系的建立提些看法。

1. 科学确定宽带数量。在传统薪酬体系中,同一职位等级上的薪酬浮动范围通常只有40%～50%;而宽带薪酬体系设计一般以不超过4个等级的薪酬级别为宜,故每个薪酬等级的最高值与最低值之间的区间变动比率可以拉大到200%～300%。如,IBM公司在20世纪90年代以前的薪酬等级一共有24个,后来被合并为10个浮动范围更大的薪酬等级。在各宽带间通常有一个分界点,每一个宽带对员工的技能、能力的要求都不相同。如,通用电气零售商学院财务公司使用5个宽带替代原来的24个级别,并对每个宽带的目标、主要能力和建议接受的培训和教育做了明确的要求。

2. 建立公正合理的任职资格评价系统。任职资格是指从事某一职种任职角色的人所必须具备的知识与经验、技能、个性特征、行为之总和。在制订任职资格标准时，公司首先要根据职种的划分情况，成立相应的任职资格标准编写小组，比如研发、营销、财经等职种都需要成立自己的编写小组。编写小组成员应当是在本职种比较资深的人员，并且在企业已经工作了较长时间，这样他们才能制订出符合专业特点并适合公司需要的任职资格标准。

知识经济时代，应该以员工的能力作为薪酬的一个重要决定因素。比较难的就是对能力等级的划分。能力等级的划分通过聘请专家或本公司骨干进行能力等级测评决定。能力等级测评可通过三种方式：资历、学历核定；相关知识考试；情景模拟，最后综合此三种测评方式进行评定。

任职资格定级评价根据员工所在职位和职种，首先对员工进行现状评价及能力等级评定，确定其初始任职资格等级，然后在此基础上，经过一系列的培训考核与工作业绩评价结果，定期进行能力和行为表现的动态评价，实现任职资格调整管理（即升级、保级和降级）。

总之，宽带薪酬是职能薪酬体系赖以建立和有效运营的一个重要平台，而职能薪酬体系为宽带薪酬的具体实施提供了可量化的操作规则。为了有效地控制人力成本，抑制宽带薪酬模式的缺点，在建立宽带薪酬体系的同时，还必须构建相应的任职资格体系，明确工资评级标准及办法，营造一个以绩效和能力为导向的企业文化氛围。而职能工资制的特点有着和宽带薪酬同样的出发点，并且职能工资制能从技术层面上支持宽带思想的实现，从而实现其可量化和可操作性。

第四节　薪酬政策线模型探讨

在竞争激烈的市场经济环境下，关键人才的去留往往关系到企业的生存与发展，而薪酬的公平性直接影响到人才的去留和才智的发挥。为了更好地吸引和留住人才,企业不能仅仅关注薪酬的内部公平性,更多的应该考虑到薪酬的外部竞争性。企业的薪酬要起到吸引人才,留住人才的作用就必须优化薪酬的内部结构,做到既满足内部公平性的要求,又具有外部竞争性。企业的一般做法是,通过开展薪酬调查,了解外部劳动力市场价格,同时进行工作分析、岗位评价以保证内部薪酬一致性。但薪酬调查报告存在两个问题:一是价格相对较高。一般从几千到几万元不等,对一些小企业而言通常是难以承担的。二是薪酬数据是基于职位还是职级。这里就存在一个有无统一的评估标准和方法的问题。如果是基于职位,就得在职位职责及任职资格上有比较统一或接近的描述,如果是基于职级,则要求在职级的划分上最好有较一致的标准,这两点在引用调查报告时都要有分析地接受。否则会使调查报告失去它应有的作用,甚至起到误导的作用。

笔者认为,薪酬调查不必调查企业所有职位或职级的市场薪酬水平,只需对关键工作加以分析,了解关键职位或职级的市场薪酬水平,以各种途径获取该信息资料,这样可节约不必要的非关键职位或职级的调查费用,而后再根据关键职位或职级的市场薪酬水平做出薪酬政策线的数学模型,并以此推测非关键职位或职级的市场薪酬水平。

要做出薪酬政策线的数学模型,首先要根据各职位或职级的市场薪酬水平画出散点图或线图,从直观上先判断其走势比较接近于直线型还是曲线型,而后选择比较合适的模型进行拟合,最后还要计算其拟合的数学模型的各变量间的相关程度及方程的显著性水平,才能说明其拟合的模型在统计学上是否有意义。

应该说,薪酬水平在各职位或职级上的分布在各企业间都不相同。但基本遵循低等级低差距,高等级高差距,并且目前薪酬在市场上处于领先水平的企业最高工资与最低工资差距更大,有的甚至差距20倍以上。为了增强薪酬的外部竞争性,对于稀缺人才,企业往往愿意支付较高的薪酬,而对于可替代人才,由于劳动力市场可供量充足,即便总体薪酬水平高的企业,往往也只按市场薪酬水平支付工资。因此,绝大部分企业的薪酬政策线都是按曲线走势。

一、指数曲线预测模型的建立

(一) 线性回归模型的假设条件与参数估计

由于指数函数(指数曲线)属于可线性化的函数(曲线),在建立预测模型时采用先对指数函数模型两端取对数化为线性函数,然后用最小二乘法进行参数估计。

一元线性回归模型为:$Yc=A+Bx+\varepsilon_i$

其中 A、B 为待估参数,$\varepsilon_i \sim N(0,\sigma^2)$。诸 ε_i 相互独立($i=1,2,\cdots,n$)。对于给定的样本(或观察数据)$(x_i,y_i)(i=1,2,\cdots,n)$,采用最小二乘法建立一元线性回归方程 $Yc=A+Bx+\varepsilon_i$,使拟合误差的平方和最小。本书对参数 A、B 的估计及显著性检验全部用 SPSS 统计软件运行解得。

(二) 指数曲线预测模型的假设条件与参数估计

欲使指数曲线预测模型经线性化处理后能满足一元线性回归模型的条件,我们必须作如下假定:

指数曲线预测模型为:$y=ab^x\varepsilon_t$。

其中 a,b 为待估参数,$\ln\varepsilon_t \sim N(0,\sigma^2)$,也就是说 ε_t 服从对数正态分布,且诸 ε_t 相互独立($t=1,2,\cdots,T$)。

对 $y=ab^x\varepsilon_t$ 两端取自然对数,得 $\ln y=\ln a+\ln bx+\ln\varepsilon_t$;接着,令 $Yc=\ln y$,$A=\ln a$,$B=\ln b$,$e_t=\ln\varepsilon t$,则可得 $Yc=A+Bx+e_t$。

这里 A,B 为待估参数,$e_t \sim N(0,\sigma^2)$,且诸 e_t 相互独立 $t=(1,2,\cdots,T)$。此后就参照前面提到的线性回归模型的假设条件与参数估计方法进行测算。

必须注意的是,当对数线性关系式 $\ln y=a+bx$ 中 $\ln y$ 与 x 高度显著相关时,非线性近似估计才能得到更好的拟合效果,否则不能运用非线性近似估计。①

---

① 白雪梅,赵松山.对指数曲线模型参数估计方法的探讨[J].数量经济技术经济研究,1997(10).

(三) 指数曲线预测模型的无偏性问题

对所拟合指数模型的无偏性标准，笔者借鉴杨桂元教授的认证结论："指数曲线预测模型的误差是相对误差（尺度偏差），并且服从对数正态分布，预测模型无偏性标准是所有项误差乘积等于1。"

二、薪酬模型的描述与检验

(一) 自变量与因变量的选择及走势线图

福州C电脑科技有限公司主要生产笔记本电脑（包括移动PC）、电脑显示器等IT业产品。为了解市场薪酬水平。公司于年末调查同地区同行业15家企业后获得与该公司相似职位市场月平均工资资料，具体数据见表6-3(甲)栏和(1)栏。

表6-3　福州C公司工资水平及预测模型相关数值计算表

职位代码 x	工资水平 y	$\ln y$	Yc	相对误差 $\varepsilon_i = y/Yc$
(甲)	(1)	(2)	(3)	(4)=(1)/(3)
1	600	6.396 9	613.26	0.978 4
3	800	6.684 6	799.03	1.001 2
5	1 050	6.956 5	1 040.79	1.008 8
7	1 400	7.244 2	1 355.69	1.032 7
9	1 800	7.495 5	1 765.88	1.019 3
11	2 300	7.740 7	2 300.17	0.999 9
13	2 950	7.989 6	2 996.13	0.984 6
15	3 900	8.268 7	3 902.65	0.999 3
17	5 000	8.517 2	5 083.46	0.983 6
19	6 400	8.764 1	6 621.54	0.966 5
21	8 500	9.047 8	8 624.99	0.985 5
23	11 800	9.375 9	11 234.61	1.050 3

笔者以职位代码作为自变量，以月工资水平作为因变量。根据该资料用SPSS绘出以下市场工资水平分布线（见图6-2）。图中职位由

低到高排列，分为操作工、职员、中级职称、初级主办、中级主办、高级主办、部门副职、部门正职、中心副职、中心正职、副总、总经理共十二个职位，分别以表 6-3 所示职位代码表示。这条曲线横坐标也可用级别表示，但由于各公司级别的衡量没有一个统一的标准，甚至相差很大，所以以级别作为横坐标在收集资料上会有一定的困难，相比较而言，职位则相对容易得多。

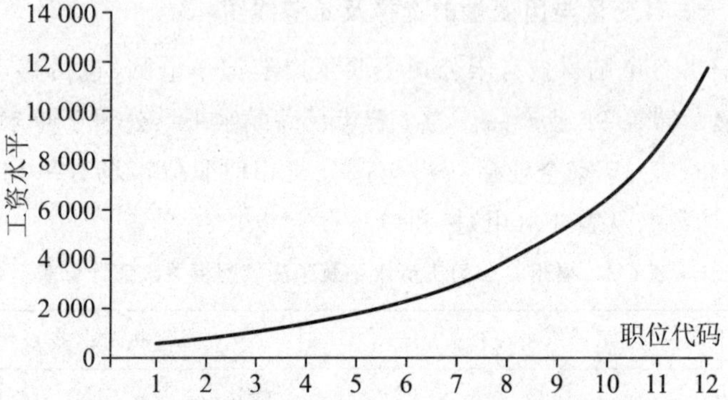

图 6-2　福州 C 公司市场工资水平分布线图

观察此曲线走势，不难看出比较接近指数曲线。如果有些企业想省事一些，只想把高低两点连接起来画成一条直线，这种收集资料的方法对小企业来说显得简便易行。我们可以把这条薪酬线的直线型和曲线型作个比较，不难发现，直线连线的薪酬政策线在级别低、中、高阶段上升速度一样，而该条曲线在低中端职位上升速度慢，而恰恰低中端职位人数占了全公司的绝大部分，这有利于公司薪酬成本的节约，而高端职位上升速度很快，但这部分人只占公司人数的极少比例。因此，只会相当有限地增加公司的薪酬成本。

市场工资水平差距按一定顺序排列，往往不是均衡的，一般是低水平低差距，高水平高差距。有人提出，级差不能过小（＜10％），也不能过大（初级岗位＞25％）（级差是指两个职级对应的薪酬中值之差的百分比，描述了一个等级向高一等级移动的增加率），其主张的级差设置基准为：一般员工（10％～15％），专业人员及一般管理人员（20％～

25%)，高级管理层(30%～40%)。但这并非唯一的标准，各个行业各家企业要具体情况具体分析。

(二) 建立可线性化的指数曲线预测模型

笔者以职位代码为自变量 x，工资水平为因变量 y 建立指数曲线预测模型为：$y=ab^x\varepsilon$，并对指数函数模型两端取对数化为线性函数，得到 $\ln y=\ln a+\ln b\cdot x+\ln\varepsilon_t$，即 $Yc=A+Bx+\varepsilon_t$，然后用最小二乘法进行参数估计。

首先用 SPSS 软件对职位代码 x 与 $\ln y$ 进行相关分析可知，职位代码与 $\ln y$ 相关系数高达 0.999 7，P 值(双侧)为 0.00，说明二者存在高度线性相关关系，因此可进行一元线性回归方程的拟合。

输入数据，经 SPSS 运行后可知，以职位代码为自变量、$\ln y$ 为因变量的回归直线模型的调整的判定系数 Adjusted R Square 为 0.999，相当接近 1，说明模型样本回归方程对样本的拟合程度很高。

再运用 SPSS 对模型进行方差分析和 F 检验，结果显示于方差分析表，表中显示平均的回归平方和(Reg ression Mean S quare)为 9. 998 365，平均的剩余平方和(Residual Mean Square)为 0.000 626，F 值为 15 973.72，P 值(双侧)为 0.00，说明配合回归直线是有意义的。SPSS 进一步运行的回归方程的参数及检验结果可知，回归方程的截距为 6.286 9，截距的标准误差为 0.014 4，T 检验值为 434.113 3，显著性水平为 0.00，回归方程的斜率即回归系数为 0.132 2，回归系数的标准误差为 0.001，标准化回归系数为 0.999 687，T 检验值为 126.387 2，显著性水平为 0.00，可见这个斜率对总体是有意义的。SPSS 运行还可输出残差统计量，结果显示，残差的平均值趋于 0，标准化残差的平均值为 0，说明残差的分布满足均值为 0 的假设。

因此，回归方程为 $\ln y=6.286\ 9+0.132\ 2x$，于是所建立的指数曲线方程为 $Yc=537.48\times1.141\ 3x$，根据该模型推算出的工资水平测算值见表 6-3 第(3)栏。

(三) 指数曲线预测模型的无偏性问题

经计算本书例中表 6-3 第(4)栏 12 项误差乘积为 1.013 1≈1，因此所建立的指数曲线预测模型是尺度无偏的。

(四) 对模型的检验

指数曲线预测模型为我们描绘了市场关键职位的工资水平走势，可作为该企业制定薪酬政策的参照线。首先要确定关键职位的 x 值，只要是有进行岗位评价的企业，各岗位之间相对价值均有评分，因此要计算各岗位之间的比值是很容易的，由比值则能确定出该关键职位的 x 值。接着，只要在所建立的指数曲线方程 $Yc=537.48\times1.141\ 3^{x}$ 中，代入 x 值，即可求得相应的工资水平。这样在数量上就把反映外部竞争性的市场工资水平与反映内部公平性的岗位相对价值联系到了一起。这样做出的薪资政策指导线对协调外部竞争性和内部一致性的矛盾是有现实意义的。

三、小结

（一）可线性化的指数曲线模型比较接近工资低水平低差距、高水平高差距的走势。

（二）通过仅调查关键职位就可做出可线性化的指数曲线模型来绘制薪资政策指导线，并能以此推测非关键职位工资水平，这样就能节省调查成本，减少调查难度。

（三）本书中运用的指数曲线模型能在一定程度上协调外部竞争性和内部一致性的矛盾，并可量化操作，有一定的可操作性和现实意义。

参考文献

[1] 王江涛.我国海洋空间资源供给侧结构性改革的对策[J].经济纵横,2016,4.

[2] 黄群慧.论中国工业的供给侧结构性改革[J].中国工业经济,2016,9.

[3] 姜长运,杜志雄.关于推进农业供给侧结构性改革的思考[J].南京农业大学学报(社会科学版),2017,1.

[4] 刘光溪.供给侧管理与结构性改革的特殊及现实意义——关于金融结构性改革增加融资有效供给的思考[J].中共中央党校学报,2017(1).

[5] 方正飞,陈君怡."2016 年中国海洋经济统计公报"发布[N].中国海洋报,2017-03-17(1).

[6] 徐胜,赵艳香.中国海洋产业结构分析与发展对策[J].海洋经济,2012(6).

[7] 龚震.我国经济转型升级的五个着力点[N].发展导刊,2013-08-06(5).

[8] 汪涛,岳宝彩,等.服务海洋经济拓展蓝色空间[N].中国海洋报,2017-01-10(A3).

[9] 高建国,高凤伟,李长如.天津市海洋经济产业结构优化统计分析[J].海洋经济,2013(4).

[10] 吴颖.广东海洋经济连续 21 年领跑全国[N].中国海洋报,2016-03-31(A1).

[11] 王慧玲,苏彬,高贤忠.山东年海洋生产总值将超万亿[N].中国海洋报,2016-01-18(2).

[12] 曲明.天津加快海洋经济走向"深蓝"[N].中国财经报,2016-07-12(3).

[13] 张金丽.电子商务环境下快递业发展对策[J].物流技术,2014(12).

[14] 赵兴.电子商务业与快递业协同发展路径分析[J].科学咨询,2014(10).

[15] 郭云,谭克虎.快递业规模经济与我国快递业的发展[J].兰州学刊,2015(2).

[16] 方长青.福建快递业发展调查分析[J].福建统计,2014(2).

[17] 杜栋,庞庆华.现代综合评价法及案例精选[M].北京:清华大学出版社,2005.

[18] 苏迪.两部门联合发文推进快递服务制造业发展[N].中国邮政报,2013-11-05.

[19] 张毓.广东试点快递业制造业融合发展[N].广州日报,2015-09-14.

[20] 吉粉华.劳动者报酬偏低对经济发展方式的影响及改革路径[J].统计与决策,2013(21).

[21] 朱克朋,樊士德,姜德波.工资、劳动生产率与制造业出口的结构变动[J].产业经济研究,2017(5).

[22] 福建调查总队与漳州调查队联合课题组.居民工资性收入与劳动生产率关系研究——以福建为例[J].调研世界,2013(6).

[23] 商务部综合司.2015 年中国对外贸易发展情况[EB/OL].(2016-05-10).http://zhs.mofcom.gov.cn/article/Nocategory/201605/20160501314688.shtml.

[24] 樊秀峰,周文博,成静.我国产业结构与就业吸纳能力的实证分析[J].审计与经济研究,2012(2).

[25] 宋士云,许冰.中国产业结构与就业结构的互动关系及就业政策研究[J].产业经济评论,2015(4).

[26] 池碧云,从就业弹性系数来看我国的就业增长[J].统计教育,2006(4).

[27] 中国全球价值链课题组.全球价值链与贸易增加值核算研究报告(2014)[R].2014,9.

[28] 段杰,李江.中国城市化进程的特点、动力机制及发展前景[J].经济地理,1999(6).

[29] 孙中和.中国城市化基本内涵与动力机制研究[J].财经问题研究,2001(11).

[30] 高云虹.中国城市化动力机制分析[J].广东商学院学报,2003(3).

[31] 孙宏霞,韩同欣.中国城市化动力机制演变的对策研究[J].青岛大学师范学院学报,2003(2).

[32] 陈波翀,郝寿义,杨兴宪.中国城市化快速发展的动力机制[J].地理学报,2004(6).

[33] 王小侠,刘杰.中国城市化的动力机制初探[J].沈阳师范大学学报(社会科学版),2005(3).

[34] 陈明星,陆大道,张华.中国城市化水平的综合测度及其动力因子分析[J].地理学报,2009(4).

[35] 王新娜.20 世纪 80 年代以来中国城市化动力机制的实证研究[J].生产力研究,2011(6).

[36] 赵振全,张宇.中国股票市场波动和宏观经济波动关系的实证分析[J].数量经济技术经济研究,2003(6).

[37] 何德旭,饶明.资产价格波动与实体经济稳定研究[J].中国工业经济,2010(3).

[38] 梁琪,滕建州.股票市场、银行与经济增长:中国的实证分析[J].金融研究,2005(10).

[39] 位志宇,杨忠直.经济增长与股价波动的相关性研究——基于中国香港的证据[J].金融研究,2007(3).

[40] 周晖.货币政策、股票资产价格与经济增长[J].金融研究,2010(2).

[41] 周晖,王擎.货币政策与资产价格波动:理论模型与中国的经验分[J]析.经济研究,2009(10).

[42] 吴建峰,周伟林.新时期中国城市化动力机制及政策选择[J].城市发展研究,2011(5).

[43] 涂勤,田丰,等.中国与主要经济体发展道路比较研究[M].北京:中国社会科学出版社,2016.

[44] 李宝元.人力资本运营[M].北京:企业管理出版社,2001.

[45] 陈企华,孙科炎.怎样留住人才[M].北京:中华工商联合出版社,2002.

[46] 王焕宁,阚明.如何基于宽带思想设计薪酬体系[N].中国经营报,2003 04-07(8).

[47] 程国平.经营者激励[M].北京:经济管理出版社,2002.

[48] 王俊秀.中国居民食品安全满意度调查[J].江苏社会科学,2012(5):66-72.

[49] 质检总局.关于公布 2015 年国家监督抽查产品质量状况的公告[EB/OL].(2016-02-02)[2016-06-12]. http://cpzljds. aqsiq. gov. cn/cpzlccxx/gzdt/201602/t20160219_461679.htm.

[50] 罗晓光,刘飞虎.基于功效系数法的商业银行财务风险评价研究[J].科技与管理,2012(5).

[51] 龚小凤.基于功效系数法的跨国并购整合绩效评价[J].统计与决策,2013(3).

[52] 史彦龙,等.基于因子分析法的居民食品安全满意度研究——以宁波市

为例[J].食品安全质量检测学报,2016(4).

[53] 康利娟.房地产库存影响因素探讨[J].中国房地产业,2017(1).

[54] 林毅夫,等.供给侧结构性改革[M].北京:民主与建设出版社,2016.

[55] Jorgenson DW. Surplus Agricultural Labour and the Development of a Dual Economy[J]. *Oxford Economic Papers*, 1967,19(3).

[56] Todaro MP. A Model for Labor Migration and Urban Unemployment in Less Developed Countries[J]. *American Economic Review*. 1969,59(1).

[57] Herberle R. The causes of the rural-urban migration: a survey of German theories[J]. *American Journal of Sociology*. 1938,43(6).

[58] Liljeblom, E., Stenius, M.. Macroeconomic Volatility and Stock Market Volatility: Empirical Evidence on Finnish Data[J]. *Applied Financial Economics*. 1997.7(4):419-426.

[59] Ahn, E. S., Lee, J. M.. Volatility relationship between stock performance and real output[J]. *Applied Financial Economics*. 2006.16(11):777-784.

[60] Diebold, F. X., Yilmaz, K.. Macroeconomic Volatility and Stock Market Volatility, Worldwide[J]. *NBER Working paper*. No.14269.2008.

[61] Morelli, D.. The relationship between conditional stock market volatility and conditional macroeconomic volatility: Empirical evidence based on UK data [J]. *International Review of Financial Analysis*. 2002.11(1):101-110.

[62] Engle, R. F., Kroner, K. F.. Multivariate Simultaneous Generalized ARCH[J]. *Econometric Theory*. 1995.11(1):122-150.

[63] Clark C. *The conditions of economic progress* [M]. London: Macmillan, 1957.

[64] Lewis W.A.. Economic Development with Unlimited Supplies of Labour[J]. *The Manchester School*. 1954,22(2).